Advertising & Society

Principles
and Practices
of Advertising

新广告学教程

薛敏芝 李琦绮 编著

上海交通大学出版社
SHANGHAI JIAO TONG UNIVERSITY PRESS

内容提要

　　本书是一部全面探讨现代广告学的教材,旨在为读者提供一个关于广告学理论与实践相结合的全景视角。内容涵盖广告的基本定义、分类与作用,深入讨论了广告在智能时代下面临的挑战、新广告学的架构以及广告产业与管理的最新发展。书中不仅关注广告策划、创意与媒介运用的技术性指导,同时也重视广告的社会责任、品牌建设与市场策略等宏观话题。

　　通过对广告从产业链构成、数字化转型、社会责任,到品牌传播、受众理论与市场细分等多角度进行分析,本书为读者呈现了一个多维度、跨学科的广告学研究领域。本书不仅适合作为高等院校广告学及相关专业的教学用书,也适合广告行业的专业人士进行自我提升与参考。

图书在版编目(CIP)数据

　　新广告学教程 / 薛敏芝,李琦绮编著. -- 上海 ：
上海交通大学出版社,2024.10 -- ISBN 978-7-313-31538
-0

　　Ⅰ. F713.80

　　中国国家版本馆 CIP 数据核字第 20248TZ823 号

新广告学教程

XINGUANGGAOXUE JIAOCHENG

编　　著: 薛敏芝　李琦绮

出版发行: 上海交通大学出版社　　　　　　　地　　址: 上海市番禺路 951 号

邮政编码: 200030　　　　　　　　　　　　电　　话: 021 - 64071208

印　　制: 上海新艺印刷有限公司　　　　　　经　　销: 全国新华书店

开　　本: 710 mm×1000 mm　1/16　　　　印　　张: 21

字　　数: 352 千字

版　　次: 2024 年 10 月第 1 版　　　　　　　印　　次: 2024 年 10 月第 1 次印刷

书　　号: ISBN 978 - 7 - 313 - 31538 - 0

定　　价: 68.00 元

前　言

随着科技的飞速进步,我们迎来了智能时代。这个时代给广告行业带来了前所未有的机遇与挑战。广告,作为商业与消费者之间的桥梁,其形态、传播方式和效果衡量标准都在发生深刻的变化。面对这些变革,我们需要重新审视广告学的架构,以便更好地适应和引领智能时代的发展。

一、智能时代广告面临的挑战

(一)广告生态的变化

在传统媒体时代,广告的三大主体是广告主、广告经营者(广告代理商)、广告发布者(媒体业),[①]这三部分权力和职责划分得十分明晰。而在智能时代,越来越多的人使用移动设备来访问互联网,这也导致广告投放的方式和渠道出现了变化,广告的主体划分变得模糊。数字科技的发展加之依托于互联网庞大的媒介平台。广告被赋予了更加多变的显现形态和更加丰富的表达内容。在这样的背景下,数字化和程序化广告交易成为趋势。

社交媒体的崛起带来了形式丰富的线上平台,QQ、微信、抖音、快手、淘宝等平台在研发了许多产品,吸引用户下载后,积累了大量用户数据,之后通过拓展业务,成为广告经营者,例如腾讯通过其强大的科技人才、平台广度和海量用户的优势,搭建起来的 GDT AD Exchange 平台能够提供数据分析、用户行为分析、广告效果跟踪等一系列数字营销解决方案,帮助广告主实现精准的营销策略和投放效果分析。[②]

除此之外,与传统时代不同,消费者和广告的相遇不再是不期而遇,而是一

---

① 唐英,黄娟.智能时代的广告生态困境及其治理[J].当代传播,2021(02):106-108.
② 张琳琦.广点通信息流广告的运营模式研究[D]. 河北大学,2018.

场早有预谋的计算机演绎。在互联网时代,平台的多样性令各类广告有的放矢。平台用户数据变成最有价值的信息之一,广告主费尽心思挖掘用户数据,用提前预设好的网兜把符合条件的消费者一网打尽,对于计算机而言,一切数据不具有加密性和特殊性,有的只是符合条件和不符合条件。

可以说,在智能时代,科技给广告带来了具有颠覆性的变革,数字化广告交易使广告效果更加易于测量和跟踪,而程序化广告交易则可以通过人工智能和数据挖掘技术实现广告投放的精准和自动化,提高广告效果。但与此同时,各类广告无孔不入,也存在审查不严、质量堪忧、侵占个人隐私等伦理问题。

（二）广告业核心驱动力的变化

传统广告业的核心驱动力主要是创意驱动。注重通过独特、创新的创意吸引观众的注意,其创意元素包括独特的图像、创新的广告语或令人印象深刻的故事情节。这类广告常常试图通过情感与观众建立联系。通过触发情感反应,广告能够更深层次地影响观众,并在观众心里留下印记。为了达到良好的传播效果,传统广告的传播通常依赖于大规模的媒体平台,如电视、广播、报纸等,以确保广告能够覆盖广泛的受众。不过传统广告因其相对权威的传播途径导致广告的互动性通常相对有限。观众在广告中的互动形式主要是观看、阅读或听取。

所以,以创意为核心的传统广告虽然在品牌建设和情感传递方面具有独特的优势。但随着数字时代的来临,广告行业逐渐发展出数字化和互动性更强的广告形式。

在智能时代,用户行为数据及其分析建模已经成为互联网广告行业发展的核心驱动力。

通过分析用户的搜索历史、在线活动和购买行为等,广告主可以更精准地定位他们的目标受众,从而提供个性化的广告和内容推荐。这种定制化的体验有助于提高用户参与度。不仅如此,行为数据还可以进行跨平台整合,使广告主能够在多个渠道上传递一致的广告信息,提升品牌的统一性,使用户在不同平台上获得一致的品牌体验,从而提升品牌忠诚度。

广告数据分析模型则是衡量广告效果的工具。通过分析点击率、转化率等关键指标,广告活动可以实时优化,以获得更高的投资回报率。

为了确保广告在最佳时机呈现给最相关的受众,程序化广告平台基于用户行为数据,使广告投放更加智能和自动化。广告主可以根据实时数据,调整广告投放策略。

总体而言,基于用户行为数据的分析和建模已经成为互联网广告行业提高广告效果、提升用户体验以及优化广告投放的关键工具。这也反映了数字时代广告在更大程度上变得数据驱动和个性化。

(三)广告业务模式的变化

随着技术的进步和智能时代的到来,广告业务模式也经历了显著的变化,这些变化主要集中在以下几个方面。

一是程序化广告购买。传统的广告购买往往涉及烦琐的谈判和人工干预,而在智能时代,程序化广告购买成为主流。通过算法和人工智能,广告空间的购买和展示可以自动化完成,提高了效率和精确度。

二是精准定向和个性化广告。基于用户行为数据的分析,广告商可以更准确地定位目标受众。这使得广告不再是一概而论的,而是更加个性化和具有针对性的,提高了广告的效果和用户体验。

三是新兴广告形式。除了传统的广告形式,如横幅广告和视频广告,智能时代还催生了新兴的广告形式,例如原生广告和社交媒体广告。这些形式更好地提升了用户体验,使广告更难以被忽视。

四是多渠道广告投放。以前,广告主主要关注电视、广播和印刷媒体。然而,现在广告主可以在多个数字平台上投放广告,包括社交媒体、搜索引擎、视频分享平台等,形成更全面的广告覆盖。

五是数据驱动的广告决策。数据分析在广告业务中变得至关重要。广告主通过分析广告效果和用户反馈的数据,可以迅速做出决策,优化广告活动,提高ROI(投资回报率)。

六是与内容的融合。广告业务不再仅仅是为了卖产品,还更加注重与内容的融合。品牌愈发关注创造有趣的广告内容,以吸引用户并与他们建立更深层次的联结。

总体而言,智能时代广告业务模式的变化是朝着更加智能、精准和创新的方向发展的。这些变化不仅为广告行业带来了更多的机会,也带来了更大的竞争和挑战。

二、新广告学的架构

(一)广告学的形成、发展与演变

广告的形成是一个漫长的过程,它在人与人之间的信息交换之中产生,发展于商品生产和商品交换活动的实践中。科学技术和传媒手段的更新,使广告活动有了更为广阔的发展空间和更加丰富多彩的表现形式。

在大众传媒还没有出现以前,广告存在和传播的形式相对来说比较简单,影响范围有限,基本上是简单的商品推销,人们往往称之为"推销术"。19世纪末,伴随着工业革命和商品经济的兴起,企业开始关注如何更好地推销他们的产品。报纸、杂志成为广告发布的平台,这促使广告的产生,扩大了商业宣传的需求,从而为广告学的形成提供了基础。20世纪初,广告逐渐从简单的销售信息演变为更加注重心理学和创意的形式。广告开始运用图像、标语和品牌形象等元素,以影响消费者的情感和态度。这一时期,广告业开始注重研究广告的效果和影响。随着广告的普及和社会对广告关注的增加,人们开始对一些广告现象和广告规律展开研究。美国的约翰·肯尼斯·凯特尔(John Kenneth Galbraith)在1900年出版了《广告文化》一书,这是广告学领域的第一本专著,标志着广告学正式成为一门独立的学科。

20世纪中叶,一些大学开始设立广告学专业,建立了广告学的学科体系。随着媒体的不断发展和数字化技术的崛起,广告学在21世纪进入新的时代。广告学开始关注互联网、社交媒体和移动平台上的广告传播方式,研究数字时代广告的特点和挑战。人工智能、数据分析、消费者行为研究和新兴媒体成为广告学研究的重要方向。

广告学在不同历史阶段逐渐从商业实践中崭露头角,发展为一门综合性学科,涵盖传播学、心理学、社会学、文化学等多个领域。其不断演变的特性使得广告学一直保持对新趋势和新技术的关注。

(二)广告学和其他学科的关系

广告学的形成与发展是一个渐进的过程,在这个过程中,广告的发展与市场营销学、传播学、社会学、心理学等学科不断产生联系,可以说,广告学是一门独立而多学科交叉的学科。

随着19世纪末20世纪初资本主义经济迅猛发展,工业革命兴起,商品生产和交流的规模急剧扩大。这导致广告活动和市场营销的快速发展。这一时期市场营销学得以发展,而广告学也是在这一时期兴起的,可以说,广告活动和市场营销都是商品经济发展到一定阶段的产物。① 从本质上来看,广告活动和市场

---

① 陈培爱.广告学教程(第三版)[M].北京:高等教育出版社,2014:71.

营销都是为了满足人们的需要和欲望。研究广告学,需要从市场营销的角度去观察,而研究市场营销学,也离不开广告学原理。同一时期传播学逐渐形成,市场营销学和传播学的理论知识引用到广告实践中,极大地提升了广告活动的有效性。所以掌握营销学和传播学的基本原理对于学习广告学有所帮助。

广告学的形成也离不开心理学,在广告活动中,为了提升广告效果,实现广告目标,就要迎合消费者心理,从某种意义上来说,广告学其实也在研究消费者的心理活动。所以这也是广告学和心理学存在交叉的地方。

社会学是研究社会生活、社会制度、社会行为社会变迁和发展及其他问题的综合性学科,而广告学是一种综合性的信息传播活动,[①]当广告活动在进行的时候,必然要考虑到当下所处的时代背景和人群特征等一系列背景信息,可以说社会学的基本原理和规律,必然是指导广告学研究的基本原理和依据。

随着计算机技术和互联网的发展,广告进入了数字时代。这导致广告学与计算机科学、数据分析等领域产生深入融合。程序化广告、大数据分析成为广告业务中的关键技术。

这些发展表明,广告学的演变与时代背景、技术进步以及学科交叉密切相关。从 19 世纪的"推销术"到数字时代的全球化广告,广告学和时代一同发展,逐渐成为一个独立而复杂的学科,与多个学科共同构建了对广告现象的理论和实践认识。

（三）新广告学架构

《新广告学教程》分为十一章。

第一章,广告概述,审视了广告的定义及其边界的演变,旨在揭示在不同语境中"广告"一词所蕴含的多元含义。随后,对广告进行了详尽的分类,并剖析了不同分类标准的差异,窥探这些标准背后所蕴含的深刻意义。进一步从沟通、营销、经济和社会等多层面视角,深入探讨了广告的作用,特别聚焦于其价值导向的功能。这一章旨在增进读者对广告本质和多重作用的全面理解,从而奠定广告学领域的坚实基础。

第二章,广告行业与广告运作,聚焦于现代广告业的演进,深入剖析其起源、发展历程以及面临的变革。读者将深入了解广告公司的基本运作流程,即从创意构思到实际执行的全过程。此外,本章还详细探讨了互联网、移动技术和人工

[①]　陈培爱.广告学教程(第三版)[M].北京:高等教育出版社,2014:76.

智能等新兴科技对广告业产生的深远影响,揭示了这些技术如何改变广告格局,为未来发展提供前瞻性见解。通过全面审视广告行业的现状和未来趋势,本章为读者提供了对当代广告业内在机制和创新动力的深刻理解。

第三章,广告与社会,专注于广告的生产机制与职业伦理,深入解析广告表达中的禁忌,以及广告主体在伦理层面应承担的责任。读者将获知广告的社会与法律约束体系,洞察广告行业的他律守则以及相关法律法规;还深入研究了广告的社会责任与价值导向,凸显中国特色的广告价值导向,为读者提供更深层次的理解。通过对广告伦理、法规与社会责任的全面剖析,旨在引导读者全面理解广告行业在道德与法律层面的运作机制。

第四章,广告与品牌营销传播,聚焦于广告与品牌营销传播的紧密关系,使读者了解产品、品类与品牌之间的区别与联系,以及品牌化的重要作用;还介绍了品牌传播的发展脉络,使读者对品牌数字化传播的基本运作模式有清晰的认识。通过学习这一章,读者将对广告发展及品牌与市场营销关联有一个全面的了解,为深入探讨品牌传播打下基础。

第五章,广告传播,深入研究四种传播类型在广告领域的具体体现以及传播学理论在广告中的运用。读者将对受众理论及其在广告中的应用有更深入的了解;还介绍了广告信息评估效果模型,探讨四类模型与媒体发展背景的关系,为读者呈现广告在商品经济发展中的诞生及其演变过程。通过这一章的学习,读者将对广告与传播、受众理论、信息评估效果模型等方面获得更为全面的认知。

第六章,广告策划,帮助读者熟悉客户策划的实际运用。深入介绍广告策划的基本流程和内容,使读者了解各广告策划案的基本框架;还探讨了广告策划、营销策划、营销传播策划、品牌策划之间的差异和联系。通过详细解析在不同场景下如何运用广告战略和策略,读者将获得对广告策划及其在整体营销中的角色的深入理解。

第七章,市场策略与消费者洞察,深入了解市场及其基本类型,同时把握市场细分和相关市场策略理论。通过探究消费者与市场的紧密关系,揭示消费者购买行为的决策路径以及影响其行为的因素;此外,还涵盖了 B to B 购买行为及其影响因素,为读者提供全面的市场战略和消费者洞察知识。

第八章,广告调查,深入了解广告战略思考的内容以及战略决策中需要进行的调查内容。本章还熟悉广告调查的方法、工具和内容,并思考在新媒体环境下,广告调查面临的新变化。读者将获得关于广告信息开发调查和评估性调查的实用知识。

　　第九章，广告创意，将深入探讨对于"好创意"的界定问题，介绍评判好创意的原则，探讨人工智能对广告创意的影响。此外，本章节还会涵盖在进行广告创意策略和广告创作时所需要考虑的因素。

　　第十章，广告媒体，将深入研究媒介融合与广告媒介生态的变化，包括媒介形态的发展与变化以及媒介融合。这一章将探讨广告在不断演变的媒介环境中的应对策略和适应性。

　　第十一章，整合营销传播，较为全面地介绍了整合营销传播理论，包括整合营销传播的基本概念、产生与发展。读者将了解整合营销传播的传播策划思维，并学习相关的效果评估方法。

　　在智能时代的背景下，广告行业正经历着前所未有的转型和挑战。《新广告学教程》将引导读者深入探索广告领域的演变，从广告定义的多重维度，到现代广告业的演变与技术影响，再到广告伦理、品牌传播与市场策略的深入探讨，每一章节都致力于为读者提供全面而深入的讲解。而随着广告媒介环境的不断变化和整合营销传播理论的引入，本书将帮助读者在广告学的复杂景观中建立扎实的基础和提供具有前瞻性的视角。希望通过本书的学习，读者能够全面掌握广告的核心概念与实务操作，从而在广告领域中做出创新和有效的贡献。

目　录

第一章　广告概述

 本章学习目标

- 广告的定义及其边界的演变,并了解在不同语境中"广告"的不同含义。
- 广告分类,并了解广告分类的不同标准,以及这些分类标准背后所蕴含的意义。
- 从沟通、营销、经济、社会等层面探讨广告的作用,尤其是价值导向的作用。

广告是现代社会生活中不可缺少的一个部分,是一种特殊的信息传播现象,对人们的生活和商业组织、大众传媒等有关的组织机构产生了广泛而又深刻的影响。本章探讨了广告的定义及其演变,以及广告在数字生态中呈现的新形态和新特征。从沟通、营销、经济与社会等层面展开对广告功能与作用的论述,并关注广告的价值导向作用。

第一节　广告定义

什么是广告?从现代广告诞生初始,这个问题就随之产生,并始终伴随着广告的发展。对广告概念的界定,其实质是广告边界确立的问题,这是一个过程,在不断地明确广告自身特性的同时,渐渐地构筑起广告行业、广告学科和广告专业的边界。当然这些"边界"随着科技进步,经济形态的迭代和产业、学科、专业自身的发展而在不断变化,也可以说是"自身阶段性选择和社会周期性选择相适应的必然结果"。①

一、广告的定义

"我喜欢这个广告""我在策划广告""我在广告业工作""我从事广告研究",以上各句话中所包含的"广告"一词,其含义是否一致? 将其对应于英文,可以表述为以下三种形式。

（一）advertisement

advertisement,指广告,在报纸上出现的告知货物船只、经济行情等广告内容。那时由于英国工业革命的兴起与发展,"advertise"一词开始被广泛使用,并把实施广告的词义演变为静止的名词"广告"。在当时的报纸上,经常会出现"advertisement"的字样,并作为标题,表示"通告"的意思,以引起读者的注意。据《牛津英语词典》的解释,首次出现该词的例句是：1750 年有位市民的公告说谁能找到偷他 60 基尼的人,将给予奖励。② 随着广播、电视的发展,广告的呈现不再局限于纸张上,广播广告、视频广告等多种形式逐渐进入大众视野。显然,"Advertisement"是一个静态的概念,用来描述出现在各类媒介上的具体广告作品。例如,大众甲壳虫汽车的经典广告——《Think small》《Lemon》等（见图 1-1）,其刊登在报纸上的信息,便是此处的"广告"。当资本主义工商业日趋发达,需要相当规模的、连续的广告活动,以促进消费者的购买行为时,具有动态意义的概念"advertising"才开始广泛使用。

（二）advertising

现代意义上的广告来自英语"advertising"一词。据考证,英文"advertising"源于拉丁文 "advertere",其意为 "to turn the mind toward",③中文常常将其翻译为 "注意""大喊大叫",引申为 "诱导"。后来在英文中演变为"advertise",意为"引起某人注意某事"。17 世纪英国商业兴盛时期,"advertise"一词才广为使用。当资本主义工商业日趋发达,需要相当规模的、连续的广告活动,以促进消费者的购买行为时,具有动态意义的概念广告活动"advertising"才开始广泛使

---

① 杨海军.中外广告史新编[M].上海：复旦大学出版社,2007：1.
② 郭鑫.广告理论与实务[M].长春：吉林大学出版社,2009：1.
③ Kleppner, O.. Advertising procedure[M]. N. J.：Prentice Hall, 1986, p. 22. Hall, S.R.. Theory and practice of advertising[M]. New York：McGraw-Hill Book Company, 1926：2.

图1-1 大众甲壳虫汽车的经典广告

用,这就具有了现代广告的含义①。在明治五年(1872 年)左右,日本首次将
"advertising"翻译为广告,并在 1901 年在上海《申报》上首次使用广告一词。

1."广告是纸上推销术"

1904 年,约翰·肯尼迪第一次将广告明确定义为"印在纸上的推销术"。在当
时,此定义得到了包括阿尔伯特·拉斯克尔、克劳德·霍普金斯等在内的一代广告
大师的普遍认同。第一次世界大战后的 20 年代,美国广告业呈现"推销术时代"的
种种特征,杂志广告大量使用全色印刷,更加富有吸引力和可信性。这一定义使得
广告公司从立足媒体向立足广告主转变,首次明确了广告业对于广告主的独立专
业价值,开启了广告业发展的新阶段。这种转变改变了广告公司的组织结构和生
产方式,广告公司开始设立文案部门,加强市场调查等。对此,拉斯克尔认为"如果
不把头把交椅给肯尼迪,广告史根本就没法写,因为今天在广告领域的任何一个角
落,每一位文案撰稿人、每一位广告主都在按照他所制定的原则行事"②。

2. 美国市场营销对广告定义

1948 年,美国营销协会(American Marketing Association)为广告下了定

① 张金海,余晓莉.现代广告学教程[M].北京:高等教育出版社,2010:4.
② 拉斯克尔.拉斯克尔的广告历程[M].焦向军,韩骏译.北京:新华出版社,1998:41.

义,形成了迄今为止影响较大的广告定义:"广告是由可确认的广告主,以付费的方式,对其观念、商品或服务所做的非人员的陈述和推广。"该定义几经修改才形成这一1963年版本。

进入21世纪,数字环境中广告的边界不断消解。2007年,美国营销协会修订了广告的定义,并一直沿用至今,其认为:"广告是由公司、非营利组织、政府机构和个人在某个时间或空间上发布公告和消息,试图就其产品、服务、组织或想法告知和说服特定的目标市场或受众。"①

3. 广告定义要素阐述

广告的定义主要由五大要素构成(见表1-1)。

表1-1　广告的五要素

广告的五要素	
广告主	发布广告的主体
广告信息	广告的主体内容
广告媒介	广告信息的传输渠道或通道
广告费用	从事广告活动花费的费用
广告受众	广告信息的接受方

(1) 广告主,是指发布广告的主体,包括企业、个人或团体。广告主是广告活动的发起者,对广告活动起主导作用。在进行广告活动时,广告主可以和专业的广告代理商合作,也可以独立进行。他们会依据自身的需求或评估市场营销环境及自身实力来确定对广告的投资,是广告信息传播费用的实际支付者。

在市场经济中,一个确定的广告主,不仅需要具有支付一定广告费用的能力,同时还必须具备以下特征。

一是拥有一定数量和质量的产品或服务。这是确定广告主体的重要标志。如果广告主不能向消费者保证提供一定质量和数量的产品或服务,广告主就会失去信誉。

二是有明确的广告目标。这是衡量广告主真实动机的标准,也是评估广告

---

① 参见美国营销协会网站[EB/OL]. http://marketing-dictionary.org/a/advertising/.

效果的依据。明确的广告目标是进行广告策划的起点,整个广告活动都是围绕核心目标而展开的。对广告活动的效果进行评估,是一项十分重要的工作,而进行效果评价必须有一定的依据,广告目标的确立可以起到这一作用。

三是广告活动是一种投资活动。广告同其他投资行为一样,机遇与风险并存。对此,广告主应有正确的认识,不能有任何不切实际的偏执想法。

四是对广告效果有客观预期。所谓广告效果是指广告活动目标的实现程度,只有通过间接的方法才能测量出来。广告主支出费用就希望获取收益,他们拥有广告活动的主导权,同时负有一定的法律责任。当广告效果较差时,广告主有权撤销广告。[①]

(2) 广告信息,是指广告的具体内容,包括商品信息、劳务信息、观念信息等。商品信息指的是商品的性能、质量、价格、购买时间及地点等;劳务信息包括非商品实体买卖或者服务活动的有关信息,如旅游、健身、理发、美容、休闲、通信服务等;观念信息主要是通过广告行为倡导某种意识,即有利于企业和社会及消费者自身的消费观念等,如健康、绿色食品消费观,旅行胜地宣传片诱发人们的旅游欲望等。[②] 在广告传播活动中,广告信息是广告传播的核心,每条广告信息都包含着文本内容(说什么)和表现形式(怎么说),并且内容形式多样,涉及文字、图像、音频、视频等媒介所能传播的任何形式。

(3) 广告媒介,是指广告信息的传输渠道或通道,是广告的发布者。信息只有通过媒介才能传播,广告媒介就是传播信息的中介物,它的具体形式包括报纸、杂志、广播、电视、互联网、手机以及户外媒介等。不同的广告主会根据产品自身的特点、费用预算、媒介性质等多方面的因素,整合媒体资源,选择适合自己的媒介组合进行多渠道投放。其中,媒介能否有效地到达目标受众或目标市场是媒介选择的前提。

在广告媒体已日益多元化的现代社会,应加强对新兴媒体的开发和研究,开拓媒体视野,特别是新的通信科技和网络技术的发展,使得媒体整合的有效性和科学性成为广告媒体研究的一个重要内容[③]。

(4) 广告费用,即从事广告活动所需支付的费用。例如,户外广告版面的成本;购买电台、电视台播出时间的成本;广告制作的成本(如布置橱窗、宣传片拍

---

① 韩光军.现代广告学[M].北京:首都经济贸易大学出版社,1996:3.
② 韩光军.现代广告学[M].北京:首都经济贸易大学出版社,1996:3.
③ 陈培爱.广告学概论[M].北京:高等教育出版社,2014:8.

摄及制作、宣传周边等)。广告主支付费用进行宣传,目的在于扩大产品销售范围,开拓市场,增加利润,塑造形象。费用的多少由企业预期的营销战略目标决定。

(5)广告受众,是指传播过程中广告信息的接受方,也就是广告信息所要触达的对象和目的地。正如美国消费行为学家威廉·威尔姆(William J. Wilhelm)说的"受众是实际决定传播活动能否成功的人",受众是广告信息传播活动取得成功的决定性因素。广告目标受众产生于广告受众,当广告受众成为广告信息传播特定的诉求对象时,这时的广告受众可被称为广告目标受众。当然,由于受众接收信息的不确定性,并非所有的广告目标受众都能够接触到广告信息。

广告受众与广告产品的消费者既有联系,又有区别。受众是相对于广告信息传播活动而言的;消费者是相对于市场活动、广告营销活动而言的。当受众在接收到广告信息后采取了消费行为,才成为消费者。

当下,广告受众对于广告信息还存在一个反馈阶段。在这一阶段中,受众或者受到广告信息的刺激,产生实际的购买行为,或者停留在潜在欲望阶段,或者遗忘信息。

(三)广告活动(advertising campaign)

我们通常说的广告,还有一个含义其实是"advertising campaign",中文翻译为广告活动,具体指广告主制定一项能测定的目标后,广告公司为达成这一目标而制定广告战略、计划,然后在市场上落地执行。广告活动由于其复杂程度已很难由一家代理商完成,因此多行业合作成为常态。比如 bilibili(以下简称"B站")在 2020 年五四青年节之际,携手何冰老师发起了一场献给新一代的演讲——《后浪》(见图 1-2)。这是新冠疫情期间,品牌与用户进行的正面沟通。面对紧张的公共安全危机舆论压力,幕后团队筹划一个多月,为传递出品牌面向未来、积极正面的向上力量,选中五四青年节这一节点,联合《光明日报》《中国青年报》、澎湃新闻等多家主流媒体一起发布,在"新闻联播"开播前播出了 2 分钟的精简版。视频在 B 站上线 1 天多,

图 1-2 《后浪》海报

就达到 770 万观看量,13 万条弹幕,101 万点赞量,并成为现象级刷屏视频。B 站后续又推出《入海》《喜相逢》两个宣传短片,用"后浪入海喜相逢"这句话为品牌的《浪潮三部曲》画上了句号。这种围绕品牌目标而展开的一系列操作,就是"advertising campaign"。

总的来说,"advertisement""advertising"和"advertising campaign"都是对广告的一种定义,但其具体所指却有略微的差异。三者的出现与演进对应着广告业发展的三个历史阶段。"advertisement"是广告的名词形态,指广告主用来说服受众而制作的特殊信息,即我们通常所说的广告作品。人们将关注点放在广告创意方面;"advertising"为动词形态,即正在开展的广告活动。这时的广告开始讲究策略性、连续性、有偿性,广告业发展逐渐向现代广告靠拢;词组"advertising campaign",指的是企业为达到某一目标而制定的系列广告活动,一般规模较大,涉及人员和范围较广,广告的形式也丰富多样,从创意、策划、媒体、效果反馈,整个过程都涵盖在"广告"的概念之中。此时的广告早已不是"创意为王"的时代,广告商开始注重广告背后的运作逻辑、营销手法、合作方式,广告产业链渐渐成型。

广告词源的演进过程,反映广告是一个动态的概念,其内涵有着强烈的时代背景和时代特色。从最初"引起注意,进行诱导"到后来的广告活动,反映出广告的内涵越来越丰富。在我国,人们对广告的理解也早已告别"宣传""广而告之"的初级认知。[①] 现代广告早已不是单个广告作品便可完成广告主任务的时期,而是在科学调研的基础上,依据广告战略开展的系列策划。

二、广告新定义

(一)广告定义的争议与现代广告发展的两个关键节点

现代广告的发展有两个关键节点:一个是 19 世纪末 20 世纪初,另一个是 20 世纪末 21 世纪初。两个节点都处在世纪之交,并且展开了关于"广告是什么"的讨论,引发了对广告自身及其边界的探寻与思考。这并非偶然,而是技术进步促使经济形态发生变革,广告运行的环境产生颠覆性变化,从而决定了广告的角色与作用,广告行业、广告研究、广告教育的边界发生变化。

第一个现代广告发展的关键节点是 19 世纪末 20 世纪初。"随着工业经济

---

① 罗雁飞.广告学概论[M].武汉:武汉大学出版社,2013:2.

发展、现代报纸、杂志的兴起,广告成为资本主义经济一支重要的力量",①但是无论是现代广告发源地的英国还是后来居上的美国,都还没有建立行业的标准、规范和法律规制,前者呈"自然发展"②的状态,后者则是"野蛮生长",③因此迫切需要通过对广告自身的认知,建构产业边界,形成产业规范,树立产业信誉,促进广告进入"职业化"(professional)发展阶段。1888 年《印刷者油墨》创办,"广告是什么"是该行业杂志当时重要的话题之一;④阿尔伯特·拉斯克尔、约翰·肯尼迪等从业者根据自身的实践开始阐述对广告的理解,哈罗·盖尔(Harlow Gale)的《广告心理学》、瓦尔特·迪尔·斯科特(Walter Dill Scott)的《广告学原理》、沃兹沃思(G.B. Wadsworth)的《广告原理与实务》、约翰·马辛(John Lee Mahin)的《广告:面向消费者的销售》等著作和教科书相继出版,体现了学者们把对广告的认知转化为系统化知识的努力。

第二个关键节点是 20 世纪末 21 世纪初,确切地说是 1994 年互联网商业化发展以来。与第一个关键节点出现的原因相同,技术引发了生产方式、经济形态的变革。生产的规模化与社会分工,是工业经济最显著、最本质的特点,也是现代广告产生的动因。计算机、互联网、移动通信以及人工智能等新兴科技主导下的新经济,其本质是去中间化、定制化和人性化。与此同时,与广告依存度最高的媒体也发生了颠覆性的变化,数字技术横扫一切,新媒体的兴起、媒介融合的出现,使得媒介的边界不再清晰。1994 年,拉斯特、奥利弗发文写道:"随着新媒体的兴起,广告正走向死亡。"⑤并且他们认为:"'广告'也许可以用'整合营销传播''顾客沟通''媒介信息管理'以及'信息传播系统'等来替代。"⑥在这之前,斯图尔特指出:"广告的定义已经不适应广告发展变化的现实,必须重新界定。"⑦当时,学者们的观点并没有引起太多的关注。进入 21 世纪,随着谷歌搜索、Facebook、

---

① O'Barr, W.M. What Is Advertising?[J]. Advertising & Society Review, 2005, 6(3).

② Terrence Nevett, Advertising in Britain: AHistory (London, 1982)[EB/OL]. https://books.google.com/books/about/Advertising_in_Britain.html?id=lzsfAQAAIAAJ.

③ HenryR .Boss. A Brief History of Advertising[M]. Chicago: WestonPrintingCo. 1866: 21.

④ HathiTrust 数字博物馆《印刷者油墨》杂志[EB/OL], https://cataiog. hathitrust. org/Record/000531744.

⑤ Rust, Roland T. Richard W. Olivera. The Death of Advertising[J]. Journal of Advertising, 1994, 23(4): 71 - 78.

⑥ Rust, Roland T. Richard W. Olivera. The Death of Advertising[J]. Journal of Advertising, 1994, 23(4): 71 - 78.

⑦ Steward, David W. Speculations on the Future of Advertising Research[J]. Journal of Advertising, 21(3): 1 - 18.

Twitter、YouTube 等新媒体的出现,对传统广告产生了巨大的冲击。在新媒体环境下,对于广告进行系统性再认知,成为无法回避的现实。无论是业界还是学界,都开始从"广告的概念界定"和"广告的未来预测"两个角度对"广告是什么"做出回应。

近几年,中西方学界应对新时代的挑战,对广告进行重新定义,并在 2016 年引发了一场颇有价值的学术争鸣。昆士兰科技大学盖尔·克尔(Gayle Kerr)和密歇根州立大学杰夫·理查兹(Jef Richards)两位教授在 2014 年 10 月—2015 年 6 月针对全球 18 位学界和业界引领性的专家,做了一项题为《Delphi Study on the Definition of Advertising》的德尔菲研究,结果是提出了新的广告定义:"广告是由一个可确定的品牌,利用付费媒体、自有媒体或者可拥有的媒体,意图劝服消费者在现在或者将来形成认知、情感或者行为上的改变的传播。"①随后,北京大学的陈刚、潘洪亮两位学者撰文针对该定义、德尔斐研究以及该研究试图解决的问题,提出八点质疑,认为该定义并没有确定广告的定义或者说广告学科正面临的学科危机,但对该定义的阶段性改进价值给予了肯定。并根据数字时代的特点和趋势,提出广告的新定义,认为广告是由一个可确定的来源,通过生产和发布有沟通力的内容,与生活者进行交流互动,意图使生活者发生认知、情感和行为改变的传播活动。②

2016 年斯德哥尔摩经济学院米迦尔·达伦(Micael Dahlen)和莎拉·罗森格伦(Sara Rosengren)两位学者响应 2015 年卡尔森(Carlson)教授挑战现有广告定义的呼吁,在全球权威广告研究刊物《广告研究(Journal of Advertising)》发表专题研究论文,提出广告是"品牌发起的意在影响人们的传播(Brand-initiated communication intent on impacting people)"。③ 针对这一新定义,《广告研究 (Journal of Advertising)》期刊编辑部邀请该学科领域五位重量级学者——马里兰大学罗兰·T. 拉斯特(Roland T. Rust)、洛约拉马利蒙特大学大卫·W. 斯图尔特(David W. Stewart)、爱荷华州立大学拉塞尔·N.拉克兹尼亚克(Russell

---

① 盖尔·科尔 Gayle Kerr 和基思·理查兹 Jef Richards2015 年完成的《Delphi Study on the Definition of Advertising》似乎没有公开发表论文。对广告的定义转引自陈刚、潘洪亮《重新定义广告——数字传播时代的广告定义研究》。

② 陈刚,潘洪亮.重新定义广告:数字传播时代的广告定义研究[J].新闻与写作,2016(4):24 - 29.

③ Micael Dahlen & Sara Rosengren. If Advertising Won't Die, What Will It Be? Toward a WorkingDefifinition of Advertising[J]. Journal of Advertising, 45:3, 2016:334;334 - 335;334 - 345;336.

N. Laczniak)、欧洲维阿德里纳大学广告学院院长马丁·伊森特(Martin Eisend)、明尼苏达大学广告学院院长胡吉苏(Huh),撰写了一系列评论文章,引发了西方广告学界一场重要的学术争鸣。

关于广告未来的探讨。2008 年沃顿商学院开发的"广告的未来"研究项目(Future of Advertising Project)①,把"未来"设定在 2020 年,邀请了公司高管、资深广告人和学术达人发表其观点;组织顾问及合作者开会研讨;建立案例数据库;创建网站、博客、推特,在 Youtube 上开设了 Fast. Forward 的视频频道;在印度、新加坡、法国、中国和伦敦组织或参与相关的论坛。项目持续了 10 年,2018 年 2 月结束,项目总结各方观点,最后的结论是:"未来广告的发展将超越现有的广告,广告运行模式将会发生变革,广告将在品牌与消费者各个接触点上创造价值,而非只是信息的沟通。"②

2013 年,美国互动广告局以"广告是什么?(Advertising is?)"作为峰会的主题,探讨在广告内容化,特别是原生化(native advertising)发展态势下,广告空间的新架构。

(二) 广告的边界

现代广告边界的演变是一个不断建构、解构和再建构的过程,也是不断拓展的过程。这个过程既有突显的节点,也有循序渐进的积累和阶段性的发展。广告边界的演变,其实质是广告顺应新环境进行的不断变化。要阐释这些变化,就需要对广告进行不断地重新理解和界定。

纵观现代广告的发展,从广告概念演变的视角来看,广告边界的建构与解构,主要经历了以下五个阶段。

第一阶段,19 世纪末到 20 世纪初,现代广告边界的初步建立。

在这一时期,广告定义最广为人知是约翰·肯尼迪在 1905 年提出的:"广告是纸上的推销术(salesmanship)。"③同一时期,还有许多学者对广告进行了定义。沃兹沃思认为:"广告是一种为了获得商品的分销或需求,除了个人游说之

---

① 关于研究项目详细介绍,参见其 2016—2017 年度报告: https://www.wharton.upenn.edu/wp-content/uploads/2008/02/201617-Stewardship-Reprot-Final-2.2.18-CG.pdf;沃顿商知识在线相关文章[EB/OL]. http://www.knowledgeatwharton.com.cn/article/2213/.

② Jerry Wind, Advertising 2020: Insights from the Wharton Future of Advertising Program[EB/OL]. http://www.Researchexcellence.com/files/pdf/2018-04/id499_advertising2020.council_for_research_excellence.pdf.

③ 拉斯克尔.拉斯克尔的广告历程[M].焦向军,韩骏译.北京:新华出版社,1998:20.

外的持续不断的各种努力。"①迪珀和霍奇克斯的定义:"广告是销售过程中的一个组成部分,它采用各种手段吸引消费者或顾客。"②马林则认为:"广告不是实物,是服务。比起版面,服务才是更重要的。广告不是可以用眼睛看到、用手触及的实物,而是创意,它促使潜在的购买者对于广告商想要出售的商品,在头脑中留下清晰、正面的印象,并促使其购买。"③

以上四个定义,揭示了广告与销售的关系:广告就是促进销售,是销售过程的一部分。

在这期间,艾尔父子、麦肯、智威汤逊广告公司相继成立,广告公司不再为媒体销售版面,而是成为其代理,并为广告主提供广告策划、制作和发布服务。1910年,美国广告主协会成立。1914年,美国发行量稽核局(Audit Bureau of Circulations)成立。1917年美国广告代理商协会成立。1914年,美国国会通过《联邦贸易委员会法案》,对虚假广告进行了界定,确立了虚假广告的法律责任,并设立了管理机构。从19世纪末起,对于广告的专业化发展影响深远的是广告教育,广告课程开始进入大学本科的课堂。与此同时,大量广告方面的教科书得以出版。④

至此,广告业界、学界、政府及社会,共同建构了现代广告的边界。

第二阶段,第一次世界大战至第二次世界大战,广告突破了商业经济的边界。

从第一次世界大战(简称"一战")开始,广告大量运用于宣传;随着第二次世界大战(简称"二战")的爆发,运用的场景不再限于商业经济,而是拓展到政治、非营利性领域以及战时宣传、公益广告等。

广告的定义开始区分商业与非商业。比如,亚当斯的"商业广告的定义是个人或群体通过付费的媒体而非个人对他人或群体进行的说服。这些尽力做出的说服行为可以为其带来金钱利益"。⑤ 1932年,美国专业广告杂志《广告时代》(Advertising Age)公开向社会征集广告的定义,得票最多的入选定义是:"由广告主支付费用,通过印刷、书写、口述或图画等,公开传播有关个人、商品、劳务或

---

① G. B. Wadsworth. Principles and Practice of Advertising[M]. New York: Gerald B. Wadsworth, 1913:14.

② Harry Tipper. Advertising: Its Principles and Practice[M]. New York: The Ronald Press, 1915:22.

③ John Lee Mahin. Advertising: selling the consumer[M]. New York: Doubleday & Go. Inc., 1914:13.

④ 查灿长.国外高校广告教育研究[M].上海:上海三联书店,2010:13-30.

⑤ Adams, H. G. Advertising and Its Mental Laws[M]. New York: Macmillan. Co, 1916:4.

运动等信息,用以达到影响或促进销售、使用、投票或赞同的目的。"这个定义反映出广告突破了商业界限,而涉及非商业的领域。美国在1942年专门成立"广告委员会"(The Advertising Council),组织运行面向整个国家的公益广告。英国没有类似美国"广告委员会"的非政府组织。1946年,英国政府成立了中央新闻署(Central Office of Information, COI),主要负责公益广告。

第三阶段,20世纪50—70年代,确立以创意为核心的现代广告服务架构。

"广告是由可确认的广告主,以付费的方式,对其观念、商品或服务所作的非人员的陈述和推广。"这是美国营销协会所做的广告定义;自1948年发布以来经过多次修改,这是1963年修订的版本。伊文·格雷厄姆将广告定义为:"广告是非人员的沟通,通过付费的媒体向实际或潜在购买者传递个人或组织的产品或服务的销售信息,旨在影响其购买行为。"邓恩认为:"广告是由可识别的商家、非营利组织和个人通过各种媒体进行付费的非个人传播,并且这些可识别的商家、非营利组织和个人的相关信息会在广告中呈现。"

这三个概念中所包含的"可确认的广告主""非人员""付费""销售信息"等,确定了现代广告中最为核心的广告代理公司与广告主的关系、广告与大众媒体的关系,以及广告服务的核心价值,是通过信息创作,帮助广告主推广其产品、服务和观念。

20世纪50—70年代,随着威廉·伯恩巴克的"广告不是科学,它是说服,而说服是一种艺术"[①]"广告最重要的东西就是要有独创性(original)与新奇性(fresh)";[②]大卫·奥格威的"除非你的广告建立在伟大的创意之上,否则它就像夜航的船,不为人所注意"[③]"每一个广告都是为建立品牌个性所做的长期投资";[④]罗素·瑞夫斯的独特销售主张(USP);李奥·贝纳的"寻找商品与生俱来的戏剧性"[⑤]等广告人及其理念被推崇,以及他们所创立的广告公司获得的巨大成功,创意成为广告服务的核心价值。围绕着这一核心价值,广告代理业通过代理制、佣金制等,从公司的内部结构到产业链的架构,把现代广告的边界建构推

① 迈椰.麦迪逊大道:不可思议的美国广告业和广告人[M].刘会梁译.海口:海南出版社,1999:76.

② 海金斯.广告写作艺术[M].刘毅志译.北京:中国友谊出版公司,1991:2.

③ 奥格威.广告大师奥格威:未公诸于世的选集(修订版)[M].庄淑芬译.北京:机械工业出版社,2013:56.

④ 奥格威.广告大师奥格威:未公诸于世的选集(修订版)[M].庄淑芬译.北京:机械工业出版社,2013:25.

⑤ 林升栋.美国伟大广告人[M].北京:中国经济出版社,2008:12.

向了极致,棱角分明、精致坚固。

第四阶段,20 世纪 80—90 年代,资本入侵下广告"疆域"的拓展。

随着经济全球化发展,客户需要广告公司提供的服务不再仅限于本土,而是跨国,甚至是全球化的。从 20 世纪 70 年代开始,大的广告公司通过兼并独立的广告公司,形成了广告集团(network)。从 80 年代中后期开始,资本开始进入广告业。与此同时,客户对广告公司服务的需求不再是单纯的广告,而是涉及公关、促销、事件营销等领域,因此广告集团开始成立或并购相关的公司,广告在服务领域和服务地域两个方面拓展了"疆域"。1993 年舒尔茨等所著的《整合营销传播:谋霸 21 世纪市场竞争优势》一书出版,提出了影响深远的"整合营销传播"理论。广告的定义中开始出现"营销传播"。至此,"营销传播"开始替代"广告",出现在策划提案、业界峰会、学术交流和广告教育等场景之中。在 80 年代后期,奥美、智威汤逊、达彼斯等广告集团纷纷更名为整合营销传播集团。与此同时,1994 年随着互联网的商业化,网络广告开始出现。广告触及的领域进一步扩张,也意味着,其边界开始不再清晰明确。

第五阶段,进入 21 世纪,数字环境中广告边界的不断消解。

2002 年,理查和库伦将"广告"定义为:"中介化的传播,运用印刷、电子媒体,或者除了人与人直接接触之外的任何方法,向受众传达信息。"[1]2007 年,美国营销协会修订了广告的定义,其认为:"广告是由公司、非营利组织、政府机构和个人在某个时间或空间上发布公告和消息,试图就其产品、服务、组织或想法告知和说服特定的目标市场或受众。"[2]米迦尔·达伦和萨拉·罗森格伦刊于 2016 年美国《广告学刊》(JA)的文章,将"广告"定义为:"由品牌发起的旨在影响人们的传播。"

三个定义中都没有出现"付费"这一词汇,这不仅因为广告内容创作不再局限于广告主,还有用户的创作,而且还因为社会化媒介的发展、广告信息的传播,不再仅有付费媒介,利用受众进行病毒式的传播或者在组织或个人的网站、博客、公众号等发布广告既不需要代理,也无须付费。这也意味着广告媒介的边界正在变得模糊不清。美国营销协会对广告的定义则扩大了广告主的范围,广告信源不仅包括公司,还有非营利组织、政府机构和个人。这反映了广告运用边界

①　Richards, J.I., Curran, C.M.. Oracles on "Advertising": Searching for a Definition[J]. Journal of Advertising, Vol.31, 2, 2002: 63 – 77.

②　美国营销协会,http://marketing-dictionary.org/a/advertising/.

正在消解;达伦和罗森格伦对广告的定义扩大了信息接收的人群,他们不再是特定的目标市场和受众,而是"人们",这预示着广告受众的边界正在消解。总而言之,在数字时代,广告运行的环境发生了前所未有的变化,广告主的商业模式、数字媒介的发展以及消费者强大的信息获取、制作和传播能力,导致广告边界在内容架构、运作模式、产业链构成方面,均已发生了不同程度的消解。

（三）广告新定义

计算机、网络和通信技术的发展,使广告运行的环境发生变化。这种建立在数字(digital)基础上的运行环境,正在消解广告的边界。这种消解已经从广告内容创作与广告活动运作、广告公司运营、广告产业结构等层面渐渐显现,那么在这"后广告时代",如何定义广告? 广告定义最基本的构成要素是什么?

美国广告主协会(Association of American Advertisers)对"广告"的定义是:广告是付费的大众传播,其最终目的是传递情报,改变人们对广告商品的态度,诱发其行动而使广告主得到利益。

《中华人民共和国广告法》对"广告"的定义是:广告是指商品经营者或者服务提供者承担费用,通过一定的媒介和形式直接或者间接地介绍自己所推销的商品或者所提供服务的商业广告。

理查德和科伦曾对从 20 世纪 60 年代以来,最具权威的广告和市场营销教科书中"广告"的定义进行梳理,并总结出现代广告的定义主要由五大要素构成:付费、非个人的沟通、有明确的赞助者、运用大众媒体、旨在说服或影响受众。随后两位学者得出了广告在数字环境中的新概念:"广告是付费的,具有明确来源,通过某种中介进行的沟通,旨在说服接受者现时或将来采取行动。"[①]

新定义用"明确来源"替代了"明确的赞助者";用"某种中介"替代了"大众媒体";用"接受者"替代了"受众"。也就是说,现代广告活动的发起者、主导者不再限于广告主,消费者、用户都可以成为主导力量;广告创意不再聚焦"劝服"和所谓的"big idea",而是关注与消费者、顾客的对话和帮助企业或组织建立与消费者、用户的关系;广告传播不再只是"非人员的",人际传播将占据更加主导的地位。

本书提出数字时代的"广告"概念,广告是广告主付出某种代价的,通过传播媒介将观念或商品信息传达给目标受众,以达到改变或强化人们观念和行为的

---

① Jef I. Richards, Catharine M. Curran. Oracles on "Advertising": Searching for a Definition[J]. Journal of Advertising, 31:2, 2002: 63-64; 74.

目的的、公开的、非面对面的信息传播活动。

在数字环境下，信息的创意表达和规模化的传播，不再是广告主的核心诉求，随着顾客力量日益的壮大，顾客关系的建立、顾客需求的洞察与应对，才是广告主根本的需求；媒介不仅仅是信息传播的渠道，还是购物、娱乐、社交等生活场域。为了应对这些变化，"广告"涵盖了公关、事件营销、植入式广告、H5、程序化购买、病毒营销等，任何能接触消费者的方式和方法，成为"包罗万象的传播"。广告没死，现代广告的终结却是事实，后广告时代已经来临。

第二节　广告分类

广告的分类及其划分的标准，不仅是对广告认知的细分化，更体现了广告产业与广告市场的发展状况。广告类别的划分没有绝对的界限，广告分类的标准也会有所变化。不断实践新的分类原则，可以对广告运作提出新的问题，并解决这些问题。广告分类除了能更好地认识纷繁复杂的广告世界，还提供了一个切入的角度，以便更好地制定广告计划，确定广告活动的边界与适用范围。认清广告的不同表现方式，为广告策划、创意、实施和评估提供可靠的依据，使整个广告活动的运作正常、科学、合理、规范。

一、广告分类的标准及历史演化

（一）广告分类标准

广告的分类标准一般可以根据广告的目的、内容、对象、范围、媒体、广告主、诉求方式、效果以及广告周期等来划分。按照广告运作流程设定的分类标准如表 1 - 2 所示。

表 1 - 2　广告分类标准

分 类 依 据	广 告 类 型
广告主	工业广告、商业广告、农业广告、外贸广告、联合广告
广告目标受众	消费者广告、企业间（组织）广告

续 表

分 类 依 据	广 告 类 型
广告目的	商业性广告、非商业性广告
广告内容	商品广告、服务广告、观念广告
广告媒体	报纸广告、杂志广告、电视广告、广播广告、邮寄广告、招贴广告、路牌广告、网络广告等
广告发布	地域性(地方性)广告、全国性广告、国际性广告、全球性广告
广告效果	行为广告：旨在引起受众的直接行为,比如购买 认知广告：旨在树立某一品牌的形象,使受众熟悉品牌对品牌产生好感等

按照广告主可分为工业广告、商业广告、农业广告、外贸广告和联合广告;按照广告的目标受众可分为消费者广告、企业间(组织)广告;按照广告目的可分为商业性广告和非商业性广告;按照广告内容可分为商品广告、服务广告和观念广告;按照广告媒体可分为报纸广告、杂志广告、电视广告、广播广告、邮寄广告、招贴广告、路牌广告和网络广告等;按照广告发布可分为地域性(地方性)广告、全国性广告、国际性广告和全球性广告;按照广告效果可分为行为广告和认知广告。

(二) 广告分类的历史演化

广告活动是伴随着人类社会的发展而不断走向多样化的历时性过程。广告的分类随着广告形态的发展而演变。从古代广告到现代广告,其外延在不断地扩大。从广告概念的历史演变来看,与社会生产力发展水平相适应的媒介技术的发展,是推动广告分类多样化的主要因素。事实上,传播学作为广告学的基础学科,历来都把媒介变革作为传播行为的分类原则之一。以媒介变革为起点来切分,在这些传播行为的外延边界之内,可以找到实物、印刷、电子、数字等传播形态和方式,相应地也就形成了广告分类的依据。

1. 人类社会早期的广告形态类别

人类社会最初的广告是社会广告,然后才是经济广告。在人类社会形成的初期,广告活动是人类展示自己、联络对方的手段,有着极强的记忆、标记、宣传、组织和协调的功能,大多是一种自发的、无意识的传播行为,如图腾、仪式、铭文、碑文等都是带有广告意味的社会性传播活动。社会广告在原始社会主要以文化广告的形式出现,在奴隶社会以后主要有政治广告、军事广告和文化广告三种主要形态。与人类经济发展和商品演化相伴随,商业广告传播同样经历了从无到有、从萌芽到产生再到发展的过程,其最初形态也经历了由低级到高级、由具象到抽象的过程。从最初的实物陈列,发展到口头叫卖、标记、悬物,再发展到实物演示、原始音响、悬帜和招牌等。

社会广告实现的是社会管理的政治功能,商业广告则实现的是经济信息的传播功能,社会管理和政治信息的传播,演变到今天就是我们常见的公益广告和政治广告,商品经济广告则随着社会经济的发展和传播媒介的进步,演变为今天的各种类型的商业广告。限于技术条件,早期的广告具有现场告知的特征,广告通常出现在人口较为密集的城市广场和商业街区,多以纪念碑的碑文符号、招牌、实物的形式出现,广告媒介的固定性和传播范围的狭小性是这个时期广告活动的主要特征。为了突破固定空间和狭小的传播范围的局限,叫卖成为当时唯一的流动广告形式。由此看来,广告活动形态即便在人类社会早期,也已经出现了分化的趋势。

2. 印刷时代的广告形态类别

我国的印刷术传入西方后,德国人谷登堡于 1450 年发明铅活字印刷,为印刷广告的发展提供了条件,使人类广告活动出现了新的形态和类别,由原来的口头、招牌、文字广告传播进入印刷广告的时代。最早的印刷广告是张贴在伦敦街头的推销宗教书籍的广告。到了文艺复兴后期,工商业发达的意大利亚得里亚海沿岸城市出现了最早的印刷报纸,上面刊登的内容主要是船期和货物信息。这种信息实际上就是一种商业广告。16 世纪以后,西方经济发达国家陆续出现了定期印刷的报纸,并在报纸上刊登广告;与此同时,杂志也开始出现,并且开辟了广告专栏。

这一时期的广告正如约翰·E. 肯尼迪所言:"广告是印在纸上的推销术。"值得注意的是,限于当时经济发展水平和人们的识字率低等多重因素,印刷品的受众群体并不庞大,印刷广告在当时并未成为广告的主流类别。因此,除了新产生的印刷广告以外,原有的广告类别继续发挥着广告的功能。

18 世纪后期,在工业革命风暴的影响下,随着经济的发展和人们对信息的需求的增大,报纸、杂志加速向大众化发展,报纸作为承载广告的大众传播媒介使得广告真正有了大众传播的特征,并成为主要的广告媒介。报纸广告延续了早先出现的印刷广告的功能,同时又宣告了大众传播广告的出现。就分类而言,报纸与之后出现的广播电视一样,都具有大众传播的特征,我们可以把报纸广告归为一个大类,以区别于早期的实物、招牌、口耳相传等形式的广告。

3. 电子传播时代的广告形态类别

从广告类别发展的线索并结合广告的定义来看，不断出现的新的媒介形态造成广告外延的不断扩大。这正是广告分类多样化的主要因素，并且一直贯穿广告发展的历史过程。自从 19 世纪中叶电报出现之后，电话、留声机、摄影机，以及随之而来的广播、电视将人类社会推进到了电子传播时代，不仅使信息的传播彻底突破了时间和空间的限制，也促使新的广告类别出现。

我们来看看技术进步带来的媒介变迁从而引起新的广告形态类别出现的种种事实：随着摄影技术的发明，出现了摄影广告，以区别于过去的文字、绘画广告；电发光管发明后，出现了霓虹灯广告，以区别于过去的户外招牌广告；无线电广播技术的出现，使人们可以利用电波向大众传播信息，广播广告也应运而生，以区别于以往的各类印刷广告；电视的发明和普及，使得电视广告区别于过去诉诸单一感官的各类印刷广告与广播广告，它兼有视听效果并运用语言、声音、文字、形象、动作、表演等综合手段进行广告信息的传播，对社会大众产生了巨大的影响。

4. 数字传播时代的广告形态类别

数字传播是指以比特（Bit）为电子符号载体作为信息的最小单位，以数据通信、互联网、多媒体等传播技术为核心，以电脑、电视、手机等为终端的多种功能的交互式信息传播活动。这些新的传媒技术为信息传播领域带来了一场革命，使人们变被动传播为互动传播的愿望成为现实。同时，新的传媒技术也为新型的广告传播提供了传播平台和工具，拓宽了广告传播领域，推动了数字媒介广告的出现和发展。数字媒介广告与传统印刷媒介广告、电子媒介广告最大的区别在于：受众具有主动性、参与性、交互性。目前，数字媒介广告主要包括网络广告、数字电视广告、手机广告、数字广播广告等。

随着媒介技术的发展，互联网、电视、手机这三大媒介也在不断地融合，所谓的新媒介广告形态及应用层出不穷，诸如"富媒体广告""移动广告""数字广告"等越来越多的名称令人眼花缭乱。事实上，命名对于广告分类是一个重要的标签，通过命名，我们可以将具有不同特征的广告进行区别，并迅速认识和掌握该类广告。由于当代广告形态日益复杂化，我们对广告类别的命名一般依据广告活动的一种或者几种主要特征，因此在对广告进行分类时就要注意分类的重复性和主从性。比如，以手机为接收终端的广告活动，依据表现形式可以分为短信广告、手机视频广告、游戏广告等，依据信息传送方式又可以分为"WAP 站点广告""内置广告""推送式广告"等，这三种广告活动同时又涵盖了视频广告、游戏广告等形式。①

二、广告分类

（一）广告目的分类

制定广告计划首先要明确广告目的,根据具体的、直接的目的来确定广告策略。按照广告的营销目的,可以将广告分为产品广告、品牌广告、企业广告、观念（公益）广告等类别。

1. 产品广告

产品广告以促进产品的销售为目的,通过向目标受众介绍有关商品信息,突出商品的特性,以引起目标受众和潜在消费者的关注。产品广告力求产生直接和即时的广告效果,唤起消费者的购买欲望,例如永和大王的新品——神鲜豆浆藤椒鱼上市广告。

2. 品牌广告

品牌广告以树立产品的品牌形象、提高品牌的市场占有率为直接目的,突出传播品牌的个性,着力塑造品牌的良好形象。品牌广告不直接介绍产品,而是以品牌作为传播的重心,对于铺设经销渠道、促进该品牌产品的销售将起到很好的配合作用。在 2021 年春节,京东"手机放心换"推出了品牌短片《最长的一盘棋》。

图 1-3　最长的一盘棋广告

---

① 《广告学概论》编写组.广告学概论[M].北京：高等教育出版社,2018：24-27.

3. 企业广告(又称"企业形象广告")

企业广告以树立企业形象,宣传企业理念,提高企业知名度为直接目的。这类广告的主要目的不在于推销产品,而在于提升企业的知名度和美誉度,侧重于传播企业的信念、宗旨或是企业的历史、发展状况、经营情况等信息,以改善和促进企业与公众的关系,间接实现推销产品的目的。这是一种战略意义上的广告,具体还可以分为企业声誉广告、售后服务广告等类别。如中国电信上海公司在中国 5G 商用一周年之际,推出《此处电信 5G 已覆盖》项目,通过覆盖上海地标的方式将 5G 具象化,让"电信 5G 美好生活"的理念深入人心。

4. 观念(公益)广告

在观念(公益)广告中企业对影响到自身生存与发展的,且也与公众的根本利益息息相关的问题发表看法,以引起公众和舆论的关注,最终达到影响政府立法或制定有利于本行业发展的政策与法规的目的,或者是培养、改变某种消费观念和消费习惯。根据观念(公益)广告的类型,又可以划分为社会观念(公益)广告和消费观念(公益)广告,目的在于形成良好的社会风气和良好的生活习惯。比如"绿色出行,共筑美好未来"广告,它强调绿色出行对于提高空气质量、减少社会负担以及提升生活质量的重要性,鼓励人们从自身做起,选择更加环保、健康的出行方式。同时,它也传递出积极向上的生活态度和价值观,倡导形成良好的社会风气和生活习惯。

图 1-4　此处电信 5G 已覆盖广告

图 1-5　武汉·在一起广告

(二) 广告的效果分类

效果广告是基于效果的广告。效果广告的目的是促进销售(或其他消费者行动),也就是落实到转化上。当前广告主越来越追求品效合一,效果广告分为速效性广告和迟效性广告。

1. 速效性广告

广告刊播后希望立即引起受众行为反应,故速效性广告又称直接行动广告或直接反应广告。星巴克家享咖啡借力淘宝品牌直播日进行"星品"上新电商营销活动,用直播带货的形式直接提升了销量。

2. 迟效性广告

又称间接行动广告或间接反应广告。它刊播并不急于要求立即引起受众的行为反应,只是希望消费者对广告推广的商品和劳务产生认识,留下良好印象,日后如有需要再购买使用。"千兆之城"和上海的1 000个老地名发起的定制联名罐活动,展示了上海电信的发展与上海同行、与上海民众同行的故事,给大众留下了良好印象。

图1-6 速效性广告　　　　　图1-7 迟效性广告

（三）广告的发布区域分类

由于广告目标和市场区域的不同,广告传播的范围也有很大的不同。按照广告媒介的信息传播区域,可以将广告分为国际性广告、全国性广告和地区性广告等。

1. 国际性广告

又称为全球性广告,是广告主通过国际性传播媒介或者国外目标市场的传播媒介,如BBC、纽约时报等为实现国际营销目标而策划实施的广告活动。国际性广告通常作为跨国公司开拓国际市场必不可少的手段。

2. 全国性广告

即选取全国范围内的媒体,面向全国受众发布的广告。这种广告的覆盖区域大,受众人数多,影响范围广,广告媒介费用高。较适用于地区差异小、通用性强、销量大的产品。由于全国性广告的受众地域跨度大,广告应注意不同地区受众的接受特点。

3. 地区性广告

其多是为配合企业的市场营销策略而在某一地区传播的广告,这类广告辐射面窄、市场范围小,可分为地方性广告和区域性广告。地方性广告多采用地方报纸、电台、电视台、路牌等地方性传播媒介传播信息,促使受众使用或购买其产品,常见于生活消费品的广告;区域性广告是选择区域广告媒介,如在我国华南、华北、东北等一定区域或是在某个省份开展的广告活动,区域性广告的产品的地域特色较强,广告主多为中小企业。

图 1-8　地区性广告、全国性广告、国际性广告

（四）广告的传播媒介分类

按广告媒介的使用进行分类是较常使用的一种广告分类方法。在实践中,确定了广告目的、广告对象之后,选用何种媒介作为广告载体是制定广告媒介策略所要考虑的一个核心问题。使用不同的媒介,广告就具有不同的特点。传统的媒介划分是将传播性质、传播方式较接近的广告媒介归为一类,相应地,一般有以下几类广告。

一是印刷媒介广告,也称为平面媒体广告,即刊登于报纸、杂志、招贴、海报宣传单、包装等媒介上的广告。

二是电子媒介广告,是以电子媒介,如广播、电视、电影等为传播载体的广告。

三是户外媒介广告,是利用路牌、交通工具、霓虹灯等户外媒介所制作的广告,还有利用热气球、飞艇,甚至云层等作为媒介的空中广告。

四是数字媒介广告,简单地说,就是以数据通信、互联网、多媒体等传播技术为核心,以电脑、电视、手机等为终端的具有多种功能的交互式广告传播类型,主要包括网络广告、数字电视广告、手机广告、数字广播广告等。数字媒介的出现,极大地改变了广告生态和传播形态以及广告运作模式,显示出不可估量的发展潜力。

图 1-9 数字广告

五是其他媒介广告,如直邮广告 DM(Direct Mail),以邮寄的形式将宣传册、商品目录、订购单、产品信息等形式的广告直接传递给特定的组织或个人。再如,销售现场广告(POP)是在商场或展销会等场所,通过实物展示、演示等方式进行广告信息的传播,有橱窗展示、商品陈列、模特表演、彩旗、条幅、展板等形式。还有利用新闻发布会、体育活动、年历、各种文娱活动等形式开展的广告活动。

图 1-10 印刷媒介广告   图 1-11 电子媒介广告

图 1-12　户外媒介广告　　　　　　图 1-13　POP 广告

（五）广告的主体分类

广告主体是广告信息的发布者，即广告行为的发起人。广告主体分类，就是按照广告主所在的行业分类进行划分，主要分为互联网类、房产家居类、餐饮时尚类、教育培训类、商务服务类、医药健康类、文化演出类七大类广告。内含多种广告表现形式，而每一类广告都兼具行业特性与广告的本质属性。

图 1-14　房地产广告

（六）广告的客体分类

广告的客体，是指广告作用的对象，即接收广告信息的受众。在以消费者为导向的现代营销观念中，广告对象在广告活动中的地位日益重要。为配合企业的市场营销策略，广告信息的传播要针对不同的受众采用不同的策略。依据广告的客体，可以将广告划分为两大类型：一是消费者广告（B2C 广告），即直接指向最终消费者，由生产者或经营者向消费者推销其产品的广告，这类广告最常见于大众媒介；二是工商广告（B2B 广告），即针对从事再生产的工商企业的广告，包括工业企业广告、经销商广告、专业广告等。这类广告少见于一般的大众媒介,主要出现在工商业刊物和相关的行业期刊,如招商广告、广告位招租广告等。

图 1-15　消费者广告

图 1-16　工商广告

三、广告分类与广告运用场景的扩展

（一）商业

古希腊罗马时期,随着海上贸易的频繁开展和商业的繁荣,原始的商业叫卖广告应运而生。从最初的口头叫卖和实物陈列的广告表现形式,到互联网技术不断催生的新媒介广告形态及应用,商业广告传播同样经历了从无到有、从萌芽到产生再到发展的过程,其最初形态也经历了由低级到高级、由具象到抽象的过程。

随着 Web3.0 时代的到来,物联网技术悄然模糊了虚拟场景和现实场景之间的界限。更多数字化、智能化技术应用,使得任何事物都有成为"泛终端"场景的可能性。以往难以被用户感知的、复杂的相关性信息,在智能和共享的互联网中,以一种原生态的信息形式与传播载体相融,用可控内容和场景的延伸,把控传统广告不可控的广告效果,即广告内容化。[1]

在"万物皆媒"的场景时代,只要存在数字移动端与现实生活交互的场景,就能实现与原生广告的高度融合,[2]比如 2019 年天猫创作的"看啥啥都缺"原生广告,通过话题挑战引发用户关注,通过生活场景的演绎,配以双 11 定制礼盒的抽奖活动,引起了人们的跟风热潮,吸引了更多用户的关注。移动媒体、社交平台虚拟向现实场景转化的特性,为原生广告与用户的情感互动,提供了

---

[1]　雷雪妍.场景理论视域下原生广告去广告化研究[J].中国广告,2020(8)：77-79.
[2]　包晴晴.抖音 APP 原生广告发展的实证研究[J].新闻传播,2018(9)：63-66.

更多的场景条件。

（二）社会组织

社会组织是公共关系的主体，它是公共关系的三大构成要素之一。公益广告最早出现在20世纪40年代初的美国，亦称公共服务广告、公德广告，是为公众服务的非营利性广告。社会专门机构，比如联合国教科文组织、联合国儿童基金会UNICEF、世界卫生组织、国际野生动物保护组织分别发布过"保护文化遗产""儿童有受教育权利""不要歧视艾滋病人""保护珍稀动物"等公益广告，这类公益广告大多与发布者的职能有关。从广告载体上来看，可分为媒体公益广告（如刊播在电视、报纸上的广告）和户外广告（如车站、巴士、路牌上面的公益广告）。

（三）政治传播

在奴隶社会初期，政治广告作为一种政治管理的手段和政权统治延伸的工具，如商朝和周朝的"诰书"、战国时期的"令"等，开始在社会生活中发挥作用。古代罗马专门设有受雇于政府和个人的职业叫卖人，专事广告叫卖，如传唤被告、通知法庭宣判结果。

随着政治生态的演进，现代政治广告主要出现了两种形式：一是以竞选为目的，即各政党候选人及政治团体自我推销式的竞选型广告；二是由政府、政党、候选人及各种政治团体通过大众传播媒介付费购买时间、空间、机会和篇幅，并直接向受众传输完全符合传者意愿的政治讯息，以影响其政治态度或行为的传播过程。

（四）城市国家形象传播

广告对于塑造城市或国家形象来说不可或缺。城市形象、国家形象作为传播主体，其本质与一个商品或者品牌是类似的，同时具有客观性和主观性。对于城市或国家形象，人们有自己的认知，但由于地理条件的限制，公众对一个城市或国家的总体印象，常常会受到大众媒体的影响。在塑造和维护城市和国家形象的过程中，受制于各种各样的其他因素，广告是影响公众主观印象的常用且见效最快的一种手段。城市形象传播由来已久，自20世纪90年代以来，各城市逐步开展城市形象传播活动，但效果不是很明显。近年来，随着媒介技术的发展，国内各大中小型城市相继拍摄城市宣传片，围绕人文情怀、自然风光、建筑风格、英雄故事等多个题材，尽显城市特色。2020年杭州投资促进局出品的城市宣传片——《在杭州，见未来》，其选用空灵、内敛、悠扬的表达方式，展现了杭州这座城市的包容与创新。

图 1‑17 在杭州,见未来

深圳经济特区建立 40 周年之际,中共深圳市委组织部宣传部推出《为什么要有深圳》城市宣传片(见图 1‑18)。

图 1‑18 为什么要有深圳

国家形象广告是塑造国家形象最为直接、有效的方法之一。在国际传播场上,各国政府越来越多地采用传播渠道和广告策略来改善他们的对内对外形象。从形式上来说,目前的国家形象广告包括了国家形象宣传片、国家旅游广告、文化推广影片和投资宣传片等。从更广泛的范围来说,还可以包括围绕国家形象所开展的各类公关、营销计划及活动等。① 在对外传播方面,中国在全球传播竞

---

① 许正林.当代中国文化国际影响力的生成研究[M].上海:上海交通大学出版社,2018:136.

技场上还处于边缘地位,导致国家形象传播一直是我国国家形象构建中的薄弱环节。如何用现代的传播理念和传播手段来解除公众对中国形象的误解,展示中国形象的无穷魅力,仍需要无数人的辛苦努力。

第三节　广告作用

营销功能是广告的本质性功能,是经济功能与社会功能实现的基础与条件。"无论未来的营销与传播发生多大的改变,围绕广告功能与效果研究的广告理论主题将是永恒的,没有了广告的功能和广告的效果,广告也就消亡了"。[①]

一、营销作用

(一)沟通

广告是沟通产供销之间的桥梁。在市场经济条件下,生产和流通统一在流通过程中,产品只有通过流通领域才能进入消费领域。广告在沟通产、销渠道,疏通产、供、销关系上,起着桥梁作用。广告可以通过提高产品的流通速度、拓宽销售渠道以及增加销售份额等方式来推动货畅其流。随着市场经济的发展,地域界限不断打破,现代广告已成为工商企业加速商品流通和扩大商品销售的有效工具。[②]

现代广告实现了与消费者的有效对话。20世纪70年代初,艾·里斯和杰克·特劳特提出"定位"理论,认为只有占领消费者的心智才能取得成功,广告只有定位于目标消费者才能与其产生深度沟通,才能实现促进销售的目标。[③] 90年代,整合营销传播理论兴起,广告更加注重沟通的策略,要求以统一的形象与一致的声音与消费者进行沟通,从而促成销售目标的实现。沟通绝不是对告知功能的简单重复,它意味着平等、尊重与互动,是消费者主位回归的表现。在"消费者主导"的时代背景下,受众不再是被动接收信息的一方,他们能及时反馈个人意见,若广告主能主动倾听并处理消费者意见,便实现了两者的双向沟通。

---

① 张金海.20世纪广告传播理论研究[M].武汉:武汉大学出版社,2002:6.

② 韩光军.现代广告学[M].北京:首都经济贸易大学出版社,1996:6.

③ 里斯,特劳特.定位:有史以来对美国营销影响最大的观念[M].谢伟山,苑爱冬译.北京:机械工业出版社,2011:28.

（二）劝服

广告被用来劝服人们购买商品或服务。著名广告人约翰·肯尼迪提出了"广告是纸上的推销术"，这个观念强调广告不仅要告知产品信息，更重要的是必须起到推销产品和劝服消费者购买的作用。消费者的需求最开始一般处于潜在状态，即潜在需求，这种需求并不能直接促成购买行为。广告通过不同的诉求方式，陈述产品（或服务）的功能，唤起受众对产品（或服务）的兴趣，进而将人们的潜在需求激发出来，形成显性需求，并最终成为现实需求。特别是在竞争激烈的市场环境下，由于生产的高效加上渠道的拓展，当地市场已不能容纳厂商所提供的丰富产品，广告活动的劝服作用日益受到人们的重视。由于广告很少引起即时行动，因此改变受众的态度通常是广告活动的目标。要注意抓住消费者的心理和商品优点，进行有针对性的宣传。

（三）信任

广告要建立起受众对品牌的信任。品牌关系传播旨在提醒顾客记得熟悉的品牌并建立信任关系。尤其是在消费者和商家信息不对称现象逐渐减少的当下，广告很难直接激发人们的购买欲望，品牌方只能不断通过广告刺激唤醒消费者原来的记忆情绪，比如渴望、梦想、厌恶、恐惧等。在改变受众态度的基础上使其建立对品牌的信任，是大多数营销传播的重要目标。

（四）忠诚

广告可以培养消费者的品牌忠诚度。当我们谈及一个"中意"的品牌时，会涉及偏好，也就是品牌忠诚（brand loyalty）。忠诚是一种信任、一种好感（情感）以及一种行为（重复购买）。忠诚是对品牌传播的思考、情感和行动的综合反应。从长远利益出发，形象已成为品牌生存发展的支柱之一，是品牌的无形资产。广告通过持续传播，可以提高消费者心目中品牌的知名度和美誉度，有利于品牌形象的树立和品牌文化的形成。当顾客产生对品牌的忠诚度后，对于品牌来说能有效降低营销成本，而且他们极易向好友推荐，助力品牌的口碑营销，提高营收。

二、经济作用

（一）促进消费

社会再生产的总过程包括生产、分配、交换和消费四个环节，它们紧密相连，相互影响。只有这些环节都能得到实现，产品的"生产—流通—交换—消费"的流转模型才能正常运行。其中，广告对维持社会经济平稳运行做出了不可或缺的贡献。

广告的经济功能首先表现在交换和消费领域,广告联结着生产企业、中间商和消费者,为批发商、零售商、消费者提供丰富的产品信息,从而"润滑"着物流与商流,"驱动"着交换与消费的完成。[①] 广告中呈现的差异化和价值功能促进了消费者对广告产品提供的独特的具体利益认知和认同,促进了商品的购买。

（二）拉动内需

现代化的自动化大生产具有超强的能量,足以在短时间内生产数量巨大的商品。商品供过于求,广告便呈现繁荣之势。基于广告的劝服因素,广告更加能够刺激消费、诱导消费以增加产品的使用量和流通量。根据卖方市场"生产—流通—交换—消费"的经济运行模式,广告在实现沟通产销、促进流通的基础上,在生产和消费领域中表现为有利于竞争、促进生产和刺激社会整体的消费需求,从而使得社会生产活动良性运行,不断地为社会创造出更多的财富,推动整个社会经济的增长。近几年,网络直播营销作为一种新生事物,对于拉动经济、促进消费、引导消费有着重要意义。

（三）繁荣经济

消费和内需是中国经济增长的第一动力。广告能改变人们的消费观念和消费心理,影响人们的消费结构和消费行为,这对于促进消费、拉动内需具有重要意义。在经济发达的社会里,广告信息的传播沟通了经济活动中的供应、生产、销售、消费等各个环节,使之成为一个有机的整体,能更好地发挥社会效益和经济效益,从宏观上有力地促进了国民经济整体和谐的发展。无数经济事实证明,广告是产供销之间强有力的纽带,是市场经济发达与成熟的标志之一。

三、社会作用

（一）道德

广告的道德功能以道德自律和实践精神为特征,是一种非制度化的内在力量,在广告活动中承担着特定的任务、履行着特定的职能,在广告活动中作为一种内在的制约和引导力量,使广告功能得到最大限度地发挥。[②]

优良的广告会促进社会文明的进步与发展;不良的广告则起着阻碍和破坏

---

① 《广告学概论》编写组.广告学概论[M].北京:高等教育出版社,2018:69.

② 张金花,王新明.广告道德研究[M].北京:中国物价出版社,2003:26.

社会进步的作用。现代广告宣传的社会化、大众化把广告的这种正负效应发挥得淋漓尽致,它们共同指向广告道德问题。许多企业凭借广告的形式,以善恶为标准,通过评价、命令、劝阻、指导以及沟通等方式,对社会精神文明建设、人的价值观念、消费行为、生活方式等方面都产生了影响。尤其是公益广告,能培养人们正确的生活方式和美好情操,鞭挞社会的丑恶行径,弘扬大众的高尚品格。目前,广告已经完全融入了现代人的生活之中,无论人们喜欢与否,总摆脱不了广告的诱惑,自觉不自觉地改变着自己的观念和行为。

(二)教育

大众传播媒介在潜移默化地培养受众的世界观,尤其是对于青少年而言。在现代社会,大众传媒提示的"象征性现实"对人们认识和理解现实世界产生着巨大影响。传播内容具有特定的价值和意识形态倾向,这些倾向不是以说教而是通过"报道事实""提供娱乐"等形式传达给受众,从而潜移默化地形成人们的现实观、社会观。

1967年,格伯纳及其同事在美国全国暴力成因及预防委员会的资助下于宾西法尼亚大学的安南堡传播学院开始了他们一系列有关电视内容的研究,随后提出"涵化理论"。研究的结果发现电视节目中充斥的暴力内容大大提升了人们对现实社会环境危险程度(不安全感)。电视的"涵化"效果,即潜移默化的效果。

如今,媒体、街道、地铁、公交、电梯厢等皆可见广告的影子,如此环境下广告文化对儿童和青少年群体的"涵化"是在所难免的。但是儿童及青少年群体还不具备成人辨识广告内涵的能力,因此极易被误导,产生用不雅广告词开玩笑等现象。

(三)文化

广告的传播功能、营销功能和经济功能普遍都是以文化的样式出现并发生作用的。广告传播的信息要为消费者接受,是以文化和心理的认同为前提的;说服消费者产生购买行为,更要依仗文化的魅力。

广告对社会文化的发展起着"催化剂"和"加速器"的作用。美国历史学家大卫·波特曾说:"现在广告的社会影响力可以与具有悠久传统的教会及学校相匹敌。广告主宰着宣传工具,它对于公众标准的形成起着巨大作用。"[①]现代化的过程不仅是一场经济变革,而且是一场思想观念的变革。一方面,现代广告在沟

---

① 卢泰宏.广告创意100[M].广州:广州出版社,1995:170.

通产销、刺激竞争、传递商情、促进营销等方面推动物质文化的发展;另一方面,现代广告在传播文化信息、沟通科技交流、活跃文化事业、繁荣社会文化、营造文化氛围、维护社会生活秩序、倡导新的道德风尚等方面起到了积极的作用。

四、广告批判

对广告的批判根源于广告的逐利性本质。广告的社会作用既有积极的一面,又有消极的一面。在推动社会进步的同时,广告的副作用也相当明显。

(一)广告的本质

大卫·奥格威曾说过:做广告是为了销售产品,否则就不是做广告。广告的最终目标是影响消费者的想法与行为。随着广告实践出现巨大变化,人们很容易忘记广告仍旧是一种传播工具。他们按照广告主的期望开展社会活动和消费活动,即传播信息、劝导消费,只不过传播的内容侧重于商业信息。当然广告的成功离不开有效的沟通,必须要从沟通的角度看待广告目标。没有沟通,广告很难达到目标。总的来说,广告是营销和传播的综合体,两者互为依赖,不可或缺。

广告生而为营销。在商业利润原则的指引下,广告传播者容易滋生出利润至上的拜金主义,有些人甚至不惜牺牲社会效益而一心追求经济效益。西方对广告批判的研究,进一步揭示了广告的本质。

(二)广告批判理论

1. 法兰克福学派的广告批判理论

阿多诺和霍克海默是法兰克福学派的主要代表人物,他们对晚期资本主义社会文化工业中的广告持一种批判和否定态度,并据此形成了他们的广告批判理论。在他们看来,"广告本身是社会权力的展示"[①],由广告所导致的消费行为,会使人们麻木,并逐渐"物化"。

法兰克福学派的另一位重要代表人物赫伯特·马尔库塞(Herbert Marcuse)在《单向度的人》一书中指出,现在的大多数需要,诸如休息、娱乐,按照广告宣传来处事和消费,都属于虚假需要这一范畴之列。[②] 这里所说的"物化",实质上是指消费者大众被广告(文化工业)这种"物"所"化"(同化),以至于其消费心理和行为都完全为广告所支配,依据广告所说的去思维、去娱乐、去购

---

① 霍克海默,特奥多·威·阿多尔诺.启蒙辩证法[M].洪佩郁等译.重庆:重庆出版社,2000:89.
② 马尔库塞.单向度的人[M].刘继译.上海:上海译文出版社,1989:168.

买,成了"娱乐工业所期望成为的那类人"。①

2. 媒介环境学派的广告批判理论

媒介环境学将媒介视为环境,研究媒介/技术、人、环境三者之间的互动共生关系,开创了以研究媒介/技术为视角的生态学研究范式。从马歇尔·麦克卢汉的"媒介即讯息"出发,媒体环境学对依托媒介进行传播的广告进行了批判。麦克卢汉对广告的批判在其著作《机器新娘——工业人的民俗》《理解媒介:论人的延伸》中也有所体现,他认为"广告的作用与洗脑程序完全一致。洗脑这种猛攻无意识的深刻原理,大概就是广告能起作用的原因"②。

另一媒介环境学派代表人物尼尔·波兹曼的广告批判建立在对电视媒介批判的基础上,提出了"伪寓言""伪疗法"的概念,他认为电视广告是"把企业从生产有价值的产品引向了设法使消费者感觉产品有价值,这意味着企业的业务已经成为一种伪疗法,消费者成了信赖心理表演疗法的病人"③。他抨击电视广告的对象不是产品的品质,而是产品消费者的品质。④

3. 消费社会的广告批判理论

法国社会学家让·鲍德里亚认为,在消费社会,消费者不是对具体的物的功用或个别的使用价值有所需求,他们实际上所需求的是商品所赋予的意义及意义的差异。⑤ 鲍德里亚的这种"消费社会批判"理论,实际上是一种"符号政治经济学批判"理论、一种文化分析策略或文化批判理论。在他看来,商品不只是商品,商品同时还是符号、价值和文化,同样,符号和文化也应当被当作商品来看待。⑥ 因为广告与生俱来的功利导向,各方面的因素极易产生偏差,而导致人们对商品产生盲目崇拜,消费主义愈加明显。

许多广告批评家把广告的"消费控制"作为罪魁祸首。消费控制是指"产品起着思想灌输和操控的作用,通过大众传媒,包括广告等形式,无孔不入地占据人们的闲暇时间,在很大程度上刺激了人们的虚假需求。这种虚假需求是外部强加于人身上的,爱和恨别人之所爱和所恨"。这种虚假需求导致了人们似乎是

① 张微,胡瑛.法兰克福学派的广告批判理念[J].新闻与传播评论,2003(00):209-213+247.
② 麦克卢汉.理解媒介:论人的延伸[M].何道宽译.南京:译林出版社,2011:259.
③ 波兹曼.娱乐至死·童年的消逝[M].章艳等译.桂林:广西师范大学出版社,2009:111.
④ 罗雁飞.西方流派广告批判理论及广告本质探析[J].郑州大学学报(哲学社会科学版),2014,47(05):177-182.
⑤ 鲍得里亚.消费社会[M].刘成福等译.南京:南京大学出版社,2008:68.
⑥ 安静.消费主义时代和消费社会中广告功能的延伸及伦理困境[J].商业时代,2011(04):21-23.

为商品而生活,奢侈品、精致住宅仿佛成为人们生活的灵魂。马尔库塞所描述的"为商品而生活"的情况发展到今天,不但没有被有效遏制,反而愈演愈烈了。

 思考题

1. 广告的本质特征是什么?

2. 广告边界演变的关键节点是什么?

3. 在后广告时代,如何定义广告?广告的定义中最基本的构成要素是什么?

4. 如何看待广告批判行为?广告应如何自觉履行与承担其社会责任,发挥导向作用?

【案例讨论】

案例一:腾讯"从抢红包到抢红包封面"

在春节营销中,品牌给用户发红包,是最常见的玩法,但是2021年的春节,微信的"定制红包封面"功能大火了一把,成为企业和视频号创作者宣传自身的绝佳机会。各大品牌纷纷定制专属微信红包封面,让一年一度的"抢红包"大战变成了"抢红包封面"大战。

社交媒体平台的功能更新与企业的战略宣传,实现了消费者的"个性化信息定制与精准沟通"。这是在洞察消费者的需求、预测其行为的基础上,制定的千人千面的个性化营销策略,并且根据反馈信息随时随地调整策略和实施方案,实现动态营销。那么现代广告的边界拓展到哪里了呢?

案例二:某品牌争议广告

积极健康的广告对社会产生着良好影响,促进社会进步;而消极庸俗的广告对社会产生不良的影响,不利于良好社会风气的形成。某品牌的一则短视频广告中,夜晚一位女孩被跟踪尾随。当尾随者逐渐靠近时,该女子急中生智,拿出卸妆湿巾一秒卸妆,瞬间变成一张男人的脸。随后视频中出现"呕……"的字样以及呕吐的声音。

　　该视频将尾随女性、丑化女性作为广告创意点,引发争议,被网友指责侮辱女性,认为该广告可能会向受众传达以下观点:猥亵是受害者太漂亮所致;女性的漂亮是化妆凸显的;美丽有罪;丑陋让人作呕等。你如何看待这则广告的导向作用?

第二章 广告行业与广告运作

本章学习目标

- 了解现代广告业的产生、发展和变革。
- 了解广告产业链的基本运作流程。
- 了解互联网、移动、AI等对广告业产生的深远影响。

第一节 现代广告业产生、发展和变革

现代广告业的历史源远流长,其与20世纪工业经济的迅速发展密不可分,广告行业的发展壮大在无形中催生了专业广告公司的出现,广告代理成为广告行业的核心产业链,媒介形态的演变和广告的专业化进程成为现代广告业的驱动力,在广告发展进程当中,美国现代广告产业的形成对全球广告产业产生了深远的影响。互联网的兴起,不仅改变了广告的传播模式,还深刻影响了广告产业链的构成和运作模式。广告产业链是一个复杂的生态系统,涵盖了从广告主、广告代理到媒介和消费者等多个环节。随着数字化技术的普及,数字广告的崛起重新定义了广告内容的创意和定位策略。本章通过以宏盟、WPP、阳狮等全球知名广告集团为案例分析广告公司的运作模式、市场策略及其在全球广告行业中的竞争优势和影响力的变化,探寻当下广告产业链的变革与发展。

一、现代广告业的产生

（一）工业经济发展与现代广告业的产生

广告是伴随着人类的商品交换活动产生并发展的。从街边小贩的叫卖、商

铺门口的各种招牌,到近现代报刊所刊登的商品信息,这些都属于广告。传统的广告缺少统一的组织、专业的人员,形式、内容等都带有随意性。广告产生可以追溯至文明的起源,从古代的埃及、希腊、罗马到印度和中国都可见其踪迹。广告登上社会舞台,成为令人瞩目的角色,源于工业革命。工业革命促使工业经济的发展,社会生产方式发生变革:规模生产、规模消费,必然需要一定规模的商业信息传播。"工业革命引发了对广告的需求",[①]现代广告是工业化的产物。现代广告脱胎于工业经济发展的浪潮之中,其形式和组织都更加科学化、合理化、规模化。

18 世纪下半叶—19 世纪上半叶,第一次工业革命席卷了欧洲各国。英国作为老牌资本主义国家以及第一次工业革命的发源地,很快成为欧洲工业革命的中心,其商品经济与贸易也得到了进一步发展。在这一时期,英国《大众广告报》(1752 年)、《晨邮报》(1772 年)以及《泰晤士报》等独立报刊发展起来。到 18 世纪末期,数十家日报的发行量已高达数百万份。英国报刊的发展也促使广告的刊登量不断提升。以《泰晤士报》为例,1800 年该报纸日均刊登广告 100 条,到 1840 年已增至 400 条。[②]

美国工业革命始于 19 世纪初期,到 1870 年以后呈现出更加迅速的发展态势,其工业革命的发展过渡到了以电力的广泛应用、内燃机的发明和新式交通工具的创制以及通信手段的革新为代表的第二次工业革命。经过 30 多年的发展,到 1894 年,美国工业总产值已达到 94.98 亿美元,居世界第一位,约为欧洲各国工业总产值的一半。并且,美国工业不仅在电气、化学、汽车等新兴工业部门处于世界先进水平,同时也在钢铁等传统工业部门上赶超了老牌工业革命国家。

19 世纪末期到 20 年代初期,在第二次工业革命后期,美国已经成为大规模生产的工业重镇。随之,美国商品经济和贸易也得到了进一步发展。全美铁路的兴起推动了美国国内市场的形成,联邦政府也于 1896 年开始推行乡村免费邮送业务,进一步扩大了报纸的广告市场。与英国报刊广告不同,美国报纸更加依赖广告而非订阅费。普利策收购《世界报》后,对报刊的广告收入尤为重视。美国斯克里普斯报团、英国北岩报团等报团的建立也使得报业广告的发展更加具有现代规模,现代广告业应运而生。"随着工业经济发展、现代报纸、杂志的兴

---

① 杨海军.中外广告史新编[M].上海:复旦大学出版社,2009:285.
② 韩光军. 现代广告学[M].2 版.北京:首都经济贸易大学出版社,2003:76.

起,广告成为资本主义经济一股重要的力量"①,但是无论是作为现代广告发源地的英国,还是后来居上的美国,都还没有建立行业的标准和法律规范,呈"自然发展"②和"野蛮生长"③状态。因此,迫切需要通过对广告自身的认知,建构产业边界、形成产业规范、树立产业信誉,促进广告进入"职业化"(professional)发展阶段。

(二) 广告代理制与现代广告核心产业链形成

现代广告的规模化发展催生了专业广告公司,也逐渐形成了广告代理制。1841 年,美国人沃尔尼·B. 帕尔默在宾夕法尼亚州的费城创立了一间"广告代理店",为其所代理的报纸兜售广告版面,并游走于各个商行之间说服其购买广告版面,开启了广告代理制的探索。④

根据现有的记载,最早的广告代理公司是 1869 年在费城成立的美国艾雅父子广告公司(Ayer&son)。艾雅父子公司对广告主提供"开放性的契约",向广告主公开了媒体给广告公司的真正费率。在与报刊发行人进行的业务往来中,一直作为广告主的代理,与媒介进行业务往来。

1893 年,美国报纸发行人协会(American Newspaper Publisher's Association)决定将佣金付给该协会认可的广告公司,而不是将折扣直接给广告主,广告公司不得为了佣金而设法代表客户破坏费率。

1914 年 9 月 26 日,美国总统伍德罗·威尔逊签署了《联邦贸易委员会法案》,正式成立美国联邦贸易委员会(Federal Trade Commission,FTC)。该机构致力于保障国家市场竞争繁荣、高效发展,并且拒绝不合理的约束,为现代广告业的有序发展提供了基础。

除了 FTC 这样由联邦建立的外部组织,1917 年,世界上最早的广告代理商协会——美国广告代理商协会(American Association of Advertising Agencies,4A)在美国圣路易斯成立。协会成立后就呼吁媒介保证支付广告刊登费 15% 的佣金(commission)给广告公司作为媒介代理费,以促进广告主雇佣广告公司提供专业服务,从而推动广告公司逐渐发展为全面广告代理服务公司(Full Service

---

① O'Barr W M. What Is Advertising? [J]. Advertising & Society Review, 2005, 6(3).

② Nevett T R. Advertising in Britain: a history[M/OL]. London: Heinemann, 1982: 70 - 75. https://books.google.com/books/about/Advertising_in_Britain.html?id=lzsfAQAAIAAJ.

③ Henry R. Boss. A Brief History of Advertising[M]. Chicago: Weston Printing Co. 1886: 21.

④ 阮卫.从代理人到合作伙伴:广告公司角色的变迁[J].西南大学学报(社会科学版),2018,44(3): 5.

Advertising Agency)。

至此,现代广告活动基本表现为广告客户委托广告公司实施广告宣传计划,广告媒体通过广告公司承揽广告业务,广告公司处于中间地位,为广告客户和广告媒体提供双向服务并起到主导作用。这样在广告主、广告公司、媒体组织三方委托—代理关系的基础上,实现广告交易行为的制度就是广告代理制,这样的制度也逐渐成为国际通行的广告经营与运作机制。

广告代理制对于各个企业的广告活动效益起到了良好的作用,在对媒体的运用中突出了媒体的信息服务优势,同时也使得广告公司本身的专业性得以增强。广告代理制推动了现代广告中广告主与广告公司利用广告媒体向消费者提供信息这一核心产业链的形成。

（三）现代广告业发展的驱动力

现代广告的发展呈现出阶段性的特征。随着工业化的发展、现代经济的发展,广告的产业化趋势更加明显、产业链更加完备。现代广告业的发展是由经济发展、媒介演变等外部因素以及广告公司自身发展等内部因素驱动的。同时,广告经营逐渐迈向现代化和规范化,也开始注重对于广告调查和广告策略的运用。广告行业性组织的成立和广告法规的制定也推动了现代广告业的发展。

1. 商品经济的发展

工业经济推动了近代资本主义商品经济的发展。商业广告诞生于人们的商品交换活动,满足了人们的物质生活需要。在资本主义商品经济蓬勃发展的大背景下,人们对于购买商品的需求上涨,而广告需求也同步递增。企业为了销售更多的商品,则通过广告公司、媒体等频繁进行广告活动,以提升其知名度。现代广告业就在不断增加的广告需求中催生了专业的广告公司、广告组织。

随着经济全球化进程的加快,人们的消费形式和消费观念越来越国际化。消费者受教育程度和自身素质提高、人口流动性增大等因素使原有的消费者群体结构被重新整合。广告经营必须重新认识消费者群体,进行市场细分,改变经营理念。广告的经营方式伴随着经济的发展也发生了改变。广告业随着跨国企业的繁荣、扩张,也进入了激烈竞争的时代。

2. 媒介形态的演变

现代广告作为社会经济生活的重要组成部分,其发展与繁荣离不开传播技术的推动,其发展进程伴随着媒介形态的演变。19世纪中叶印刷媒体占据了人们的精神文化生活,尤其是廉价报纸的兴起使企业与大众之间的交流日益紧密。

1920年11月2日,美国威斯汀豪斯公司在宾夕法尼亚州创办KDKA广播电台,开启了广播时代。1922年,美国第一家商业广播公司WAAF开始向广告商出售空中时间,成为最早开展广告业务的电台。1941年7月1日,美国联邦通信委员会(FCC)准许开办商业电视台,即准许电视台开播广告,推动了电视广告的发展。广播、电视的产生和普及很大程度上改变了广告活动的运作方式,为广告提供了视听兼备的传播平台,广告形式更加生动,有力地推动了广告业的繁荣与发展。

互联网媒介的发展促使广告业进入了数字时代。媒介形态的演变不断改变着广告业生态,驱动着现代广告业的变革。在20世纪电子信息技术推动的第三次科技革命的推动下,广告进入了发展新时期。20世纪80年代以来,新媒体广告成为新兴广告形式。新媒体主要是借助数字媒体技术,以数字媒体为载体发布内容、传播信息。广告充分利用最新的数字媒体传播形式,除了在广告内容上不断创新,也赋予了广告传播更多的交互性、实时性和针对性的特点。常见的数字广告有网络广告、流媒体广告、虚拟广告、无线广告、数字电视广告等。与传统媒体相比,新媒体广告可以满足每个人发布信息和传播信息的欲望,也使得广告形式更加丰富、传受互动性增强、目标市场测定更加精准、媒体整合更加优化。

3. 广告公司的专业化进程

最初的广告业并没有形成具有专业组织结构的"广告公司",而仅仅是个人作为代理商或是代理店来为媒体推销版面。代理制的确立、以广告公司为核心的广告产业链的形成,加快了广告公司专业化进程,广告公司能够提供客户服务、策划、创意等全面服务。在市场需求的刺激下,越来越多的广告人投身于专业的广告公司。同时,广告公司内部也推出了一系列自律条例,形成了行业专属的理论,如USP理论、定位理论、品牌形象、企业形象标识系统和整合营销传播理论等,不断推动广告业的发展。

二、美国与现代广告业的发展

(一)麦迪逊大道与美国广告业

麦迪逊大道——纽约市唯一以美国总统命名的大街,贯穿了一个全是高楼大厦、体面饭店的地区。这条大道上的广告公司不可计数,形成了人们常说的广告长廊(ad alley),以及知识界人士所说的传播带(communication belt)。由大道中心向任何方向延伸的两到三个街区内,有两大广播暨电视网的总部,以及推销地方电台广告时间的"电台业务代表"(station rep)的办公室,主要杂志的广告业务中心办公室,以及像《时代》杂志(*Time*)、《生活画报》(*Life*)、《时尚》杂志(*Vogue*)、《展望》杂志(*Look*)、《麦考尔》杂志(*McCall's*)与《红皮书》杂志(*Redbook*)、《风尚》杂志、《皇冠》杂志(*Coronet*)、《纽约客》杂志(*The New Yorker*)、《仕女》杂志(*Mademoiselle*)等许许多多的编辑室;还有推销1 000家报纸版面的"全国性业务代表"的办公室。广告公司就散布在它们之间,承担起为客户准备、刊播广告以及开广告账单等业务。

美国超过一半的全国广告预算曾经都是由麦迪逊大道的广告公司花掉的,剩下的半数则是由纽约控制的分公司花掉的。麦迪逊大道是美国广告业的代名词,甚至在二战以前就成为广告业的大本营。二战以来,麦迪逊大道地区又陆续建起了众多大厦,以满足膨胀的广告需求。仅仅在麦迪逊大街上,20层以上的新高层办公楼已经建了十几座,包括第五街、莱辛顿街和洛克菲勒中心的新建筑,不少于40座、总面积不低于2 000万平方英尺的大写字楼已经建筑在半平方英里的麦迪逊大街上。一座座风格相似的建筑内部却是各有千秋,每个广告公司想尽办法彰显其创意与特色以吸引客户。

除了形形色色的广告公司,这里还建起了一处全美独一无二、在欧洲也是绝无仅有的优美的娱乐场所。"纽约最优秀的餐馆在这里为广告和传播业的先生们提供午餐"。[①] 享受着纽约中心优质生活的同时,广告人们也时时刻刻处于一种压力之下,他们要依靠创意获取报酬,而非时间,而创意、创新、创优恰恰是最难持久的。因此,他们必须时刻保持学习。广告人的拼搏铸就了美国广告业的辉煌。

(二)"创意为王"与广告业的黄金时代

20世纪50—70年代,创意逐渐成为广告服务的核心价值。围绕这一核心价值,广告代理业通过代理制、佣金制等,从公司的内部结构到产业链的架构,把现代广告的边界建构推向了极致,棱角分明,精致坚固。

二战后的美国不仅没有受到战争影响而经济衰退,反而在战争中凭借消耗品生意进入了经济发展的迅猛时期。这一时期的美国作为超级大国,是世界经济的绝对霸主。20世纪60年代,美国社会完成了工业化过渡,其经济繁荣愈发

---

① 威雅.颠覆广告:麦迪逊大街美国广告业发家的历程[M].夏慧言,马洪,张健青译.内蒙古:内蒙古人民出版社,1999:125.

凸显,致使广告业迅猛发展。"50年代初,只有10%的美国家庭拥有一台电视机,但是到了60年代中期,已有90%的美国家庭拥有一台甚至几台电视机。"①广告充斥着人们的生活,甚至尚在婴幼儿时期的孩童也对当时的面包圈、玩具和可乐品牌的名字印象颇深,还未识字就能唱出"百事可乐,口味合宜!"②(Pepsi-Coca hits the spot!)

青年文化的兴起推动了广告业消费文化的兴盛。广告商们将消费主义放到流水线上,向青年们出售大量"收音机、唱片、电唱机、青少年杂志、化妆品及服装",以满足青年表现自我的需要。这种消费文化纵容享乐、提倡另类和前卫,在报纸、电视等媒体上兜售"酷(cool)"的价值观念。广告业的发展迎来了黄金时代。

在这一时期,著名广告人大卫·奥格威提出的"品牌形象"理论受到了极大追捧。奥格威曾在一次美国广告代理商协会午餐会演讲结束的时候说:"往往是一个品牌的整体性格,而不是琐碎的产品差异决定它在市场中的终极地位。"③其对品牌重要性的强调由此可见。

20世纪60—70年代,美国各个大小企业都开始采用独特的商标及广告定位来提升自身效益。麦当劳的黄色"M"标志、万宝路牛仔、七喜、大众汽车等品牌也从这时开始确定了自己独特的品牌形象,许多品牌直到现在还长盛不衰。

同一时期,李奥·贝纳提出"产品,即英雄",认为广告创意的关键就在于研究商品本身的独特性。"万宝路"香烟的品牌形象策划就是李奥·贝纳所创建的同名广告公司最出色的广告活动之一。

威廉·伯恩巴克,作为参与创作了经典的大众甲壳虫汽车广告、埃飞斯出租汽车广告的广告大师,提出了"广告是一种艺术"的观点。他认为广告不应该过于痴迷技术,而是要追求广告的真正本质——艺术表现。

(三)美国广告的全球影响力

美国消费主义文化伴随着经济全球化在世界各地兴起,而具有美国风格的跨国企业广告业深入世界的大街小巷,几乎达到了无人不晓的程度。

---

① 文春英.外国广告发展史[M].北京:中国传媒大学出版社,2006:169.

② 高瞻.变革中的广告黄金时代:20世纪六七十年代三大文化思潮影响下的美国广告[D].苏州大学,2007.

③ 迈耶,Mayer,等.麦迪逊大道:不可思议的美国广告业和广告人[M].刘会梁译.海口:海南出版社,1999:134.

Nike 的产品曾经仅有马拉松跑鞋这一个类别,直到健身热潮开始风靡——Nike 市场部的员工明白,他们必须搭上这班便车,来超越他们对手——锐步(当时锐步的销量高于 Nike)。于是在 80 年代末 Nike 发起了"Just Do It"运动,取得了巨大成功。1988 年 Nike 销售额 8 亿美元,到 1998 年增长到 92 亿美元。"Just Do It"是一句简短响亮的口号,浓缩了人们在激烈运动时所能体会到的所有感受——这种感受永远不会过时。这句标语的意义是,它总是激励我们超越自己的极限。NIke 也很快成为全球驰名的大品牌,在世界各地都拥有其门店和加工厂。

以人们最耳熟能详的可口可乐为例,它是中国改革开放后第一个进入国内市场的外企,也是第一个在中国做广告的企业。20 世纪调查显示,全球最流行的三个词分别是"上帝"(God)、"她"(her)和"可口可乐"(CocaCola)。可口可乐是美国流行文化的一个重要标志,直到现在,该企业仍在其品牌广告上不断突破。该公司秉持的自由、奔放、独立掌握命运的价值观也受到了无数年轻人的追捧,在与百事可乐的竞争中一骑绝尘,占据了可乐市场近 70% 的销售量。

经典的美国广告数不胜数,除了朗朗上口的广告语,这些广告更是将其中蕴含的美国文化与价值观传播到了世界各地。除了颇具奋斗精神的广告词,美国广告所显示出的消费主义文化也渗入了世界各国人们的生活。

三、互联网与现代广告业的变革

(一)互联网广告产生与发展

1969 年,美国阿帕网第一期工程的四个节点投入使用,开启了人类的网络时代。直到 1994 年互联网正式投入商用之前,互联网一直是一个连接世界各地学者、军事研究人员和科学家的计算机网络,并为他们接收和发送电子邮件、传送文件、寻找或储存数据库中的信息。互联网商业化也激发了用户需求,普通人也得以开始使用互联网络搜索信息,由此诞生了搜索引擎。搜索引擎吸引了数量众多的互联网"客流",因而广告主们很快注意到了各个互联网网站以及搜索引擎的"广告潜力"。

1994 年 10 月《热线》(*Hotwired*)杂志(《在线》杂志的电子版)出售了第一条条幅广告(Banner ad),这也是第一条真正的互联网广告。网站的访问者浏览特定网页或信息时跳出的各种大小不一的小标牌就是条幅广告。除了观看之外,访问者也可以点击某个条幅广告,直接进入相关公司的网络主页,浏览更加详尽的信息。

互联网是人类历史上发展最快的媒介,其用户增长是指数级的,也为商业发展和广告业带来了前所未有的机遇。互联网的使用群体不断扩大,而互联网络浏览的主体又大多是具有购买能力的中青年,这样充满吸引力的受众群体对广告主而言是不可多得的。

互联网技术的发展分为三个阶段。在 web1.0 时期,互联网海量存储的信息单向传播给受众,而受众主动搜寻信息的积极性也得以提高。受众拥有分享信息的自主权,但其信息参与方式还是以阅读为主,与传统的读报、观看电视新闻并没有显著差别。同样地,互联网网站的访问者在浏览广告信息时也处在一个单纯的信息接收者的位置。而在 web2.0 时期,信息传播逐渐向"受众中心化"转移,这一阶段的互联网交互性提高,信息内容也呈现分众化趋势。随着社会化媒体影响范围扩大,受众本身也作为互联网用户,与广告主、广告平台进行互动,同时与周围志同道合的小众群体进行分享。对关于提升互联网广告互动性、收益率的研究仍在继续。web3.0 时代至今,随着电子商务模式的发展以及 UGC (Users-generated Content)内容的不断丰富,互联网广告已经不再局限于广告主本身所进行的创意广告发布,同样也更加高效地利用互联网意见领袖的影响力实现广告投放与效益最大化。①

互联网广告的传播可以分为三种形式,即在综合类门户网站的传播、在电子商务网站的传播、在虚拟社区网站的传播。在这些网站与社区中传播的广告具有多种形式,如广告网站、条幅、按钮、赞助、插播广告、寄生广告、分类广告、电子邮件广告,以及现在在大数据发展下不断精确化的原生广告、信息流广告、嵌入式广告、场景化广告等。

（二）移动互联对广告业的影响

移动互联是指互联网技术、平台、商业模式和应用于移动通信技术结合并实践的活动的总称。移动互联网商业模式决定了不同企业的命运,也改变了传统的广告运作方式。移动广告是指基于无线通信技术,以移动设备(如手机、平板电脑、穿戴式设备等)为载体的广告形式。移动广告作为新兴广告产业,顺应了移动营销的趋势,与传统媒体广告相比更具精准性、互动性、灵活性和个性。目前,品牌广告主的广告预算向移动端进行转移的进程已经开始,移动营销逐渐进入行业繁荣期。

① 宋若涛.数字技术下广告的发展演进研究[D].武汉大学,2014.

移动广告的展现形式丰富多样,能随着不同移动端使用场景和功能进行个性化的精准营销,给用户带来更富有创意和影响力的推送模式。目前,中国市场移动广告的展现形式可以分为以下五大类:图片类广告、富媒体类广告、视频类广告、激励类广告、原生广告。

移动广告市场快速增长并逐渐成为互联网市场的主流营销模式,各企业纷纷进入移动广告领域布局。从行业产业链的各个环节及主要参与者来看,行业竞争主要存在于行业中下游的中间机构和媒体端,形成了以流量、技术和媒体资源为核心竞争力的多头竞争格局。

对于中间机构来说,行业壁垒效应明显。一方面,从供需关系的角度看,需求端的广告主涉及行业多,企业广告需求不尽相同;而供给端的互联网企业媒体类型丰富,各平台流量资源广泛。因此,行业内企业会抢占媒体流量和广告主资源,同时积累运营经验;而新进入平台难以在短时间内获取足够的媒体流量资源和广告主的支持;另一方面,从行业技术层面看,中间机构涉及大数据分析和处理等技术服务,技术壁垒高,新进入企业的技术难以在短时间内发展成熟。目前,中间机构平台竞争激烈,企业纷纷争取资本支持,以提高自身品牌效应和市场占有率。

而在移动媒体端,流量集中于行业内头部企业,其他企业通过行业细分的竞争模式对流量资源进行覆盖,如 BAT 类的互联网业巨头通过核心移动媒体流量、移动广告技术和大数据累积,掌握用户的使用习惯和特点,整合流量资源,打通产业链环节的中下游,进行垂直广告投放,形成绝对竞争优势。

总体来看,移动广告业竞争激烈,具有成熟技术优势、强大的渠道资源、多媒体流量覆盖的移动广告企业将更具竞争力;BAT(百度、阿里和腾讯)在移动广告市场将由于企业本身在媒体端的绝对话语权、大量用户数据积累和领先的技术和资源优势而继续扩张。

(三) 数字技术对广告业的影响

科学技术是第一生产力。技术的发展是当今数字广告演进的根本动力,也为传统广告业向现代化广告业的转型带来了前所未有的机遇与挑战。数字技术对现代广告运作方式、广告业经营范围、广告盈利模式、广告产业链等方面产生的影响是深刻而又剧烈的。①

---

① 程士安.数字化时代广告业的"蓝海"究竟在哪里? ——寻找现代广告业的战略发展之路[J].广告大观(综合版),2007,000(03S):33－35.

在广告运作方式上,数字技术的运用使得现代广告业更加智能化。广告运作的第一步便是进行市场调查,而大数据环境下的受众呈现出碎片化分布的状况。在数字技术的参与下,广告业利用大数据抓取消费者的基本信息并形成用户画像。通过对数据的分析、整合,广告业对于市场信息的掌握更加全面、高效。

在广告业的经营范围方面,传统的广告大多围绕具体的产品,为实体经济助力。数字时代虚拟经济、知识经济的兴起使得广告行业的服务对象和内容也发生了变化。"得到"掀起的新一轮知识付费浪潮便是广告业经营范围扩大的表现。随着注意力经济的兴起和受众导向时代的来临,任何能够吸引用户注意的内容都可能是广告,也出现了"泛广告化"的现象。

传统媒体时代,受众通过购买投放广告的产品付费给广告主,广告主再为其获取的信息付费给大众传媒。在数字技术的影响下,广告业的盈利模式也发生了变化。目前,广告业的盈利模式主要有广告变现、增值付费、会员付费、内容变现等。

第二节　广告产业链的构成与运行

一、现代广告产业链构成与运行

广告业由广告主或(广告客户)、广告公司、广告下游公司以及广告媒介四个部分构成。各个部分如同机器复杂精巧的齿轮,唯有保障其有序运行才得以撑起庞大的广告产业。在广告组织系统内部,各个广告组织单元之间相互制约、相互依赖,共同构成了广告业的生态产业链。

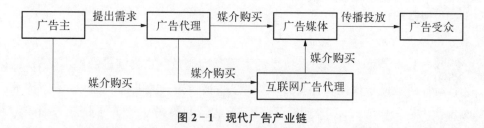

图 2-1　现代广告产业链

首先,广告主与广告公司之间的关系建构处于广告产业链的第一层,二者之间应是一种良性互动关系。广告主作为广告客户,主要负责构建自身的企业形象、明确广告活动计划及具体活动、选择委托广告代理公司、对广告活动的运行过程进行监督与控制,同时与有关广告团体、企业内部各部门进行协调。广告主与广告公司之间应该进行良好沟通,以达到在合作观念上、目标效益上的统一。

其次,广告产业链的第二层和第三层,广告公司应与下游公司、媒体组织之间的协调一致。广告公司本身的职责定位体现在以下五个方面。

第一,广告公司是独立的,不属于广告主,不属于媒体,也不属于任何的下游公司,以局外人的身份为广告主的企业提供客观观点。

第二,广告公司雇用的人才,既有工商业方面的人才,又有创意方面的人才,包括行政管理人员、财务人员、营销主管、调研人员、市场/媒体分析人员、文案人员和美工等——负责与公司外部专门负责图片创作、摄影、修版、广告拍摄、录音和印刷等工作的下游公司保持联络。

第三,广告公司为客户提供另一种服务,即进行调查,代理客户与各种印刷、电子媒介和数字媒介进行谈判,签订广告时间和空间合同,以其出色的媒体专业化服务为客户节约时间和资金。

第四,广告公司不为媒介和下游公司服务,它们的道德准则、伦理准则、财务政策和法律规则都决定了他们只能为自己的客户服务,以其专业化的、客观的咨询和独特的创意技巧成为广告主的"品牌保镖";

第五,好的广告公司由于每天接触的营销面很广,又了解国内外出现的问题,因此能给客户提供各种服务满足客户的需求。出于这样的职责定位,广告公司作为桥梁与下游公司、媒体组织之间进行沟通以实现广告主需求,其重要性可见一斑。

最后,在广告主、广告公司、下游公司与媒体组织四个主体的运作之下,广告信息得以抵达受众,也就是目标消费者群体。现代广告产业链中的媒体组织不仅仅局限于报刊、杂志等印刷媒体。随着广播、电视、互联网等媒体技术的不断发展,现代广告产业链的最终运作环节也变得越来越复杂。

二、数字广告产业链构成与运行

数字化时代的广告产业链已经不再完全遵循传统现代广告的规则。与传统的广告主、广告公司、下游公司及媒体组织四个主体相比,数字广告的运行主体更为多元。互联网公司部分取代了传统广告公司及媒体组织的职能,直接参与到广告产业链之中。新的产业链主体构成为:作为流量消费者的广告主,作为流量所有者的媒体网站或 App、互联网公司，以及为广告主服务的代理商、需求方平台、程序化创意平台、广告验证平台、监测分析平台，为流量所有者服务的广告交易平台 AdX 或供应方平台(SSP)，以及数据管理平台。整个流程包括广告投放方向、现金流方向、广告服务方向以及数据提供方向。

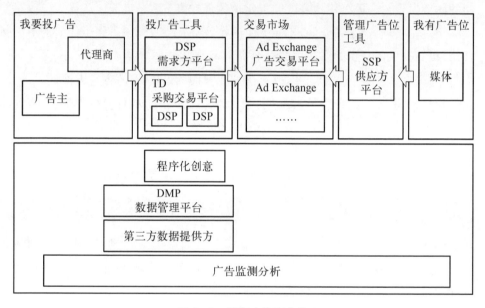

图 2-2　数字广告产业链

其中，需求方平台包括 DSP(Data Service Platform)和采购交易平台(trading desk)，广告主或代理可以通过 DSP 进行广告投放，也可以通过采购交易平台实现多家 DSP 的投放。需求方平台可以通过 API 接入 AdX/SSP 竞价投放广告，也可以通过 JS 代码方式直接接入媒体网站或 App。

广告主是购买流量进行广告投放的最终需求方，代理商是广告主的业务代理人，一方面对接广告主需求；另一方面寻找投放的媒体渠道。一般分为 4A 公司和中小代理，4A 公司主要服务大型品牌广告主。大型品牌广告主有高通、SAP、IBM 等；4A 公司有奥美、Accuen、安吉斯等。

广告交易平台是能够将媒体和广告主/广告代理商联系在一起的在线广告交易市场，按照是否公开的标准，可以分为公有广告交易平台与私有广告交易平台：公有广告交易平台上的广告位资源一般来自不同媒体，而私有广告交易平台上的广告位资源则通常来自单一媒体。

公开广告交易平台（Public Ad Exchange）的运营商以互联网巨头为主，由于公开交易平台需要汇集大量的媒体，因此往往只有网络媒体巨头才能成为公开广告交易平台的运营商。公开广告交易平台上的媒体资源以运营商的媒体合作伙伴资源为主，但同时也可以有运营商自有媒体上的广告位资源。当前国内公开广告交易平台的代表主要包括百度、阿里妈妈。它们此前均已运营网站联盟多年，拥有大量的媒体合作伙伴，因此在运营公开广告交易平台上具有天然的优势。此外，市场上也有其他一些拥有一定数量的媒体合作伙伴的公司搭建了一些相对小型的公开广告交易平台，拥有一些独有的资源。

私有广告交易平台（Private Ad Exchange）的运营商以大型门户和视频网站为主。相比将自身资源放在公开广告交易平台出售，大型媒体集团倾向于搭建私有广告交易平台，将自己的广告位资源单独出售，以提升对自有媒体资源出售的控制力。如国际媒体巨头新闻集团通过与 Rubicon Project 合作，搭建私有交易平台；国内以大型门户媒体，如腾讯、新浪、搜狐，以及视频网站，如优酷土豆、爱奇艺、PPTV、暴风科技等为代表，搭建自身私有交易平台。

供应方平台（SSP）是媒体广告投放的全方位分析和管理的平台，是媒体优化自身收益的工具。SSP 的主要功能在于帮助媒体对不同的广告位进行管理。程序化购买可以帮助媒体将剩余库存流量进行变现，提高媒体收入，作为资源供给方，对于程序化购买的卷入程度在不断加深，对程序化购买的认知和接受程度相对较高。SSP 是媒体的广告投放进行全方位的分析和管理的平台，是媒体优化自身收益的工具。

供应方平台的功能包括：① 管理广告位的分配，针对自身广告位的特点，选择是内部销售还是开放给广告交易平台，对于开放的广告位则需进一步选择是分配给哪个广告交易平台；② 筛选来自不同广告交易平台的广告请求，筛选广告主、监控广告素材；③ 管理广告位价格，通过数据的积累对每个不同广告位的广告底价进行分析和调整。

媒体网站或 App，则是流量的最终拥有者，为广告主提供接触受众的平台，是现金流方向的终端。按载体来划分，媒体包括 PC Web、Mobile Web（一般称为 WAP）以及 App 三大类资源；按内容来划分，媒体包括综合门户、垂直门户、视频等。

在各个平台的监测、配合之中，数字时代的广告活动及营销都有了更完整的产业链，其活动也更为复杂。虽然广告代理商仍然在其中起到重要作用，但是其部分功能已被确实地分流给互联网公司及平台进行。[①]

三、"围墙"效应与广告产业链变革

在开放和免费的互联网领域,"围墙"效应,也称为围墙花园(Walled Garden),是指确定的浏览环境,即用户被限制使用网站上的某些内容,且只能浏览网站的特定区域。广告市场的"围墙"效应体现在:优质流量被掌握在头部媒体,广告购买往往通过线下直销方式完成。长此以往,各大互联网媒体形成流量垄断的同时也垄断了广告市场。媒体公司在广告产业链中的作用更加凸显。

在"围墙"效应的作用下,广告代理商,即广告公司若想更进一步通过大数据对用户进行画像,分析出其目标消费群体特征,则必须要与互联网媒体合作。在广告投放的过程中,越是拥有流量的媒体越掌握话语权和主动权。

数字广告产业链的发展与各大社交媒体、电商平台密不可分。美国的Facebook、Google、亚马逊以及中国的阿里、腾讯、京东等互联网企业,既是经营性企业,也是发布广告的媒介平台。大型的互联网企业拥有资金、受众、技术、客户和大数据等资源,依托大型互联网企业的数字广告公司就具有了天然的发展优势。

大型互联网企业作为优质的媒体平台,在数字广告营销方面组建了一批属于企业本身的数字广告公司。这些广告公司的组建可以更好地利用其媒体资源,也可以进一步提升互联网企业的经营效益。由于数字广告公司依托大型互联网企业,可以获取用户大数据资源,实现精准广告投放,提升广告传播效果,因而对广告主具有较强的吸引力。例如,谷歌不仅有自己独立的搜索引擎网站平台,而且也利用技术搭建联盟广告平台,成为最大的在线广告服务公司,谷歌将近一半的收入来自广告联盟。阿里妈妈隶属阿里巴巴集团,旨在打造具备电商特色的全网营销平台,阿里妈妈通过搜索营销、展示营销、佣金推广,以及实时竞价等模式,依托大数据实现精准投放和优化方案,帮助全网客户实现高效率的网络推广,同时阿里妈妈也为合作伙伴提供多元化的盈利模式和最大化流量的商业价值。

在互联网公司自身组建数字广告公司的同时,他们也开始了对其他数字广告公司的并购进程,以进一步提升数字广告营销能力。例如,2015 年 1 月,阿里

---

① CDSN.数字营销产业链介绍[EB/OL].https://blog.csdn.net/rmcgogo/article/details/77237730.

巴巴集团宣布将战略投资并控股易传媒。依托于易传媒的 TradingOS 平台以及阿里大数据和云计算能力,通过打通双方数据,双方将合作建立端到端的数字广告技术和大数据营销基础设施平台,帮助网络媒体更好地提升流量变现能力,向广大商家及第三方专业机构提供先进的技术和数据产品。有学者指出,阿里的大数据是对中国程序化购买发展的改进、加速与提升,并开创了中国程序化购买的三级跳模式,即从 Cookie 数据到账户系统、从单枪匹马到数据全打通、从隐私争议到友好体验。

在大数据时代,传统的广告运作方式正在被彻底颠覆,许多大型营销集团开始增设数字营销部门、新建数字广告公司,甚至彻底转型成为数字营销公司。

独立的数字广告公司凭借其专业的数字营销代理能力和可观的市场利润回报,受到国内外风投资本的青睐。数字广告公司通过融资,扩大公司规模,同时也得到了大型互联网企业或大型营销传播集团的支持,通过与其进行深度合作,在实现资源整合的基础上更好地为广告主服务。例如,2014 年 7 月,移动广告公司 Vpon 威朋宣布完成 B 轮千万美元的融资,投资方包括曾投资 Facebook 的顶尖金融巨头,以及亚洲知名资本。Vpon 将以此资金在亚太地区积极拓展业务,并扩大研发规模。公司进行重新定位,从移动广告业务领域更进一步迈向移动数据领域,主要商务模式为移动广告,并积极发展数据资料与广告的结合,同时更大范围地在亚洲各地区进行业务拓展工作。

第三节 广告公司及其变化

一、广告公司的产生与演变

美国广告代理商协会(4A)将"广告公司"定义为:专门从事广告和营销计划、广告作品以及其他促销工具的制作和准备的创意人员和工商人员组成的独立机构。广告公司代表不同的广告主或卖主,即广告公司的客户,向各种媒体购买广告时间和空间,为他们的商品和服务寻找顾客。这一定义解释了广告主委托广告公司处理其广告业务的流程。

在工业革命和廉价报纸发展时期,在商品经济刺激市场需求的背景下,1841 年沃尔尼·B. 帕尔默尝试进行广告代理的尝试。1865 年,乔治·P. 罗威尔在波士顿设置广告办事处,作为中间人以更大的规模斡旋于报社与广告客户之间。

到 1917 年,美国广告代理商协会(4A)成立,开启了广告公司的规范化管理与约束,越来越多地开始为广告客户提供广告服务。广告公司作为双重代理人开始了其漫长的发展道路。

广告公司的发展与时代的变迁息息相关。在一战之前,广告公司大多扮演着"版面掮客"的角色,在从事报纸、杂志等媒介广告版面代理业务的同时,还为广告客户提供媒介选择的服务,并向其售卖广告版面。1869 年成立的艾尔父子广告公司就是这二种广告代理形式的代表之一。广告代理商在广告行业内处于重要位置,它既为广告主代理广告活动,又为媒介代理广告版面的销售业务,其劳动所得按 15% 的佣金比率收取。

20 世纪 20 年代之后的广告公司虽然仍以代理人角色为主,但由于客户需求的增加,广告公司开始出现兼并。1928 年,巴顿-得斯坦-奥斯本广告公司和乔治・贝腾公司合并,成立 BBDO 广告公司。同时,一战后的广告公司在美国广告代理商协会(4A)的助推下转变了经营观念,其经营活动开始向多智能型、能为广告客户提供全面服务的现代广告代理业转变。随着一批大型广告公司的创建,广告公司形成了全面代理服务模式。

20 世纪五六十年代开始,西方发达国家全面进入消费社会。随着经济全球化进程的加快,广告公司对跨国及大型广告活动的承载能力需求增加,由此催生了广告集团,广告公司兼并进程加快。

1945 年,奥美广告公司兼并了斯卡利・麦克开布・斯洛夫斯广告公司;1986 年,一路靠兼并成长壮大的萨奇公司买下了著名的贝茨环球公司,成立萨奇・萨奇广告集团;同样是在 1986 年,BBDO 环球公司、DDB 公司和尼德汉姆・哈泼三家跨国广告公司合并组建了奥姆尼康集团。智威汤逊(J. Walter Thompson)广告公司创立于 1861 年,于 1987 年被英国跨国传播集团 WPP 以 5.66 亿美元收购,引起了广告界的震惊。WPP 也于 1989 年以 8 亿 2 500 万美元强迫收购了奥美广告公司(Ogilvy&Mather)。

自 20 世纪 80 年代起,广告公司在继续做好信息传播、品牌形象塑造等工作的同时,也进一步将企业的市场营销、公共关系以及新闻宣传等工作统一融入公司运作,将传播与营销整合在一起,提供更加全面的服务。80 年代末,舒尔茨提出的整合营销理论受到了广告界、营销界的重视,加速了广告集团向营销传播集团的转变。全球著名的一批大型跨国广告集团也得到了更大规模的发展,如宏盟(Omnicom)、WPP、Interpublic(IPG)、阳狮(Publics)、电通、哈瓦斯(Havas)这六大广告集团。

新媒体的发展和普及使得传统媒体的生存空间受到极大的打压,特别是在广告业务的争夺上,新媒体更是对传统媒体的广告市场构成了极大的威胁,新媒体凭借其互动优势使得电视、广播等传统媒体的广告效果相对减弱,广告市场份额也表现出明显的下降趋势。媒介环境不断变化,也对广告集团的进一步发展提出了挑战。各大广告集团也必须不断适应数字化时代的趋势,踏上数字化转型的道路。

二、全球化与广告集团

广告集团的发展演变正随着全球化进程的加快不断推进。广告公司的职能不断扩充、拓展,从单纯的媒介代理,到媒介代理与客户代理兼顾的双重代理,再到整合营销传播活动的全程代理,其服务领域一直与时俱进。

经济全球化是指世界经济活动超越国界,通过对外贸易、资本流动、技术转移、提供服务、相互依存、相互联系而形成的全球范围的有机经济整体。经济全球化是当代世界经济的重要特征之一,也是世界经济发展的重要趋势。经济全球化是指贸易、投资、金融、生产等活动的全球化,即生产要素在全球范围内的最佳配合值。从根源上说是生产力和国际分工的高度发展,要求进一步跨越民族和国家疆界的产物。经济全球化的进程早已开始,尤其是20世纪八九十年代后,世界经济全球化的进程明显加快了。经济全球化有利于资源和生产要素在全球的合理配置,有利于资本和产品在全球性流动,有利于科技在全球性的扩张,有利于促进不发达地区经济的发展,是人类发展进步的表现,是世界经济发展的必然结果。

（一）宏盟（Omnicom）与阳狮（Publics）

宏盟集团（又译为奥姆尼康集团）,是现今全球最大的广告传播集团之一,总部设在纽约。旗下拥有 BBDO、TBWA\ChiatlDay、DDB、凯旋公关（Ketchum）、Fleishman-Hillard 等广告代理商。宏盟集团是全球广告、行销和公司传播领域的领导者。宏盟集团通过其全球网络和下属的众多专业公司在100多个国家为超过5 000个客户提供广告方案、战略性媒体计划以及购买、直效行销、促销、公共关系和其他专业传播咨询服务。

1968年,杰伊查特（Jay Chiat）和盖伊戴（Guy Day）建立了 Chiat/Day 广告公司。Chiat/Day 一直崇尚"放荡不羁"的创意,由此赢得了许多客户,也失去了许多客户。1994 年,试图降低运营成本、提高工作效率的 Chiat/Day 又做出惊人之举,即把原来的办公室改成仓库,让员工拎着笔记本、手机回家,进行虚拟办公。但事与愿违,虚拟办公导致了工作效率更低、大批员工离职。1995 年,Chiat/Day 被宏盟收购,并与宏盟 1993 年时收购的 TBWA 合并,组成了李岱艾(TBWA/Chiat/Day)。

阳狮集团(Publicis Group),是法国最大的广告与传播集团,创建于 1926 年,总部位于法国巴黎。创始人是马赛尔·布路斯坦·伯蓝肯(Marcel Bleustein-Blanchet)(1906—1996)。阳狮集团在 20 世纪的 80 年代开始国际化和集团化运营,从单一的广告代理公司向多种市场营销服务和传播业发展,同时积极开拓法国以外的市场,到 1987 年,已经成为跻身世界前 20 位的传播业集团。1988 年,阳狮集团与 FCB 结成联盟关系,共同开拓国际广告市场。1996 年,阳狮集团结束了与 FCB 的合作,独立在国际广告市场扩张网络,到 1999 年。阳狮集团已在 76 个国家和地区开展了业务,成为世界排名前十位的传播业集团。

2013 年 4 月 28 日,宏盟与法国阳狮集团合并,超越英国 WPP 公司成为全球最大的广告公司。欧洲中部时间 7 月 28 日 14 点,阳狮集团与宏盟集团于巴黎联合宣布,正式合并组建了阳狮宏盟集团(Publicis Omnicom Group)。

作为世界上第二大和第三大的传播集团,宏盟集团与阳狮集团的合并也将成为传播行业历史上最大的并购案。2012 年,两家公司的合并销售额达到 227 亿美元,远远超过了目前第一大传播集团 WPP 的 159 亿美元销售额。同时,此次合并交易的市值也达到 351 亿美元。

2014 年 5 月 10 日,阳狮集团和宏盟集团联合宣布,它们已通过双方协定终止拟议交易中的对等合并,这是因为考虑到在合理时间框架内完成该交易的难度。双方取消对方在这项拟议交易中的所有责任,均无需支付任何终止费用。阳狮集团管理委员会和监事会以及宏盟集团董事会均一致同意该决定。

在一项联合声明中,阳狮集团董事长兼首席执行官莫里斯·莱维(Maurice Levy)和宏盟集团总裁兼首席执行官庄任(John Wren)表示:"除了进展速度慢之外,这项交易还有一些挑战需要我们克服,而这些挑战造成了一定的不确定性,会损害我们两个集团及员工、客户和股东的利益。因此,我们共同决定各自前行。当然,我们还是竞争对手,但我们仍然很尊重对方。"可见,集团合并虽然在一时之间搅动了行业格局,但仍然存在种种因素难以克服。

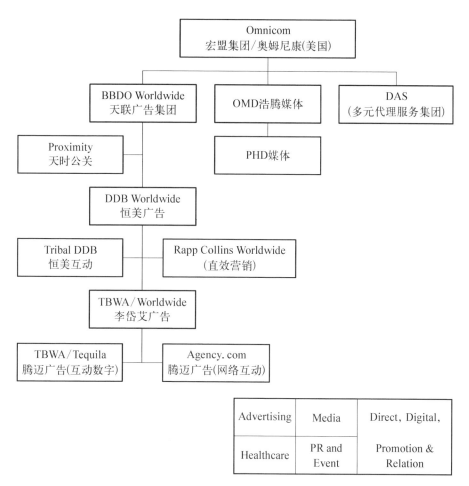

图 2-3 宏盟集团公司架构

（二）WPP 集团

WPP 集团（LSE：WPP）（NASDAQ：WPPGY），是世界排名第一的传播集团，总部位于英国伦敦。WPP 集团拥有 60 多个子公司，包括智威汤逊、奥美广告、精信集团、传立、扬罗毕凯广告、扬雅、United、伟达公关、朗涛形象策划、美旺宝、伟达公关（Hill&Knowlton）、奥美公关、博雅公关、华通明略（MillwardBrown）、国际市场研究顾问（Research International）、群邑媒介集团（GroupM）和持杨品牌咨询公司（Enterprise lG）等。WPP 集团主要服务于本地、跨国及环球客户，提供广告、媒体投资管理、信息顾问、公共事务及公共关系、建立品牌及企业形象、医疗及制药专业传播服务。

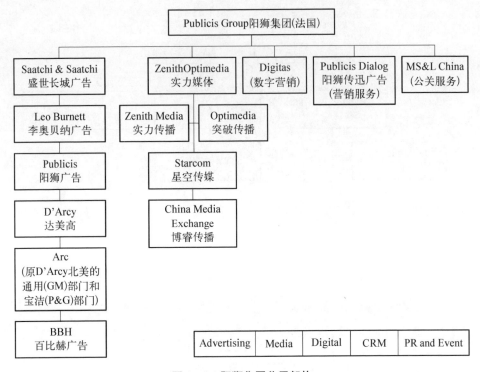

图 2-4　阳狮集团公司架构

1985年,马丁·索罗(Martin Sorrell)以25万英镑收购了WPP公司,开始收购一些小型广告公司。1987年,WPP以大部分通过贷款得来的5.66亿美元现金恶意收购智威汤逊(J. Walter Thompson),震惊业界。

1989年,WPP以8.64亿美元收购奥美广告(Ogilvy & Mather),成为全球最大的广告集团。也开启了其持续收购的集团道路。2000年,WPP以47亿美元收购全球第7大广告公司扬雅广告(Young & Rubicam)。2003年,WPP以4.43亿英镑收购科迪恩特(Cordiant)集团(旗下拥有Bates达彼斯广告)2004年,WPP再次购买美国的葛瑞整合传播集团(Grey Global Group),获得了葛瑞环球广告和竞立媒体等。2005年,WPP购买澳洲的The Communications Group,获得了澳洲著名的广告公司George Patterson & Partners等。2017年6月20日,WPP集团整并,奥美集团下的奥美数字媒体行销(neo@Ogilvy)被纳入群邑集团中的传立媒体。

2018年2月宣布博雅公关和凯维公关合并,新公司名为BCW。2018年11月WPP集团宣布智威汤逊(JWT)和伟门合并,新公司名为伟门·汤逊。

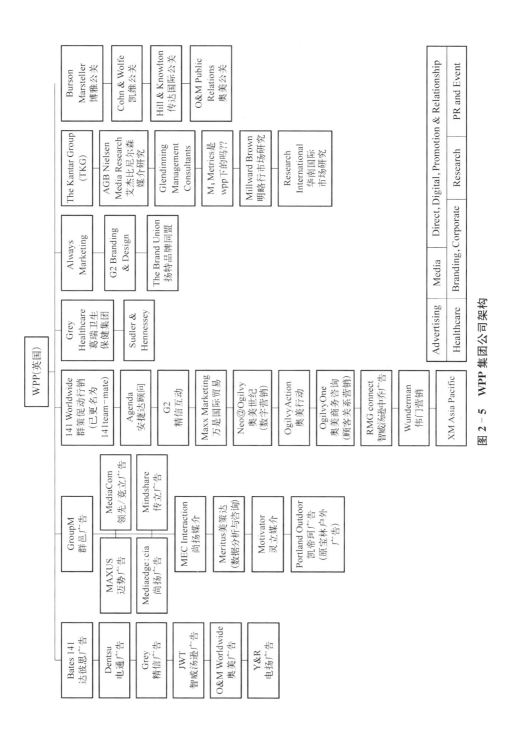

图 2 - 5 WPP 集团公司架构

（三）Interpublic 集团（IPG）

lnterpublic 是全球商业传播的领导者，与奥尼康姆、WPP、阳狮集团和电通为全球五大广告业巨头，是美国第二大、世界第四大广告与传播集团。业务范围包括广告、直效行销、市场研究、公关、healthcare 健康咨询、会议与活动、媒体专业服务、体育行销、促销、企业形象策略等，该集团由原先全球排名第三的 Interpublic 在 2001 年 6 月 22 日收购原先排名第九的正北传播（True North）合并而成，两者按全球总收益营业额相加 81.341 亿美元，超过原先排名第一的 WPP 集团 79.710 亿美元。在超过 20 个国家拥有 40 个代理商。

1902 年，Alfred W. Erickson 成立；1911 年，H.K. McCann 成立；1930 年，两家公司合并为麦肯（McCann-Erickson）。1960 年，McCann-Erickson 在小马里恩·哈珀（Marion Harper Jr.）的带领下成为股份公司，公司也改名为 Interpublic（IPG），并在 1971 年上市。IPG 下一步就是寻找合适的收购对象，灵狮成为第一个"猎物"。

1928 年，联合利华（Unilever）下属的广告公司——灵狮（Lintas，Lever International Advertising Services）成立。弗兰克·罗夫（Frank Lowe）在 1981 年在伦敦创建睿狮集团（Lowe），1990 年该集团被 IPG 收购。1999 年，Lowe & Partners 与 Lintas 合并；2000 年改名为 Lowe Lintas & Partners Worldwide；2002 年 1 月，又改名为励富（Lowe & Partners Worldwide）。

2001 年 3 月，在经过了与 Havas 的一番角逐后，IPG 以 21 亿美元收购 True North 传播集团。世界广告史上的元老之一的 FCB（美格）正式被纳入 IPG 的账下。

2002 年 11 月，Interpublic 下属的全球最大专业从事媒体广告谈判的盟诺公司（Magna）成立中国公司，这家掌控着 400 亿美元年广告投放量的公司预计在中国市场投放约 20 亿元。

1991 年，麦肯与光明报业集团在北京合资成立麦肯·光明广告有限公司，次年在上海、广州成立分公司，构成了其在 131 个国家 191 家广告代理网络中的一个重要结点，现已成为中国第二大广告公司。麦肯是第一家为中国广告业赢得第一个国际奖项"戛纳国际广告节铜狮奖"的广告公司，也是首家进入中国的国际广告公司。灵狮于 1993 年设立上海办事处，1996 年 8 月，该公司与光明日报社在上海合资组建上海灵狮广告有限公司。

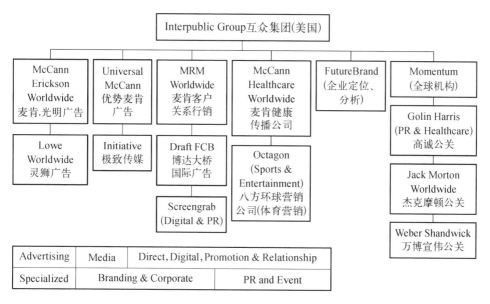

图 2 - 6 IPG 公司架构

（四）日本电通集团

电通（Dentsu，日文为でんつう）成立于 1901 年，总部位于东京。电通的前身为 1901 年创立的"日本广告"和 1907 年创立的"日本电报通讯社"，1936 年转让新闻通讯部门，改为专营广告代理至今。日本五大民营电视台之一的 TBS 也与其有密切关系。1955 年，JATS 正式改名为电通（Dentsu）。1980 年代，在亚洲与扬·罗比凯成立电扬广告，并在 1986 年成为首个进入中国大陆的外资广告公司。2000 年以来，该公司开始对外扩张，通过与阳狮换股（作为投资 Bcom3 的延续，持有阳狮 15％的股份）拓展欧美广告市场。电通于 1994 年 5 月正式进入中国市场，与中国国际广告公司及民营企业大诚广告合资成立了北京电通；为避免同时管理竞争品牌，电通在华还组建了北京东方日海、上海东派广告两家合资企业。

虽然电通已经控制了日本 30％的广告市场和 40％—50％的电视广告市场，但相比其他国际广告集团，其在国际市场的资本运作相对谨慎，并且收益甚微，集团 95％的收入都来自日本本土，目前为全球最大的独立广告公司。日本五大民营电视台之一的 TBS 也与其有密切关系。

电通集团母公司电通广告公司是全球规模最大的广告公司，在美国广告专业杂志《广告时代》发布的世界广告公司排行榜上，日本电通营业额高居榜首。

日本电通的业务主要分布在美国、欧洲、日本及其他地区,整个集团有 100 多家的子公司和合资公司。

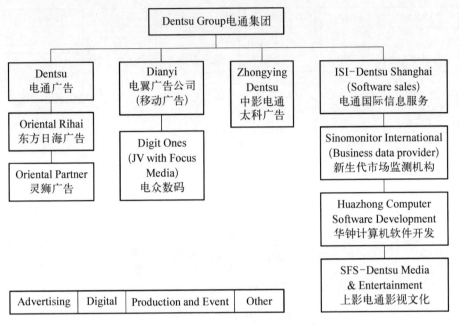

图 2-7　电通集团公司架构

（五）哈瓦斯（Havas）

Havas 是全球六大广告和传媒集团之一,总部位于法国巴黎,业务遍布全球 77 个国家,有 14 400 多名雇员。在阳狮收购 BCom3 广告集团之前,哈瓦斯（Havas）曾是全球排名前 5 位、法国最大的广告与传播集团。目前,哈瓦斯旗下主要的广告公司包括灵智精实（灵智大洋）（Euro RSCG Worldwide,总部位于纽约）、Arnold Worldwide（总部位于波士顿）、传媒企划集团（Media Planning Group,总部位于巴塞罗那）与市场服务机构"精实整合行销"（Field Force Integrated Marketing Group）等,是排名全球第 6 位的广告与传播集团。

1935 年,查尔斯·路易斯·哈瓦斯（Charles Louis Havas）建立了 Havas 新闻和广告代理公司;1940 年,法国贝当傀儡政府命令哈瓦斯的新闻业务必须从广告业务中独立出去;独立出去的新闻业务成为法新社,广告业务在 1958 年构成了 Havas Conseil。1987 年,法国政府把在 Havas 的股份全部售出。

1975 年,Havas Conseil 被重组为 Eurocom 股份公司;1982 年,与 Goulet

集团合并。1991年10月,Eurocom被收购了法国广告集团——RSCG,组建灵智全球;1996年,灵智全球改名为哈瓦斯广告公司(Havas Advertising)。

1997年,维望迪(Vivendi)的前身——法国自来水公司CGE购买了Havas 30%的股份。1998年,CGE集团改名为维望迪,并买断哈瓦斯。1999年,维望迪把哈瓦斯户外广告业务卖了出去;2001年,维望迪把哈瓦斯广告的股份全部抛售出去。2003年5月,哈瓦斯广告公司从维望迪那里以450万欧元购买了"哈瓦斯"这个名字,公司名字正式改为"哈瓦斯公司"。

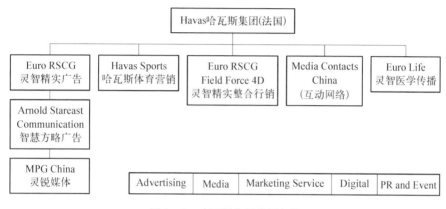

图2-8 哈瓦斯集团公司架构

三、广告公司的数字化转型

根据艾瑞咨询的数据,截至2023年9月,中国移动互联网月独立设备数达13.92亿台,用户日均使用时长为4.41小时。面对用户注意力的转移,传统媒体营销价值减弱,广告主继续提升数字广告费用的支出,移动互联网保持高速发展的现状。

资料显示,大型传统广告公司积极以"内生(自建)+外延(收购)"的方式布局移动营销,实现数字化转型,以蓝色光标和省广集团为例,均在2010年就开始主动转型,借助资本市场优势进行移动程序化广告公司的收购兼并,如多盟、亿动、畅思、易简广告等。2016年,蓝色光标营收增长47.58%,达到123亿元;省广集团营业收入增长13.4%,达109.15亿元,转型效果明显。其次,中小型传统广告公司因资金不足问题,主要以"代理"的方式积极拥抱移动营销,顺应数字化浪潮。而数字媒体巨头也纷纷开放程序化营销平台助力中小型传统广告公司数字化,如 ACE 腾讯广告开放平台、百度思维及阿里妈妈精准数据营销等。

不难发现,传统广告公司在进行数字化转型过程中,无论是选择自建、收购还是代理方式,程序化购买成为其数字化转型必经之路。

从传统媒体时代成长起来的 4A 广告公司也已经过了发展的黄金时期。2018 年 11 月 27 日,世界上最大的传播集团 WPP 宣布将合并旗下两大代理品牌:伟门和智威汤逊,组建新的公司伟门汤逊,以迎合广告行业数字化发展的趋势,为全球客户提供现代化的数字化创意产品。

传统广告公司在数字化转型的过程中,正在经历团队结构的调整以适应年轻群体的媒介接触习惯,重视技术人才的引进。另外,传统广告公司必须更好地拥抱技术和大数据,推动构建本土化的 DSP(需求方平台)。如今广告客户的发展逐渐向本地化下沉,结合本地化的广告人群及营销需求,广告投放平台要符合本地行业特性,才能为广告主提供更具地方优势和特色的营销方案,搭建属于自己的本土化 DSP 可以弥补广告公司在数据技术方面的不足。在程序化购买模式的引入和推广以及数据内容的创新生产与传播方面,传统广告公司也不断借助数字平台,通过对用户信息的深度洞察提高自身的广告服务能力。

在智能化的用户运营与体验方面,广告公司借助人工智能技术实现场景化的内容推送,不断提升用户在获取信息、产品服务等方面的多重体验,拉近用户与广告主的关系。[1]

一些体量偏小或者保守型的传统广告公司在寻求数字化转型时,主要选择"代理"模式。中小型传统广告公司在资金、技术、资源、环境等各方面综合实力较弱,加上互联网广告环境变化太快,市场竞争环境恶劣,在内外双重夹击下,中小型传统广告公司想要依靠自身完成数字化转型不易,转而通过"代理"数字广告产品寻求数字化转型机会。

第四节　广告主的广告管理

一、企业营销服务体系

营销管理是指为了实现企业或组织目标,建立和保持与目标市场之间的互利

---

[1]　曹玉月.传统广告公司数字化转型的实践逻辑构建[J].青年记者,2019(12):2.

的交换关系,而对设计项目进行的分析、规划、实施和控制。营销管理的实质,是需求管理,即对需求的水平、时机和性质进行有效的调解。我们还可以将营销视为一个过程,进一步将这个过程定义为组织职能,以及价值传递的过程。将营销视为组织职能,是因为营销的理念必须在企业,甚至是合作企业的整个价值链中被认可和认同,它不可避免地融入企业的组织职能中去。将该过程从产品的传递进化至客户价值的传递,体现了以客户为中心,企业价值产生于客户价值的思想。

对于广告主而言,营销环境宏观上主要包括的政治、经济、人口及社会文化环境,微观上包括营销的对象、竞争者以及企业内部环境。[①] 广告主企业营销服务体系的架构对于企业生命力延长、服务水平的提高至关重要。以马蜂窝旅游网为例,其总裁在公司召开的"2019 地球发现者大会"上发布了依托攻略构建与产品、数据、创意、IP 相结合的营销服务体系——以"攻略＋"服务生态为核心的2020 年全新旅游营销战略,致力于打造旅行营销生态闭环。

二、数字时代的 in-house 团队

In-house 广告公司又称广告主衍生广告公司或广告主自建广告公司,专指由广告主出资组建,专门负责该广告主的广告业务的广告代理公司。需要特别指出的是,这类广告公司与由广告主出资组建,不仅代理该广告主的广告业务,而且还要代理其他广告主广告业务的广告代理公司有着本质区别。前者专门代理所从属广告主的广告业务,与该广告主是一种从属关系或寄生关系,随着广告主的发展而发展。后者虽然也要代理相关广告主的广告业务,但并非专门代理,除此以外还会代理其他广告主的广告业务。

2009 年 9 月,在中国广告界最具轰动性的广告事件是宝洁(中国)有限公司正式实施的一项广告新政:宝洁中国取消电视媒介购买代理公司,由自己与大大小小的电视台讨价还价。由于宝洁在全球广告业的巨大影响力,故其改革此举引发了国内广告圈的多米诺骨牌效应。其实宝洁(中国)的去媒介改革新政并非个案。早在此前,韩国现代汽车在其本土,以及英国、美国、印度等国家的广告主在广告市场上也取消了广告代理公司,由自己来打理营销传播业务;美国最大的人才网站 Career Builder. corn 成为"超级碗"直播之夜上的常客,于 2009 年 5

① 王果.市场营销学与广告主题的挖掘能力[J].湘潭大学学报(哲学社会科学版),2002,26(004):112－114.

月宣布不再外包广告业务；2009 年 7 月底,丰田汽车集团宣布组建自己的营销传播业务公司,并于 2010 年起开始投入实际运营。美国广告主协会 2009 年上半年的一份调查报告显示,四成左右的广告主都有自己的广告公司或相当于广告公司职能的业务部门,这一比例还在继续扩大。由此导致 in-house 广告公司产生。致这一切发生的原因有三点。

其一,广告代理制未能真正建立起来,使广告主、广告经营者和广告发布者分工不明确,职责不清晰,是造成 in-house 广告公司的主要原因。按照广告代理制的要求,广告业务由广告主负责提供,广告的代理、设计和制作由广告公司负责,发布广告的任务由各种广告媒介承担,这样就理顺了广告主、广告公司与媒介的职能分工关系。但是在实际操作层面,广告主的过分强势和我国长期存在的"强媒体、弱公司"现状,致使广告代理制在试点过程中遭遇了种种尴尬,不仅它们之间的平衡关系被打破,而且还滋生出种种市场乱象,其中 in-house 广告公司就是其主要表现形式之一。

其二,广告公司提供的专业化服务不再专业或专业化程度不够。从广告代理制建立的历程来看,广告公司之所以能够在广告市场上脱颖而出,并被广告主和广告发布者接受,关键在于它所能提供的专业化服务够专业,具有唯一性和排他性,这是广告主和广告发布者所无法提供的,正是这种"够专业"的专业化服务为广告公司赢得了生存的权利与发展的空间。但是,到了 20 世纪 80 年代以后,随着广告主的成熟和对广告市场的深入了解,广告公司所拥有的专业化服务的唯一性和排他性逐渐在淡化或失去。以媒介代理公司为例,国内大部分媒介代理公司只是从事最简单的媒介购买工作,而广告主真正需要的增值服务,如媒介检测、消费者研究、信息提供和策略支持等,却得不到满足。在这种状况下,广告主要拥有足够的知识和勇气,去面对广告市场中遇到的各种问题与困难。这样,广告主换掉或抛弃广告代理公司,建立自己的广告公司"单飞",就在所难免了。

其三,广告主实力增强,使其具备了抛弃广告代理公司,直接与媒体单独议价,甚至"叫板"的能力。如宝洁(中国)公司在中国经营多年,拥有自己的媒介团队,对于中国的媒体环境早已了然于胸,因此在和媒体谈判时驾轻就熟,而且它每年在国内广告市场数十亿元人民币的媒体投放量,使其在与国内任何媒体谈判时都能居于主动地位,拥有话语权、议价权甚至定价权。[①]

---

① 周茂军.广告管理学[M].武汉：武汉大学出版社,2002：135.

在数字时代,随着广告主的成熟和对广告市场的深入了解,广告公司所拥有的专业化服务的唯一性逐渐在淡化,广告行业正充斥着四个大字,"去中介化"。甲方自己组建 in-house 创意团队逐渐成为共识,包括 IBM、Facebook、麦当劳、联合利华等大牌广告主都已经成立自己的内容工作室或者独立的内容子公司。

 思考题

1. 简述现代广告产业的产生、发展和变革历程。

2. 广告产业链的基本运作流程是什么?

3. 如何评估全球化对广告公司业务模式和创意产出的积极影响和消极影响?

4. 在互联网广告的发展历程中,移动互联时代对广告公司和广告主的策略调整有哪些关键因素?

5. AI 时代,广告业发展的前景是什么?

【案例讨论】

自 ChatGPT 问世后,"AI 恐慌论"不绝于耳。当时就有人猜测,广告人会成为 AI 失业潮的受害者之一。2023 年 4 月,国内公关广告巨头蓝色光标的一封公开邮件,印证了这个残酷的事实。蓝色光标发布公告,无限期停止创意设计、方案/文案撰写、短期雇员等外包项目,为全面拥抱 AI 做好准备。另一边,国内外品牌纷纷应用 AI 技术开展营销,广告 AI 化成为不可阻挡的趋势。

不禁让人担忧,在不远的将来,AI 真能全方位侵入广告行业,颠覆广告产业链吗?

第三章 广告与社会

📖 **本章学习目标**

- 根据广告的生产机制与职业伦理,了解广告表达的禁忌及广告主体应该承担的伦理责任。
- 根据广告的社会与法律约束体系,了解广告行业的他律守则与相关法律法规。
- 根据广告的社会责任与价值导向,进一步了解中国特色的广告价值导向。

马歇尔·麦克卢汉曾说:"广告不仅仅是一种宣传,它是我们社会的一个组成部分,是个影响我们生活方式同时被我们的生活方式影响的社会力量。"①在现实的社会生活中,各种形式的广告铺天盖地,几乎无孔不入,任何地方都无法逃脱广告的影响。广告是一种艺术,反映了社会的文化艺术水平。同时,广告自身也形成了一种特色文化。广告与社会文化之间存在一种相互促进的关系,广告是社会文化的载体,推动着社会文化的发展。反之,社会文化是广告创意的源泉,为广告文化的发展提供了借鉴。

广告也是一门科学,是社会经济运作的晴雨表。广告作为企业的营销方式,在企业的产业化运作中起到了重要的促进作用,同时广告本身也形成了自己的产业化运作方式。社会经济的产业化运作也包含着广告的产业化发展。

为了更好地了解广告各方面运作与社会的关系,本章将从广告的生产机制、职业伦理、社会约束体系、社会责任等方面探讨广告与社会的关系。

---

① 李蓉.论社会阶层与媒介趣味的交互性构建[J].山东理工大学学报(社会科学版),2013(5):6.

第一节 广告生产机制与职业伦理

生产机制是指生产体系中的结构、功能以及各要素之间的相互关系。简单来说，就是生产体系中的构造和运行规律。广告的生产机制就是在特定背景下广告的运行机制、原则和方式等促成广告从形成到传播的一整套体系。广告的目的是说服；广告内容要具有创意，能引起受众的关注，那就可以运用"夸张"的手法。广告必然要运用各种符号和形象向公众传递信息，然而在这个过程中，有些不合理的符号与形象的引用可能会触及对某些群体的偏见与歧视、虚假，以及触碰到某些地区的文化禁忌，从而导致广告生产机制的失范。职业伦理是对广告生产机制可能导致的失范一种平衡，对于广告主体而言，就必须坚守好广告的职业伦理。

一、广告的夸张与虚假、欺骗

合理的夸张可以强调广告产品的独特的卖点，而过度的夸张则容易跌入虚假、欺骗消费者的深渊，是对产品及品牌本身的亵渎。夸张是一种修辞手段，即为了增强表达效果，运用丰富的想象力在客观现实的基础上对事物的形象、特征进行夸大或缩小。人人熟知的碳酸饮料品牌"雪碧"曾经推出的系列广告和其广告语"透心凉、心飞扬"就是运用夸张手法表现产品特性的代表之一。在"雪碧"系列广告的片段中，通常展现出一两位明星与一群同伴在炎炎夏日运动后需要解渴的景象，并用夸张的手法表现出其饮用冰凉的雪碧后如同置身泳池之中的场面。这种夸张不仅适度，还紧密贴合了产品特色，表现出"雪碧"本身的冰爽口感。人们耳熟能详的"香飘飘奶茶"多年来在广告中强调"杯子连起来可绕地球两圈"，这当然是夸张说法，但没有涉及欺骗、虚假，而是向人们展示其产品的受欢迎程度，吸引更多消费者购买。

外国企业也时常在广告中用夸张的手法呈现其产品特色，其富有创造力的想象也会为优质的产品锦上添花。苹果公司在 2018 年发布的《欢迎回家》(Welcome Home)视频广告同样也采用了夸张的手法，获得了克里奥(CLIO)大奖。广告描述了一名职场女性在经历了疲惫的工作、乘坐地铁回家后，使用了苹果音乐产品，随后她立刻做出了"夸张"的行为，似乎是陷入了想象之中，可以随意地舞蹈、变换房间形态，生动地表现了苹果音乐产品可以使人全身心放松的状态。

夸张在广告语的表达中是一种艺术性的运用，适度的夸张不仅不会遭人反感，反而和产品特色相得益彰。如果夸张过度，除了引起消费者的反感外，还可能触犯法律。

我国《广告法》第 28 条第一部分规定："广告以虚假或者引人误解的内容欺骗、误导消费者的，构成虚假广告。"①由此可知，当广告的内容达到了虚假或引人误解的程度，并且使得消费者受到了欺骗或误导，则可以认为该广告是虚假广告。有些广告的夸张就已经达到了使人误解，甚至是欺骗的程度，保健品、医药用品等领域的广告就十分容易"陷入泥潭"。

互联网电商的发展推动直播带货形式成为许多商品销售的主流形式，然而许多主播对所售产品的质量把关并不到位，为了销售量甚至会刻意欺瞒消费者。"辛巴直播带货即食燕窝"事件就是电商直播虚假广告的典型。广州和翊电子商务有限公司作为涉事直播间的开办者，受商品品牌方广州融昱贸易有限公司的委托，于 2020 年 9 月 17 日、10 月 25 日，安排主播"时大漂亮"通过快手直播平台推广商品"茗挚碗装风味即食燕窝"。在直播带货过程中，主播仅凭融昱公司提供的"卖点卡"等内容，加上对商品的个人理解，即对商品进行直播推广，强调商品的燕窝含量足、功效好，未提及商品的真实属性为风味饮料，存在引人误解的商业宣传行为。市场监管部门拟对其做出责令停止违法行为、罚款 90 万元的行政处罚。②

新媒体时代的广告呈现出"泛广告化"现象，广告几乎无处不在。夸张，作为广告的一种表达形式、修辞手段，也成为一把双刃剑。广告创作应该注重对不同消费者群体接受心理的分析，有的放矢；同时，广告内容必须遵循基本事实，对于产品的功效、成分等都是不容夸大的。

二、广告中的群体及其偏见

1922 年，美国舆论学家李普曼出版了第一本舆论学著作——《舆论》，提出新闻媒体对事件、群体的建构可能会影响他人对该群体的看法，从而对特定事

---

① 中央政府门户网站.《中华人民共和国广告法》(主席令第二十二号)[EB/OL].http://www.moa.gov.cn/gk/zcfg/fl/201506/t20150608_4651843.htm.[2015 - 06 - 08].

② 吕加斌.十大重点领域典型虚假宣传、虚假违法广告案例[J].现代广告,2021(1):3.

物、群体形成固定化、简单化的观念和印象,也伴随着对事物的价值评价和好恶的感情,即"刻板印象"(stereotype)。广告以大众媒体为传播载体,同样也具有这样的功能。不同国家、地区之间的广告显示了地方特色与文化,同时也显示出当地文化中对其他群体的看法和偏见。

在欧美国家奢侈品、快时尚品牌广告中的亚裔、中国模特通常都是相似的形象,"小眼睛、黄皮肤、干瘦",与中国传统审美有很大差别,反映了欧美国家人们眼中的亚裔形象。出现在欧美国家广告中的黑人形象也通常是野蛮或者无力的。

2018 年 1 月 8 日,快消品牌 H&M 因涉嫌种族歧视遭到了社交媒体的声讨,南非一些抗议者甚至冲击了数家 H&M 门店,当地警方不得不用橡胶子弹驱散抗议人群。事情的起因是其发布的广告照片,即广告中可见一个充满童真的黑人小男孩手插在裤兜里,身着墨绿色连帽衫,胸前写的字被暗指"黑人都是猴子"。与此同时推出的还有胸前写着"官方生存专家"(survival expert),或是印有长颈鹿或老虎等动物图案的连帽衫,代言者却是白人男孩。

无论是一些欧美广告对于黑人群体的形象刻画,还是对亚裔群体的选择,很多情况下都体现了在白种人占据话语权的欧美媒体中隐含的"种族歧视"偏见。"有色人种"观念体现了广告中群体刻板印象的刻画,甚至是偏见。

然而,广告中的种族歧视现象也不仅仅发生在欧美广告中。2016 年上海雷尚化妆品有限公司下属的"俏比洗衣溶珠"品牌方发布了一则视频广告,也引起了一场网络风波,被西方媒体广泛报道和转载。在"俏比"品牌产品的一则广告中,一名穿着脏衣服、脸上有污渍的黑人男子朝一名年轻的中国女子吹口哨并抛媚眼,这位中国女子把黑人男子叫过来,往他嘴里放了一颗洗衣溶珠,然后把他塞进洗衣机里。过了一会儿,一名穿着干净衣服的亚洲男子从洗衣机里出现,然后该女子笑了。在广告的结尾,出现了该品牌的宣传语:"改变从俏比开始。"视频在几天之内 YouTube 点击量就超过了 650 万次。[①]《赫芬顿邮报》甚至将这则广告称为"史上最具种族歧视意味的广告"。这种现象也值得我国企业警惕。

除了种族歧视,有些广告还包含对不同性别,尤其是对女性群体的刻板印象与偏见。对于前文提到的全棉时代关于卸妆湿巾的广告,网民认为,该视频将跟

---

① 中国日报网.洗衣液广告"洗白"黑人引争议　网友:只看脸[EB/OL]. http://language. chinadaily. com.cn/2016-05/30/content_25529254.htm[2016－05－30].

踪、骚扰女性的违法犯罪行为跟女性化妆关联在一起,仿佛女性不化妆、不修饰自己就不会发生这样的事,即女性被骚扰是她们自己造成的,这种认知充满偏见和恶意,是在指责性骚扰的受害者。

《中华人民共和国广告法》第 9 条规定了广告不得包含的情形,其中就有不允许出现"含有民族、种族、宗教、性别歧视的内容"。然而有些企业缺乏法治观念后,有时会打种族歧视、性别歧视的擦边球。

三、广告表达的文化禁忌

广告是商业化的产物,更是一种社会现象,是社会文化的反映和再现,对社会文化及社会风尚的形成和发展具有极大的影响力。[①] 同时,广告的具体运作也需要与社会文化相辅相成,必须遵循社会文化标准,否则不仅其传播效果会明显减弱,人们对产品本身的印象也会随之改变。

就我国国内而言,《中华人民共和国广告法》并未明确规定涉及"广告文化"的内容,但其在第 3 条规定:"广告应当真实、合法,以健康的表现形式表达广告内容,符合社会主义精神文明建设和弘扬中华优秀传统文化的要求。"第 9 条指出,广告不得包含的情形有:不得使用或者变相使用中华人民共和国的国旗、国歌、国徽,军旗、军歌、军徽;不得妨碍社会安定,损害社会公共利益;不得妨碍社会公共秩序或者违背社会良好风尚;不得含有淫秽、色情、赌博、迷信、恐怖、暴力的内容……这些内容中有许多都涉及了我国广告应该注意的文化禁忌。

2020 年 4 月 19 日,杜蕾斯在新浪微博发起了话题"♯419 不眠夜♯",并与喜茶、饿了么、淘票票共同发布联名广告。然而,由于没有把握好弘扬品牌形象与"低俗"之间的尺度,该话题下的三则广告均遭到网民抵制。同年 10 月 15 日,杜蕾斯被曝出广告涉及"淫秽、色情"内容,被上海市徐汇区市场监督管理局处罚 81 万元。杜蕾斯此次的联名广告与我国的文化传统相冲突,不仅引得公众的反感,更触犯了相关的法律规范。

在全球化发展的浪潮下,广告的跨文化传播是否成功,对于跨国企业的在当地的发展举足轻重。因此,跨国企业对于他国的文化习俗、风土人情等都需要进行详尽的考察。"广告在进行跨文化传播时首先遇到的是异质文化的障碍。如

---

① 李淑芳.广告伦理研究[M].北京:中国传媒大学出版社,2010:142-145.

何正确认识异质文化,最大限度地减少文化排斥反应,被目标文化接受认同从而实现和目标文化之间的良好沟通是广告跨文化成功的关键。"①肯德基之所以可以成为全球知名的快餐品牌,将其门店开设至世界各地,与其入乡随俗的产品不无关系。

2018 年 11 月,意大利品牌杜嘉班纳为了宣传在中国上海的一场秀,发布了"起筷吃饭"的预热视频。在这个预热视频中,一个亚裔模特伴随着中式发音的旁白,用奇怪的姿势、傲慢的语气展示了如何使用"小棍子形状的餐具"(小棍子指的是筷子)来吃披萨(pizza)、意大利式甜卷等食物。时尚监管机构 Diet Prada 指出这则视频涉嫌种族歧视后,杜嘉班纳官方删除了这一视频。然而,该品牌的创始人却公然在国外社交媒体平台发表辱华言论,叫嚣该品牌不需要中国市场。随后,中国明星与模特纷纷宣布拒绝出席杜嘉班纳的活动,电商平台下架杜嘉班纳全部产品,消费者也表示对该品牌产品进行抵制。

杜嘉班纳辱华广告事件不仅体现了该品牌对中国人群体的种族歧视,同样也触犯了中国的文化禁忌。在其视频广告中,亚裔模特的形象及中式发音旁白体现了西方人对中国人普遍的刻板印象,对于"筷子"的展示体现了其对我国文化的嘲讽。文化本身是多元化的,没有优劣之分。不尊重目标市场文化的跨国企业一定会自食其果。

产品内容本身也是广告的一部分。2018 年 5 月 14 日,游戏博主@汤粉儿在微博爆料美国时装品牌 GAP 店内出售的一款印有中国地图的 T 恤存在问题。T 恤上写着"GAP 1969 China",却删去了"藏南、阿克赛钦、台湾、南海地区"。针对"问题地图"事件,GAP 官方于当晚发布了致歉声明,并表示涉事 T 恤仅在个别海外市场发售,目前已全部撤回并销毁。虽然官方已致歉,但"问题地图"事件频发对于各大品牌在中国市场的信誉度已有了很大影响。国家主权不仅涉及政治,同时也涉及中华民族统一融合的文化。外国品牌若想在中国市场健康发展,则必须尊重中国的主权与民族文化。

四、广告的职业伦理

美国《韦氏大辞典》对于"伦理"的定义是:一门探讨什么是好什么是坏,以及讨论道德责任义务的学科。"伦理"一词在中国最早见于《乐纪》:乐者,通伦

---

① 李淑芳.广告伦理研究[M].北京:中国传媒大学出版社,2010:153.

理者也。所谓伦理是指人类社会中人与人之间人们与社会、国家的关系和行为的秩序规范。任何持续影响全社会的团体行为或专业行为都有其内在特殊伦理的要求。企业作为独立法人，有其特定的生产经营行为，对其也有企业伦理的要求。职业伦理，则是指特定的职业者，基于职业需要和职业逻辑而应当遵循的行为准则。职业伦理要求名与分的统一，是企业中人与人之间的职业道德关系。

广告是一种大众传播行为，因此其内容必须与社会伦理道德相一致。从广告运作流程与主体来看，广告的职业伦理是广告主、广告公司、广告媒体以及商品推销者等主体必须遵守的职业行为规范，这些主体必须承担与其有关的广告的法律和道德责任。同时，广告的职业伦理也体现在广告主体对自我及其身份认同上。广告主体必须意识到其职业责任，具有公共意识，"把发挥桥梁作用、助力品牌塑造，为客户创造和提升价值，为社会提供积极的消费观念和生活方式作为自己的专业信念"。[①] 伦理学家涂尔干指出："个体无法像完全关注自身利益那样，不断意识到社会利益的存在。有一种体系似乎必然会把这些社会利益带给个体的新类，迫使个体尊重它们，这种体系就是纪律。因为所有道德纪律都是为个体制订的规则，个体必须循此而行，不得损害集体利益，只有这样，才不会破坏他本人也参与构成的社会。"[②]

具体来说，广告的职业伦理就是广告主体——作为广告传播活动的发起者或宣传者的广告主、广告经营者、广告媒介以及商品推荐者需要担负的伦理责任。广告公司通常会在其职业守则中对各部门的职责、工作流程等做出详细要求，从而维护职业伦理。

第二节　广告的社会约束体系与法律

普遍意义上的广告是一种经济行为，同时也是一种社会行为。广告通过向人们传播种种广告信息，影响人们的生活习惯、购买习惯甚至是行为准则、价值观，影响整个社会的道德观念。广告只有适应社会的要求，才能更好地获得其经济效益。因此，任何广告所表达的内容都不可能是完全自由的。广告是在广

---

① 汪蓓，乔同舟. 建构广告专业主义：基于社会责任的广告发展之道[J].新闻与传播评论，2011(00).

② 涂尔干.职业伦理与公民道德[M].上海：上海人民出版社，2001：16-17.

业本身的规则和国家法律的框架下运作的。

一、广告的社会约束体系

意大利教育家蒙台梭利曾说过："建立在规则下的自由才
是真正的自由。"广告看似是一个充满自由、放飞想象的行业，
但其发展离不开社会的约束。广告若想长期适应时代发展、与
时俱进，必须有一定的法律法规进行监管。我国最早对商业行
为进行法律限制的条文始于唐代，《大唐律》对商业交易行为中
的"诈伪"做出了明确的惩罚规定。到北宋、明清、民国，伴随着
民间商业行为的涌现，每个时代都对广告或单纯的商业交易行
为做出了法律规定。

图 3 - 1 广告的
社会约
束体系

1949 年新中国成立后，我国第一部针对广告经营运作的完
整法规性文件，是 1982 年 2 月国务院发布的《广告管理暂行条
例》；第一部《中华人民共和国广告法》（简称"《广告法》"）公布
于 1995 年 4 月 19 日，同年 2 月 1 日起正式施行，标志着我国广告管理真正进入
了法治化轨道。[①] 目前，现行的《广告法》是 2015 年 9 月 1 日正式施行的修订版，
我国广告法律体系的构架基本成形。

我国《广告法》的主要内容有：广告立法目的和原则；广告活动和广告内容
的基本要求；工商行政管理部门作为广告监督管理机关所应承担的责任；广告准
则；广告活动主体资格的规范；设计、制作、代理、发布违法、虚假广告以及违反国
家规定从事广告活动的法律责任等。《广告法》是体现国家保障广告业的正常运
作、对其行使社会管理职能的一部非常重要的法律文本。广告法律建设是我国
经济建设的重要组成部分，是维护社会主义市场经济秩序的强有力保障。以《广
告法》为核心的广告法律体系的建设，使得国家行政部门对广告业运作的监督管
理能力增强，广告业运作更加规范，其发展更加有序。[②]

《广告法》明确的法律条文，更加侧重于对商业广告的管理监督。除此之外，
《广告管理条例》的实施对于社会类、公益类广告的管理具有重要作用，可以对某
些不符合行业规范的不正当广告行为给予必要的行政处罚。国家工商行政管理

---

① 崔银河.广告法规与广告伦理[M].北京：中国传媒大学出版社，2017：3 - 6.
② 崔银河.广告法规与广告伦理[M].北京：中国传媒大学出版社，2017：6.

总局及有关部门也制定了一系列对广告进行监督管理的行政规章、规定,如《广告管理条例施行细则》《化妆品广告管理办法》《医疗广告管理办法》《酒类广告管理办法》等。广告活动同样受到国家《中华人民共和国刑法》《中华人民共和国民法典》和社会经济法律法规的约束与规范,如反不当竞争、消费者权益保护、知识产权保护、合同管理、城市建设、交通、环保、医药卫生管理等。

在新媒体时代,线上数字广告的兴起以及大众媒介的发展都为广告行业的规范化运作提出了新的挑战。国家制定了关于互联网广告、数字广告的一些法律法规,例如《网络安全法》《电子商务法》《互联网广告管理暂行办法》等。

美国实行联邦制,因此广告规制的政府组织机构分为两个层面,即联邦政府和地方政府。联邦政府除了立法机构(国会、议会)及司法机构(法院)之外,广告规制组织主要是 FTC、FCC 和美国食品药品监督管理局(Food and Drug Administration, FDA)。这些行政机构由国会授权依据特定的法律对广告施行规制。这些政府机构所制定实施的规则同样具有法律效力。此外,美国国会还授权其他部门协助共同对广告进行规制,比如:美国专利商标署、国会图书馆、联邦邮政总局、酒类烟草枪械局等。

针对新媒体广告生态,美国制定了网络广告法律规范,2000 年联邦贸易委员会编制的《互联网广告和营销规制手册》(*Advertising and Marketing on the Internet: Rules of the Road*)[①]显示其涉及的范围包括:网络广告和营销一般须遵守的规制;网上消费者隐私保护;网络营销方式规制。另外,美国联邦政府针对电子邮件广告的发展于 1997 年、1998 年先后推出《电子邮箱保护法》《电子邮件使用者保护法》,开启了国家层面对于电子邮件广告的管理与规制进程。

美国对于手机广告的法律规制主要从保护消费者隐私的角度加以立法。随着通信技术的发展,无线上网的日益普遍,手机广告形态日益多样,短信 WAP 站点广告、地理位置、二维码、视频广告、游戏内置广告等不断出现,以下规制对手机广告的进一步发展具有重要意义:《禁止电子盗窃法》《反域名抢注消费者保护法》《数位千年版权法》《网际网路税务自由法》《儿童在线保护法》《儿童网际网路保护法》《美国商标电子盗窃保护法》《全球及国内商务电子签名法》和《统一电脑信息传送法》《通信内容端正法》等。

---

① 《互联网广告和营销规则》(*Advertising and Marketing on the Internet*)[EB/OL],http://www.sbaonline.sba.gov/idc/groups/public/documents/sba_homepage/serv_ecom_1.pdf.

对于情景化广告在新媒体技术下的迅速增长，即植入式广告（product placement）、品牌植入（brand placement）、品牌娱乐化（branded entertainment）。2009 年 FTC 对《广告推荐与见证使用指南》（*Guides Concerning the Use of Endorsements and Testimonials in Advertising*）进行了首次修订。依照其规定，凡是含有推荐性或建议性内容的媒介信息都应主动接受监管，媒体机构必须对媒介信息中会出现推荐性或建议性内容的原因，以及该信息与相关产品或服务供应商之间可能存在的"物质联系"进行披露。如果媒体机构不作披露，联邦贸易委员会有权依法对其提起诉讼。同时，该指南扩展了媒介信息载体范围，除了电视、报纸等传统媒介载体，还包括微博、网络游戏等网络环境下产生的新媒介载体。

广告行业自律体系的创建伴随着广告产业化进程而发展，是指广告行业的自我管理，是广告主、广告经营者和广告发布者在广告协会的组织下通过自行制定广告自律章程、公约和会员守则等方法，对自身从事的广告活动进行自我约束、自我限制、自我协调和自我管理，使之符合国家的法律法规和职业道德、社会公德的要求。广告行业自律的主体是广告公司、广告个体户、媒体广告部门和企业广告部门。广告行业自律的依据是广告业主自订的章程、规定和广告行业共同订立的公约、准则等。这些章程、规定、公约、准则构成了广告行业自律的体系。广告行业自律的监督执行机构是广告行业组织。[①]

广告行业协会是政府和企业的桥梁，沟通政府决策与企业利益要求。世界上最早的国际性广告行业自律规则是 20 世纪 60 年代由国际广告协会发表的《广告自律白皮书》，其后逐渐成为世界各国制定本国广告行业自律规则的主要参考性文件。

我国的广告协会创建于 1983 年 12 月 27 日，承担起了对全国广告行业成员指导、协调、咨询和服务的工作。中国广告协会于 1990 年制定了《广告行业自律规则》，规定了广告应遵循的基本原则；对广告行业总体、广告内容细节、广告行为等做了详尽的规定；同时也制定了相应的自律措施，即惩戒措施。该规则总则要求：

第一，其第十条：为促进全国广告行业的自我约束、自我完善，维护广告市

---

① 丁俊杰，董立津. 和谐与冲突：广告传播中的社会问题与出路［M］.北京：中国传媒大学出版社，2006：225.

场秩序,形成良好的行业风气,更好地发挥行业组织规范行为的作用,依据国家广告管理法律、法规,并借鉴国外广告行业的自律办法,制定本规则。

第二,广告主、广告经营者、广告发布者及其他参与广告活动的单位和个人(简称广告活动主体),应当诚实守信,增强自律意识,遵守自律规则的要求,承担社会责任和社会义务。

第三,广告行业自律,是指广告活动主体以行业普遍认可的行为规范,或者以行业组织依程序制定的广告活动规则为标准,进行自我约束和自我管理,使其行为符合国家法律法规、职业道德和社会公德的要求。

第四,中国广告协会作为全国性的广告行业自律组织,加强与地方各级广告协会和相关社会团体的合作,组织广告自律规则的制定和督促实施,并接受国家工商行政管理总局的领导。

1998年,中国广告协会第四届理事会第四次会议通过了《广告行业公平竞争自律守则》(简称"《守则》"),对广告的市场行为做了更详尽的规范。《守则》对所有从事广告活动的广告主、广告经营者、广告发布者以及其他参与广告活动的经营者提出了具体的要求,推动了广告活动本身的规范化运行。

广告行业自律本身包含"自觉守法"的内涵,但其内容更多涉及的是道德自律的内容,为从事广告行业的主体道德行为提供了标准。坚持法规与道德双重原则,对于社会个人和所有社会组织及行业都是适用的,具有普遍意义。

二、广告内容生产与版权

广告内容生产是指广告从提出创意到形成广告作品的全部过程,包括广告的创意、文字、图片、视频等完整架构。广告在创作广告时需要素材,比如字体、图案、符号、照片等,广告作品本身受著作权法保护。版权又称著作权,是指作者对其创作的文学、艺术和科学作品依法享有的某些特殊权利。版权是对创作者权益的保护。

我国《著作权法》第3条规定:"本法所称的作品,包括以下列形式创作的文学、艺术和自然科学、社会科学、工程技术等作品:(一)文字作品;(二)口述作品;(三)音乐、戏剧、曲艺、舞蹈、杂技艺术作品;(四)美术、建筑作品;(五)摄影作品;(六)电影作品和以类似摄制电影的方法创作的作品;(七)工程设计图、产品设计图、地图、示意图等图形作品和模型作品;(八)计算机软件;(九)法律、行政法规规定的其他作品。"2018年爆火的电影《我不是药神》就曾经因票房海报涉嫌侵权而受到网民举报,其图片的构成、人物形象都与日本漫画《我的英雄学院》雷同,因而受到指责。

2016年6月23日,著名乐评人邓柯(@DK在北京)发微博称农夫山泉二十周年广告片未经授权盗用了多首作品作为其背景音乐。事件迅速发酵,不久后广告片就已在各大视频网站下架。邓柯的微博内容清楚写明侵权内容,随即有着"维权钉子户"称号的民谣歌手李志也并肩加入维权队伍,发表尊重原创音乐的态度。这就是典型的音乐作品涉及广告侵权的案例。

就在农夫山泉成为众矢之的时,品牌公关团队在当天晚间及时发出对版权方予以道歉并赔偿的声明,表达对知识产权及艺术创作的尊重。有气魄的危机公关和诚恳担当的止损态度,反而让农夫山泉最后赢得了一片掌声,原本鄙夷品牌侵权行为的网友转为大力赞扬大品牌的榜样作用,也在心理上让大众对国内版权环境有了信心并表示支持。

一般而言,构成作品需要满足三个条件。

第一,具有精神方面内容,即作品要具有思想或者美学方面的精神内容;

第二,上述精神内容需要通过一定的形式表达出来,停留在大脑里的构想还不能称作作品,必须要有具体的表达,另外,必须要在外部世界中产生,但是否像录音或者写作那样保存下来,还是像歌唱或者演说那样即兴而作,转瞬即逝的,在此不作讨论。

第三,要具有独创性,即通过个体的智力劳动完成的作品。现代人创作作品显然不可能是空中楼阁,往往使用了某些前人已经创作的作品或者已经处于公共领域,人人皆可自由使用的作品作为素材进行创作,以这种方式创作完成的作品,该创作者仅就其独创的部分享有版权,这种独创部分可以理解为其独创的片段以及作品作为一个整体的存在。[①] 作品是否构成,与独创性有关,而广告语是否知名度高,很多时候与显著性有关,而商标法意义上的显著性和著作权法意义上的独创性并非是一回事,例如,很多公众看到耐克的钩形标志能迅速辨识出其出自耐克公司,但并不能说明耐克的钩形标志本身一定可以构成作品。因此,一句表达独特的广告语,可能知名度并不高,但仍可能构成作品;而一句妇孺皆知的广告语,由于表达简单,却未必可以构成作品。例如,恒源祥有一句"羊羊羊"

---

① "广告语有版权吗,广告语可以申请知识产权保护吗?"[EB/OL].https://www.sohu.com/a/346855237_100145023。

的广告词,尽管知名度高,却很难认为其构成作品。

美国1976年《版权法》第102条(b)也规定:在任何情形之下,不论作者在作品中是以何种方式加以描述、表达、展示或显现的,对原创作品的版权保护都不扩及作品中的一切属于想法、程序、过程、系统、操作方法、概念、原理及发现的部分。对于广告而言,一则独特广告的素材、字体、字号、图片、照片都可以成为其版权的一部分,是广告创意的具体呈现。音乐公司 Handsome Music 就曾对eToro USA 提起版权侵权诉讼,原因是后者在一支广告中使用了其名为"Long Gaze"的音乐作品,进而受到了版权保护。

三、广告信息传播与个人隐私

随着大数据技术的发展,精准广告已经成为互联网广告的主要投放模式,广告主通过程序化购买平台锁定目标人群,使广告"投其所好",可以更加精准、及时、有效地将广告呈现在受众面前,降低交易成本,达到更好的营销效果。然而精准广告对于用户隐私的侵犯也成为迫切需要关注的问题。

隐私权是指公民享有的私人生活安宁与私人信息依法受到保护,不被他人非法侵扰、知悉搜集、利用和公开的一种人格权;在网络环境下,隐私权是指公民在网上享有的私人生活安宁与私人信息依法受到保护,不被他人非法侵犯、知悉、搜集、复制、公开和利用的一种人格权。

广告涉及的隐私权包括:

1. 个人数据隐私权

个人数据是指一个可识别的在线自然人用户的任何信息。个人数据隐私权主要包括:

(1)对个人数据信息的收集必须征得主体的同意。

(2)在持有他人数据信息时其持有的目的具有价值判断上的合法性和程序上的完备性。

(3)在持有的数据信息内容上必须是准确的,而不是虚假的。

(4)对于个人数据信息的处理必须做到:所处理的个人数据信息是合法收集、储存或持有的;得到了处理个人数据的许可或者授权,更重要的是不得非法侵害数据信息主体的人格权。

(5)对个人数据信息的披露和公开要征得本人的同意。

(6)数据信息主体在支付了合理的费用后,有权向数据持有者了解有关自己的个人数据是否已经被储存下来。

2. 私生活安宁的隐私权

（1）网络用户的计算机终端（包括手机、iPad 等）、个人电子信箱及网上账户、信用记录等安全保密性要求，即不被窥视、侵入的权利。

（2）网络用户使用网络进行通信、交流信息、从事电子商务活动的安全保密性要求，即不被干扰的权利。

针对社会各界对隐私权加强保护的强烈呼吁，线上线下均采取了各式各样的措施，这些措施对隐私权的保护是具有积极有效的作用的。目前各国及国际组织采取的方式主要有以下四种：

（1）隐私权人加强网上自我保护消费者应当妥善管理个人信息，提高对网站的识别能力，对于是否提供个人信息做出正确的判断。

（2）加强隐私权保护的技术措施专家指出，现在网上可以找到许多帮助网民保护个人隐私的软件，其中有些免费软件能够做到不接受网站发送的给网民的"Cookie"程序，同时又不影响对网站进行访问。

（3）自律性规范与第三方认证相结合的保护方式。

（4）隐私权的法律保护。用法律的方式保护数据信息，可以在一定的程度上克服技术方式的不足，即使通过解密而使越权存取数据库中的信息资料成为事实，这种行为也为法律所禁止。如果违反法律规定，就应当承担相应的法律责任。更重要的还在于，用法律的手段对数据信息进行保护，给数据的收集、储存、处理、传输和使用建立一整套行为规范，不仅能有效地遏制和制裁数据库的使用者越权存放个人隐私资料的违法行为，而且还能避免或减少数据库的经营管理者不当收集、储存、处理、传输和传播个人隐私资料的行为。法律保护是任何技术手段无法取代的，能够切实保护公民私生活的安宁，保障人们的隐私权。

2019 年 5 月 28 日，国家互联网信息办公室发布的《数据安全管理办法（征求意见稿）》第 22 条规定，网络运营者不得违反收集使用规则使用个人信息。因业务需要，确需扩大个人信息使用范围的，应当征得个人信息主体的同意。《数据安全管理办法（征求意见稿）》第二十三条规定，网络运营者利用用户数据和算法推送新闻信息、商业广告等（简称"定向推送"），应当以明显方式标明"定推"字样，为用户提供停止接收定向推送信息的服务；用户选择停止接收定向推送信息时，应当停止推送，并删除已经收集的设备识别码等用户数据和个人信息。网络运营者开展定向推送活动应遵守法律、行政法规，尊重社会公德、商业道德、公序良俗,诚实守信,严禁歧视、欺诈等行为。

2020年10月21日,《中华人民共和国个人信息保护法(草案)》公布,《中华人民共和国个人信息保护法》(以下简称"《个人信息保护法》")由中华人民共和国第十三届全国人民代表大会常务委员会第三十次会议于2021年8月20日通过,自2021年11月1日起施行。《个人信息保护法》本身并非单纯的民事特别法,而是一部集民事、行政、刑事等规范,对于个人信息加以保护,对于自然人个人信息权益、信息自由、公共利益等多重利益关系加以协调的法律。该法的颁布标志着我国对个人信息的保护进入了一个崭新的阶段。

2021年4月15日,北京互联网法院受理了一起涉豆瓣App隐私权、个人信息保护的纠纷案。用户龚某在使用豆瓣App时发现,即便关闭定位,依然能收到豆瓣依据其位置推送的广告信息,遂诉至法院。不只是豆瓣,百度、谷歌皆曾因类似原因被起诉。北京互联网法院官微显示,原告龚某诉称,其为豆瓣App用户,在使用豆瓣的过程中发现,尽管其从未授权豆瓣获取其地理位置信息,但豆瓣总能根据其所处位置,向其定向推送广告。例如,其从湖北武汉来到陕西神木后,豆瓣向其推送陕西榆林和神木的广告;其从神木返回武汉后,豆瓣又向其推送武汉地区的广告。

龚某认为,地理位置信息属于个人敏感信息,具有隐私属性,豆瓣未经许可获取前述信息,并依据获取的信息定向推送广告,侵犯了其隐私权和个人信息。因此,龚某将豆瓣诉至法院,请求判令豆瓣App停止侵害、赔礼道歉、提供退出定向推送选项,并赔偿损失1元。[1]

《网络安全法》第41条规定,网络运营者收集、使用个人信息,应当遵循合法、正当、必要的原则,公开收集、使用规则,明示收集、使用信息的目的、方式和范围,并经被收集者同意。

全球已经有90多个国家制定了个人信息保护法。1970年德国黑森州制定的《黑森州数据法》是世界上第一部专门性个人数据保护法;1973年通过的《瑞典数据法》是世界上首部全国性的个人数据保护法;1977年德国也制定了全国性的《联邦数据保护法》;1978年法国通过了《信息、档案与自由法》;1984年英国也在争议中通过《英国数据保护法》。上述立法对于欧洲的数据保护产生了广泛

---

① 来源于公众号数字治理全球洞察,"位置数据|关闭定位仍被精准推送当地广告?豆瓣遭起诉侵犯隐私"。

而深远的影响。1995 年欧盟通过了《个人数据保护指令》，针对个人数据采取统一的立法模式，后来被 2018 年 5 月 25 日生效的《通用数据保护条例》取代。

欧盟自 2018 年 5 月 25 日起开始实施《通用数据保护条例》(GDPR)，被称为史上最严数据保护立法，其前身是欧盟在 1995 年制定的《计算机数据保护法》。GDPR 是欧盟为公民数据处理制定的一套统一的法律规范，对违规行为加以严厉处罚。这些罚款是以行政罚款的形式出现的，可以对任何类型的违反 GDPR 行为进行处罚，包括纯粹程序性的违规行为。其罚款范围是 1 000 万—2 000 万欧元，或企业全球年营业额的 2％—4％。在其刚生效的第一天，就出现了处理目标。法国、比利时、德国、奥地利等国家的监管机构收到了四起诉讼，分别是针对 Facebook 及其旗下的 Instagram、WhatsApp，同时还有 Google 的 Android 系统，均被指控强迫用户共享个人数据，并且谷歌还通过系统中应用的各种功能采集用户定位数据，未向用户提供相关信息。欧盟方面将这些 App、系统都列入了监管名单。

四、广告客户服务与商业秘密

广告活动的主体之一是广告公司及其下游服务公司，这些公司的存在是为了满足企业宣传、树立品牌形象的需求。可以说，广告公司及设计、策划部门的主要功能就是服务于企业，即客户的发展需求。同时，广告公司也需要对目标消费人群具有足够的了解，以增强企业的宣传效果。

《中华人民共和国刑法》第 219 条规定："……本条所称商业秘密，是指不为公众所知悉，能为权利人带来经济利益，具有实用性并经权利人采取保密措施的经营信息和技术信息。"《反不正当竞争法》第 9 条关于商业秘密的表述为："……本法所称的商业秘密，是指不为公众所知悉，具有商业价值并经权利人采取相应保密措施的技术信息经营信息等商业信息。"

商业秘密是企业的财产权利，它关乎企业的竞争力，对于企业的发展至关重要，有的甚至直接影响到企业的生存。对于商业秘密等知识产权可申请紧急保全。公司的核心竞争力是商业密码，每个公司都有自身的商业密码，这些商业密码是不对外公开的，其他公司不能侵犯商业密码。在广告公司与企业的合作中，双方通常会签订合同，合同条款会对广告公司提出"保护公司商业秘密，不得泄露"的要求。

第三节　广告的社会责任与价值导向性

一、广告的社会责任

广告作为社会文化的一部分,其参与大众传播必然要承担起一定的社会责任。广告不仅仅是经济现象的反映,也是意识形态的产物。它具有政策性、思想性、民族性。它借助一定的艺术形式通过特定的媒体发布信息,对社会思想、社会文化和社会风气产生了巨大的影响。[①] 社会责任是一种理念、一种思想和价值观的反映。无论是广告活动的主体还是客体都应该在其活动范围内承担起自身的社会责任。

广告与新闻一样具有双重属性。不同的是,广告自诞生起就与经济利益联系得更加紧密。广告售卖商品与服务,而广告主、广告公司进行广告活动最主要的目的就是实现商品利润的最大化。在这个过程中,广告主体可能为了追求利润最大化,可能会陷入利润至上、拜金主义的误区,甚至牺牲了社会效益。

商业广告活动的主体——广告主与广告公司,其最主要的社会责任之一就是要注重其广告的人文关怀。广告的人文关怀,就是要以人为本,以消费者为本,以合乎人对真善美的创造和追求为目标,以促进社会物质文明和精神文明协调发展为使命。就是要肯定人是世界的中心,倡导尊重人、关怀人,为人在消费活动中积极性、主动性的最大发挥提供建议,并创造出可能的选择空间。[②] 在追求商业利益的同时,关注消费者需求,使产品尽可能符合消费者的需要,是广告主体的社会责任。

马克思指出:"人的本质是人的真正的社会联系。"人不可能脱离社会而存在。对于广告主体而言,其任何活动都牵涉着社会变化,同时社会事件也影响着广告主体的广告活动。广告主对社会事务的关注和参与、及时履行社会义务、弘扬正确的社会目标和价值观,不仅有益于社会,对于广告公司和企业而言也可以

---

① 丁俊杰,董立津.和谐与冲突:广告传播中的社会问题与出路[M].北京:中国传媒大学出版社,2006:31.

② 丁俊杰,董立津.和谐与冲突:广告传播中的社会问题与出路[M].北京:中国传媒大学出版社,2006:53.

树立其良好的社会形象。① 企业在社会事件中的参与程度体现了其对社会责任的履行。例如,在地震、洪水等自然灾害发生后,一些企业迅速启动救援机制,捐款捐物,提供必要的物资和人力支持。这些行动不仅帮助受灾地区的人民渡过了难关,也展示了企业的社会责任感和公民意识。这些企业中不乏熟悉的身影,排名较为靠前的自然少不了腾讯、阿里、百度、字节跳动、美团、快手、网易、新浪等互联网公司。作为广告的载体,同时也是广告主的互联网企业,这些公司都承担起了一定的社会责任,打造了其品牌形象,也展现了社会人文精神与文明观念。

大众媒体是广告的重要载体,媒体在广告的运作中也必须具有社会意识,作为广告活动的主体之一承担好社会责任。媒体发布任何具有广告性质的内容都必须更加谨慎,作为社会信息沟通的桥梁,应该起到稳定社会情绪的作用。例如,某知名媒体平台在接到一家健康产品公司的广告合作请求时,展现出了高度的社会责任感和谨慎态度。该媒体平台首先对广告内容进行了严格的审查,确保产品宣传不涉及虚假夸大、误导消费者等违法违规行为。同时,媒体平台还积极了解该产品的实际功效和安全性,确保广告内容与实际情况相符。在广告发布前,该媒体平台还要求健康产品公司提供相关的资质证明和产品检测报告,以确保产品的合法性和安全性。此外,媒体平台还对广告的表现形式进行了审慎选择,避免使用过于夸张或煽动性的语言和画面,以免误导消费者或产生负面影响。在广告发布后,该媒体平台还积极关注广告的社会反响和消费者的反馈。如有消费者提出质疑或投诉,媒体平台会及时与广告商沟通,要求其对广告内容进行调整或撤下。这种负责任的态度不仅维护了媒体的公信力和形象,也保护了消费者的权益。

对于广告活动的客体——受众而言,其对自身权益的维护也是在履行"社会责任"。社会生活中的任何人都不可避免地成为广告的受众群体,也可能成为广告产品的消费者。在产生购买行为之前,作为受众,人们有权对广告内容所传达的观念、行为等进行监督,甚至举报。广告在传递商业信息的同时,也在不知不觉地创造或传播与生活方式相关的文化观念,广告影响着大众文化的形成。② 监督广告

---

① 来源于长城汽车之家公众号 1 月 22 日推文《疫情期间累计捐款捐物 1 385 万元 长城汽车践行企业社会责任义不容辞》。

② 刘泓.广告社会学[M].武汉:武汉大学出版社,2006:196.

是否与大众观念、社会文化不符,也是受众的社会责任。在杜嘉班纳辱华事件中,其广告片就是由受众曝光在社交媒体平台上并发酵的。

作为消费者群体,其对广告实行的监督与间接管理,不仅维护了自身合法权益,也维护了广告行业的正常健康运作。1984 年 12 月,中国消费者协会成立,消费者对广告的监督和管理对于维护广告真实性、抵制虚假、不良广告的效果愈发凸显。

二、广告的价值导向

商业广告的运作离不开社会效益和经济效益的冲突与协调。广告主体除了承担相应的社会责任,还应该注意其广告活动的"引导性""文化性"。尼尔·波兹曼在《娱乐至死》中提到:"有两种方法可以让文化精神枯萎,一种是奥威尔式的——文化成为一所监狱,另一种是赫胥黎式的——文化成为一场滑稽戏。"商业广告必须与社会文化相结合,企业才能得到长远的发展。

现代商业广告对消费文化的宣传前所未有,在促进社会经济发展的同时,也将使社会公众染上"享乐主义"和"拜金主义"的不良风气。广告使人们在被包围在商品世界中,并在夸大宣传商品的风气中对其顶礼膜拜。广告对商品的过度宣传容易使人们怀疑自身的生存价值,加重"有钱能使鬼推磨"的世俗观念。

一些商品的广告泛滥也会使人们陷入行为误区。我国《广告法》第 22 条规定:"禁止在大众传播媒介或者公共场所、公共交通工具、户外发布烟草广告。禁止向未成年人发送任何形式的烟草广告。禁止利用其他商品或者服务的广告、公益广告,宣传烟草制品名称、商标、包装、装潢以及类似内容。烟草制品生产者或者销售者发布的迁址、更名、招聘等启事中,不得含有烟草制品名称、商标、包装、装潢以及类似内容。"第 23 条规定:"酒类广告不得含有下列内容:(一)诱导、怂恿饮酒或者宣传无节制饮酒;(二)出现饮酒的动作;(三)表现驾驶车、船、飞机等活动;(四)明示或者暗示饮酒有消除紧张和焦虑、增加体力等功效。"这两条规定对烟酒类产品广告的限制表明,企业广告应该宣扬正确的行为观念,不得为了企业利益引导消费者酗酒、抽烟。甚至在一些影视作品中,如果出现太多抽烟、酗酒的镜头,该影视片会受到批评。

在社会娱乐风气和消费主义文化的影响下,企业对娱乐节目的广告投放也日渐增多。2021 年 4 月 28 日,有网民爆料爱奇艺旗下选秀节目《青春有你 3》存在诱导粉丝购买商品行为。该节目规定,只有购买足量的奶,才能用瓶盖换取票数。在该节目播出的过程中，"投票"被美化为"助力"，训练生获得的票数则被形容为"助力值"。一方面，粉丝可以登录播出平台爱奇艺的相关 App，每天助力 1 次，VIP 会员助力 2 次；另一方面，粉丝可以购买节目独家冠名商蒙牛的乳制品进行助力。在冠名商蒙牛真果粒推出的小程序中，相关规则更加烦琐：如果购买的是箱装产品，助力二维码将被贴在箱内；如果购买的是瓶装系列产品，助力二维码则印在瓶盖内部。也正是二维码印在瓶盖内部这一设定，催生了"倒奶"事件——粉丝的目标是收集瓶盖内的二维码，喝不完的酸奶只好雇人倒掉。这一事件也使得蒙牛集团再一次站在了风口浪尖，不得不公开道歉，并承认企业植入广告本身存在不良引导行为。

除了商业广告需要注重价值导向外，公益广告本身也带有价值引导性质。《广告法》第 74 条规定："国家鼓励、支持开展公益广告宣传活动，传播社会主义核心价值观，倡导文明风尚。大众传播媒介有义务发布公益广告。广播电台、电视台、报刊出版单位应当按照规定的版面、时段、时长发布公益广告。"这一规定强化了公益广告的价值引导作用。

广告具有沟通的功能，我国公益广告通常与社会主义核心价值观相吻合，有助于弘扬主流价值观，引导社会更加文明有序、团结友爱。"广告也要讲导向"是我国新时期舆论工作的重要内容。公益广告的主体包括企业和政府，这对于企业的价值导向责任又提出了新的要求。与传统的价值宣传相比，公益广告通常以故事化的情节和感性画面呈现，容易引起受众的情感共鸣。

2020 年 3 月新冠疫情期间，网易严选作为互联网品牌发起了"樱花公益活动"，围绕"春天"这个主题，倡导人们居家隔离。这一系列公益广告都引发了网民的一致好评，同时也为企业自身提高了一定的知名度，在价值导向和企业形象上获得了双赢。可见，只有坚持正确导向，同时为公众利益服务，才能实现其广告效果。

三、中国社会主义核心价值观与广告的价值导向

习近平总书记在新闻舆论工作座谈会上指出："新闻舆论工作各个方面、各个环节都要坚持正确舆论导向。各级党报党刊、电台电视台要讲导向，都市类报刊、新媒体也要讲导向；新闻报道要讲导向，副刊、专题节目、广告宣传也要讲导向；时政新闻要讲导向，娱乐类、社会类新闻也要讲导向；国内新闻报道要讲导向，国际新闻报道也要讲导向。"这是党的最高领导人首次提出广告宣传也要讲

导向,为广告从业人员进一步指明了方向。

广告宣传是媒体宣传的重要组成部分,也有导向问题。好的广告,能够传播正能量,弘扬社会正气,倡导正确的价值观,引导健康的消费观。不良的广告甚至虚假广告,可能误导消费者,助长奢靡之风,败坏社会风气,甚至给消费者带来财产损失,最终也会损害媒体的公信力。中国广告价值观是指广告宣传具有导向性,中国广告价值观内容要体现中国特色社会主义核心价值观,具有中国特色社会主义的鲜明特征,反映中国国情。其具体内容包括:服务与社会主义建设;以消费者为本;坚持法律与道德双重标准;反对过度获取商业利益。

(一)服务与促进社会主义建设

在经济建设方面。我国目前仍处于社会主义初级阶段,发展生产力是主要任务。在社会主义市场经济建设中,广告是商品流通的重要环节,有利于缩短商品流通的时间,进而提升资本增值的效率与速度,提高社会生产力。在精神建设方面。广告有助于传播社会主义核心价值观,净化社会环境。要重视公益广告的投入与传播,积极宣传社会正能量,激发积极向上的精神。注意运用广告传播社会主义核心价值观,通过广告作品中健康、美好的价值理念去影响人们的观念与行为,从而提升全民素质。

(二)以消费者为本位

满足人民日益增长的物质文化需求是我国发展市场经济、解放生产力的根本目标,尤其是中国特色社会主义进入新时代,我国社会主要矛盾已经转化为人民日益增长的美好生活需要和不平衡不充分的发展之间的矛盾。这一切必然要求我国发展广告业也要围绕这一核心,树立以消费者为本位的思想意识,准确、清晰、完整地向消费者传递商品信息,丰富消费者的商品选择种类与服务内容,满足消费者对美好生活的需要。发展广告业要注重社会效益,要警惕商业广告中利用人性弱点(如虚荣、享乐、攀比、恐惧等)谋取利润的行为。

(三)坚持法律与道德的双重要求

守法经营。社会主义市场经济是法治经济,遵守法律是开展广告活动的前提。广告从业者要加强法律意识,依法开展广告活动,要学法、懂法、守法。对于违法、违规、侵权或运用不正当竞争手段制作的广告,无论创意多么新颖、策略多么有效,都应当坚决予以抵制或取缔。提倡诚实守信。诚信是市场经济的基础,市场信用的缺失和不足会严重破坏市场秩序,提高市场交易成本,降低市场配置资源的效率。诚信是广告从业者应该恪守的职业伦理,虚假的广告信息会扰乱市场环境,误导甚至欺骗消费者。弄虚作假、夸大其词的广告,不论语言多么优美,画面多么典雅,都应遭到唾弃。

(四)反对过度的商业利益取向

社会主义的政治制度与社会主义市场经济体制是我国发展广告业的前提。我国的广告业要坚持经济效益与社会效益的统一。除了发挥广告在市场经济中的一般性作用之外,我国的广告业主要还应服务于社会主义建设、服务于人民的物质与文化需求。这就要求广告不能完全以商业利益为导向,要有高度的社会责任感,把人民与国家的利益放在第一位。需要指出的是,中国广告价值观不是一成不变的,而是随着中国社会主义市场经济的发展和广告实践的发展不断变化的,这也体现了中国国情与中国广告实践的历史阶段性特征。[1]

 思考题

1. 广告生产机制中可能引起哪些道德伦理冲突?

2. 简述广告的约束体系构成。

3. 广告行业在推动产品或服务的同时,如何履行社会责任,促进社会进步和积极价值观的传播?

4. 广告人如何加强自我约束?

5. 广告的价值导向:广告如何能够更好地传达品牌的社会主义核心价值观,同时吸引目标受众的共鸣和认同?

【案例讨论】

椰树椰汁广告争议

近年来,性感形象在广告中的使用一直备受争议。椰树椰汁以红黄蓝的配色设计饮料外包装,一直被网友调侃为广告界的"泥石流",椰树品牌也因此具有较高的辨识度,品牌传播话题热度居高不下。椰树椰汁 2019年发布的美女手捧椰汁秀身材的电视广告,配以"从小喝到大"的广告语,暗示椰汁具有丰胸功效。丁香园发声辟谣,主流媒体纷纷跟进报道,椰树

---

① 《广告学概论》编写组.广告学概论[M].北京:高等教育出版社,2018:11-13.

椰汁广告涉低俗虚假,官方介入调查,随后椰树集团发布了新广告,力证广告语是从小时候喝到长大。网友对其评价却呈两极分化的态势。有人认为椰树集团的广告是一种低俗擦边球广告。但是也有一部分人支持椰树集团,表示美是多元化的,应该以宽容的心态接纳。

思考:

对此,你如何看待平衡商品宣传效果与社会价值观引领?

第四章　广告与品牌营销传播

■ 本章学习目标

- 了解品牌理论与广告发展系统性要素的关联。
- 理解品牌与广告、市场营销的关联。
- 了解产品、品类与品牌之间的区别与联系,以及品牌化的作用。
- 了解品牌传播的发展脉络。
- 掌握品牌营销传播的基本运作模式。

广告作为一种生产、生活现象,一开始就来源于生活并服务于人们的生活。随着经济社会的发展、市场环境的变动、消费者需求的变化以及企业追求的调整,整个营销传播过程发生了翻天覆地的变化,相关广告理论也为适应时代的发展处于更迭换代状态中,品牌的身影也逐步显现。现代企业的竞争,可以说是一场品牌价值的较量。尤其是随着数字时代的到来,品牌传播的地位得到了质的飞跃。在全球化的格局下,品牌营销生态构建,营销边界和时空限制逐渐消融,品牌如何在数字赋能的语境下玩转整合传播、建立品牌资产成为探讨的重点。

营销学是广告学的母体学科之一。广告是营销的一种工具或方式,其目的是促进销售,随着营销运用场景的不断拓展,从企业、公司等营利性组织到公益机构、行业协会,政府等非营利组织,广告的作用也不断凸显。传播社会价值观,打造城市名片,制造现象级营销事件等等,广告正在不断适应更迭的营销手段,影响着人们的日常生活。

随着社会生产力的提高,产品的同质化现象越来越严重,"品牌"成为构建产品差异化,形成企业竞争优势的"利器"。品牌价值的创造与传播要触达消费者"心智",受众更易接受与个人文化价值观类似的品牌。随着数字时代的到来、传播渠道多元化、消费者接收的信息碎片化,因此需要品牌整合,传播一种声音。

第一节　广告及其理论的发展

广告在世界上产生和发展的规律是相同的。日本学者中川静曾说过:"广告不是社会制造的,而是自然产生的。"这体现了广告的产生和发展有它自身的逻辑性,而这种演变的内在逻辑力量,却是受到多种因素促成和影响的。媒介技术的发展、营销关系的变化和广告产业的升级推动了广告的进步与变革,而广告的进步又对人类政治、经济、文化生活等方面产生了巨大影响。广告的发展是一个系统性的过程,其理论发展过程映射出广告产业本身的发展历程,同时又与消费观念、营销理念、媒体、经济形态都密切关联。

一、广告发展及其系统性要素

美国著名学者威廉・阿伦斯在《当代广告学》中,从经济的角度将广告发展历程划分为四个时期——前工业化时期(19 世纪以前)、工业化时期(19 世纪初到 19 世纪末)、工业时期(20 世纪初到 20 世纪 70 年代)和后工业时期(20 世纪80 年代以后)。[①] 对照国内学者对广告发展阶段的划分,不难发现,人类真正进入现代广告时期,还要从进入工业时期,即 20 世纪初开始。这一时期,一方面是传播技术又有了新的突破性进展,广播、电视、计算机等科学技术的发明,电子广告横空出世;另一方面,广告经营逐步走向现代化和规范化,开始注重广告调查和广告策略的运用,广告行业性组织和广告法规开始建立。[②]

(一)媒体传播技术的发展与广告进步

人类社会的每次变革都与传播技术的发展密切相关,人类发展的历史亦可看作人类传播手段不断革新的历史。从古到今,无论何种形态的广告,都是由信息和传播信息的媒介这两个最基本的部分组成的。与社会生产力发展水平相适

①　阿伦斯.当代广告学[M].丁俊杰,程坪,陈志娟译.北京：人民邮电出版社,2013：25 - 36.
②　王伟明.广告学导论[M].上海：上海交通大学出版社,2009：14.

·时间	经济发展	媒体	营销理念	广告业	广告技术与理论	市场消费变化
·19中叶至一战	工业化时代	印刷媒体	生产导向	版面销售		消费观念的导入
·				版面掮客		
·一战后至二战	工业时代	电波媒体	销售导向	全面服务代理	客户服务、策划、创意	
·50年代			营销导向		USP 独特的销售主张	追求满足感
						追求身份感
·60年代					IMAGE 形象时代	
·70年代					POSITIONING 定位时代	
·80年代	后工业时代		社会营销	广告集团	CIS 企业形象标识系统	追求差异化
					BRANDING 品牌化	
·90年代后期	知识经济时代	互动媒体		营销传播集团	IMC 整合营销传播	追求个性化

图 4 - 1　广告发展及其系统性要素

应的媒介技术的发展,直接推动了广告的发展;广告的发展,往往以广告媒介变革为起点,推动着广告技术的不断进步;广告技术的进步,改变着广告的形式与内涵。

1.印刷媒体技术

早期广告多是依托原始媒介的单一形态广告。作为单一形态的广告,往往是以具体的广告媒介为载体,以单一信息为传播内容,以具体的语言、画面或具象为存在形式,具有很强的依附性、指向性和方向性。因其多依附于人们的生活、生存地域而出现,故现场的引导功能和方向坐标功能十分强大。原始社会的广告雏形是原始人类借助简单的自然媒介或借代物传递信息的一种形式,特点是内容特定、形式单一、表现独特。如商业广告有口头叫卖、陈列、展示、招牌、幌子、楹联、店堂装饰、吟唱、欢门、彩楼、印刷、年画等形式。

19 世纪初至一战期间,传媒技术有了长足进步,以报纸、杂志为代表的大众传播媒体的出现,使数千年来广告仅以单一形态出现的局面得到根本改观。1833 年 9 月 3 日由本杰明·戴创办的纽约《太阳报》(The Sun),是美国第一份成功的廉价报纸,这类"大众化报纸"的出现标志着近代广告开始呈现出初步大众化特征。在以新技术为支撑的大众传播媒体时代,单一形态的广告虽然还大量存在,但形式和内容都发生了深刻变化。无论是传统的招牌、幌子广告,还是新型的广告牌、招贴、月份牌、橱窗展示等广告形态,都已带有明显的时代特征;而报纸、杂志、图书、霓虹灯和形式各异的户外广告,则依靠近代印刷技术和声、光、电技术,通过文案构思、画面设计、意境营造和目标预设,能在全球范围内传播,从而对更多的受众产生影响,在更广泛的领域推动社会和文明的进步。[①]

2. 电子媒介技术

20世纪初,电子技术的产生和运用是人类信息传播史上的第三次革命。在新的传播技术的推动下,以广播、电视和户外显示屏为载体的广播广告、电视广告、户外广告开始走进千家万户,广告也进入了现代广告的发展新时期。1920年11月2日,美国威斯汀豪斯公司在宾夕法尼亚匹兹堡市创办的KADA广播电台开始播音,这是世界上公认的第一家正式广播电台。1922年,美国创建了第一家商业广播电台WAAF,开始向广告商出售空中时间,成为最早开展广告业务的电台。1926年建立的"全国广播公司NBC"是美国最早的广播网。广播广告凭借其传播速度快、传播范围广、不受时空限制、表现形式生动、制作简便、费用低廉等优势成为仅次于报纸的第二大广告媒体。但同时也存在信息不易保存,缺乏视觉感、听众分散、效果不确定等缺点。

而电视的正式开播始于英国BBC电视台,1936年,英国广播电视公司在伦敦亚历山大宫建立了世界上第一座公众电视发射台。美国于1939年由NBC在纽约首次正式播出电视节目。1941年7月1日,美国联邦通信委员会(FCC)准许开办商业电视台,即准许电视台开播广告。二战后,电视事业发展迅猛,特别是彩色电视发明后,电视凭借其声情并茂、传播速度快、覆盖率高等优势一跃成为最大的广告媒体之一。

可以说,广播、电视的产生和普及在很大程度上改变了广告活动的运作方式,广告创意的空间更加广阔,广告传达的理念更加多元,广告表现的视觉冲击力更强,传播速度更快,传播效果更好。在特定时间段和特定区域,广告强势传播的黄金时代来临。

3. 数字媒介技术

20世纪80年代以来,伴随互联网和数字技术的发展,新媒体广告成为新兴的广告形式,新媒体主要借助于数字媒体技术,以数字媒体为载体进行传播与发布信息,广告也充分利用了各种最新的数字媒体传播技术,不仅在形式上不断创新,同时数字媒体传播技术也赋予了广告传播更多的交互性、实时性和针对性的特点。这里需要指出的是,"新媒体"的提法是相对于传统媒体而言的,其特征和

[①] 《广告学概论》编写组.广告学概论[M].北京:高等教育出版社,2018:45-46.

形式将随着技术的发展而不断扩充。常见的数字广告有网络广告、流媒体广告、虚拟广告、无线广告、社交网络服务广告、数字电视广告、数字游戏广告等。

（二）营销观念的变化与广告变革

纵观整个市场发展的历史，市场营销理论与营销观念的变化是一脉相承的。市场营销观念是企业开展市场营销活动的指导思想，是实现高效营销的根本保证，尤其是现代市场营销观念，在企业开展市场营销，满足消费者需求实现企业利润方面，具有决定性的作用。市场营销理论和营销观念随着企业外部环境的变化而变化。因此，从某种意义上说，市场营销学的产生和发展就是新的营销观念和理论产生和发展的过程。这里将市场营销的演进大致分为以下五个阶段。

1. 生产阶段

在生产力还没有非常发达的情况下，整个社会供不应求，市场表现为卖方市场，商家信奉的是"酒香不怕巷子深"的产品观念。生产出的所有产品都可以得以售出的，企业生产什么，消费者就能且仅能买什么，因此企业只关注生产。生产阶段是以产品生产为中心的生产观念，只要物美价廉，就会顾客盈门。企业的主要任务是扩大生产经营规模，提高产品品质，增加供给并努力降低成本和售价。对于消费者而言，他们欢迎高质量的产品，质量比需求更重要。对此企业致力于品质提升，很少甚至不考虑消费者的需求。

2. 推销阶段

当整个社会的生产率提高以后，产品开始繁荣丰富，企业不仅仅关注生产，还要关注推销，将产品售完。20世纪30、40年代，社会处于卖方市场向买方市场的过渡阶段，商家运用推销与促销来刺激需求的产生。整个市场不仅强调"以质取胜"，还要创新销售技巧。可以看出，经营的核心在于推销和促销而非消费需求，市场的竞争色彩在逐步显现。

3. 营销阶段

当社会生产效率进一步提高后，会出现同一产品被多个厂家生产的情况，商品的同质化现象非常严重。这种情况下美国杰瑞·麦卡锡教授在1960年最早提出4P理论，即产品（Product）、价格（Price）、渠道（Place）、促销（Promotion），并在现实当中得到了广泛的运用。

4P理论以谋求生产者利润为目标，包含的四种因素是企业可以调节、控制和运用的，因此广告主掌握着市场运作机制。产品是企业提供给目标市场的货物和服务的集合，不仅包括产品的包装、效用、品牌、规格，还包含服务和保障等因素;所谓价格则主要包括基本价格、折扣价格、付款时间、贷款条件等,是企业出售产品所追求的经济回报;渠道是企业为使产品到达消费者终端所组织、实施的各种活动。随着火车、飞机的普及,地域性的市场向全国性的市场过渡。生产和销售的距离扩大,整个营销过程中会涉及厂家、经销商、分销商、零售商、物流等多个环节;促销的内容是企业利用各种信息载体与目标市场进行沟通的传播活动,涵盖广告、人员推销等项目。

该阶段市场营销的核心思想是一切以消费者的需求为前提,具体表现为"消费者需要什么,我就生产什么,售卖什么"。因此,企业十分重视市场调研,不断地满足和探索潜在的市场需求,目的是在同类的产品中脱颖而出。

4. 社会营销阶段

社会营销阶段是一种以社会利益为中心的市场营销观念。社会生产效率持续提高,企业的产品越来越多,在生产的过程中,产生了负面效应。例如,产品生产排出的污水污染了河道,对整个环境产生了负面影响,企业虽得到发展,但社会要为其前进产生的负面影响承担后果。在这种情况下,社会要求企业既要兼顾生产盈利,又要肩负社会责任。另外,随着市场的愈加成熟,消费者也变得越来越精明。对于厂商不断创新的新颖营销方法,市场更多的是以冷静予以回复。4P 理论在这种变化的市场环境中表现出一定的弊端,于是,更加强调追求顾客满意的 4C 理论应运而生。

4C 理论由美国营销专家特朋教授在 1990 年提出,它以消费者为导向,重新设定了市场营销组合的四个基本要素:消费者(Customer)、成本(Cost)、便利(Convenience)、沟通(Communication)。该理论以谋求客户满意为目标,"想消费者所未想,急消费者所未急"。这个时候的营销不仅仅是帮助企业推销产品,还要帮助企业在社会上确立它的形象。从消费者的角度看,企业要按照消费者的需求与审美进行产品定位和广告策划;在成本方面,商品价格按照消费者能够承受的价格来确定;便利指的是购买的方便性,比之传统的营销渠道,新的观念更重视服务环节,在销售过程中强调为顾客提供购买的便利;最后企业要尝试与用户沟通,不能再依靠单向劝导顾客的模式。要着眼于加强双向沟通,按消费者接受的心理,来设计各种促销方式和广告。

5. 关系营销阶段

关系营销阶段的到来与互联网、数字媒体的发展有关。大众媒体的时代,很难实现与消费者一对一的沟通。而数字媒体既能规模化地传播资讯,又能一对一地进行沟通,在这样的情况下,B to C 的企业可以与消费者建立不仅限于一次性消费的长期关系。通过品牌链接,提升消费者的忠诚度,并将品牌的其他产品推荐给他们。

当顾客需求与社会原则相冲突时,以顾客战略为核心的 4C 理论,便显现出其局限性。2001 年,艾略特·艾登伯格(Elliott Ettenberg)在其《4R 营销》一书中提到 4R 营销理论。[①] 舒尔茨(Don E Schultz)在 4C 理论的基础上提出了"侧重于用更有效的方式在企业和客户之间建立起有别于传统的新型关系"[②]的 4R 理论。

4R 理论以培养客户忠诚为目标,其营销四要素:① 关系(Relationship)强调的是有可能成为关系对象的人之间的关系。从一次性交易转向强调建立长期友好合作关系;② 反应(Reaction)指的是在大众互联时代,企业要与顾客进行及时的互动,站在顾客的角度及时地倾听,从推测性商业模式转移成为高度回应需求的商业模式;③ 关联(Relevancy),即企业与顾客是一个命运共同体,建立并发展与顾客之间的长期关系是企业经营的核心理念和最重要的内容;④ 回报(Retribution),企业在互动过程中要给消费者回报,例如打折、优惠。一定的合理回报既是正确处理营销活动中各矛盾的出发点,也是营销的落脚点。

值得关注的是,市场营销理论的发展,并不是不断抛弃的过程。在 4R 理论面前,4P、4C 理论并未消亡,而是以它们为基础,重新构建营销新框架,着眼于企业与顾客的互动和双赢,以更优化和系统的思想去进行整合营销。

(三) 广告行业的升级与广告发展

广告公司(广告代理公司)作为广告活动的运作主体,其业务活动和经营管理是整个广告运作中的核心。广告代理业发展的过程其实就是广告行业的发展过程。从 1841 年沃尔尼·帕尔默(Volney B. Pamler)在美国费城开办世界上第一家广告代理公司以来,广告代理的功能和职责都发生了很大的变化,主要经历了从媒介代理到客户代理,从单纯的媒介版面购买到提供全方位的综合专业服务代理的发展变迁过程。我们不妨就世界广告业的诞生之地美国为例,说明广告代理制的发展历程,从中我们可以看出现代广告业的发展轨迹。

---

① 艾登伯格.4R 营销:颠覆 4P 的营销新论[M].文武,慕蕊译.北京:企业管理出版社,2003:16.
② E.舒尔茨.整合营销传播[M].何西军,黄鹏等译.北京:中国财政经济出版社,2005:28.

1. 媒介直接销售版面阶段

世界广告业的初始阶段是作为媒体的附庸而出现的,其基本方式是替报社招揽广告,从报社所收广告主的广告费中获取佣金。1729 年,本杰明·富兰克林在自己创办的《宾夕法尼亚日报》中,把广告栏放在创刊号第一版社论前,向广告客户出售报纸版面。在这一时期,广告的经营意识还很缺乏,影响报社收入主要来源的还是报纸的销售情况,只是由媒介来单纯地贩卖版面.

2. 媒介版面揽客阶段

17 世纪后,报刊业有了长足发展,办报人开始意识到广告对于媒体持续发展的重要性,但因为无法对广告主的支付能力做有把握的判断,故不愿意冒险。另外,有关广告版面的形式没有统一的标准,这都给企业和媒体的沟通带来阻碍。1841 年,沃尔尼.B.帕尔默(Voiney B Palmer)创办了史上第一家广告公司,为企业统一兜售各种报纸广告版面,并从中抽取 25% 的佣金,但广告文字及广告设计工作仍由报刊承担。这首先开启了广告代理业的先河,进入广告代理史上单纯的媒介代理阶段。

3. 全面服务代理阶段

随着市场经济的快速发展,广告市场的格局发生了一系列变化:版面揽客之间的竞争激烈,一些大型百货店开始自己制作宣传广告,需要与广告揽客完全不同的服务。同时广告揽客在媒介购买阶段由于资费不透明开始受到广告主和媒介的抵制。在这种背景下,广告公司的经营者们也纷纷开始寻找新的定位和新的发展空间,把业务中心从为媒体推销版面转向为广告客户服务上。1869 年,弗兰西斯·W.艾尔(Francis Ayer)创办了"艾尔父子广告公司",这是历史上第一家具有现代意义的广告公司,弗兰西斯.W.艾尔也被认为"现代广告公司的先驱"[①]。19 世纪 80 年代初,在其他代理商一直对广告基本出版发行价格严格保密时,艾尔父子公司实行"公开合同制",即如实向广告主公开各媒介版面的购买费用,把媒介返还的代理费或广告主支付的酬金固定为 15%。这就使广告客户在透明化的交易中获得好处。同时,他们还为广告主提供了广告设计、撰写文案、选择媒体等各种服务,从而奠定了今天广告代理费的基础,也开创了广告技术性服务的新时代。1917 年美国广告协会(4A's)成立,呼吁把广告公司的代理佣金固定在 15%,同年美国报纸出版商协会予以认可采纳。这样以 15% 为标准

---

① 张金海,余晓莉.现代广告学教程[M].北京:高等教育出版社,2010:15.

的代理佣金制在美国正式确立,也标志着广告代理制度的正式确立。

4. 综合的专业广告集团代理阶段

在工业革命的推动下,美国经济进入高速成长阶段。由于买方市场逐渐取代了卖方市场,很多企业开始把重点瞄准在对市场和消费者的研究上,经营理念也从"推销"走向了"销售"。广告代理公司为了适应这一市场新形势的变化,必须在功能上有所转变,广告代理业务开始向多元化发展,主要包括:把广告调查作为重要的市场信息搜集手段、帮助广告主搜集市场信息、为广告主制定详细的广告计划和广告策略,负责广告制作和文案撰写以及对广告效果进行测评等,广告代理业开始从单纯的媒介代理向综合全面专业的现代广告代理业过渡,其标志是一些大型综合性的广告公司的出现。80年代后,国际广告集团化成为一种趋势,在广告企业集团内包括市场调查公司、平面设计公司、影视制作公司、公关公司、会展策划公司、媒介公司等。广告从单一的广告作品转变为整体的广告运动。

5. 营销传播集团阶段

进入20世纪90年代,整合营销传播(IMC)的观念开始在业界得到关注和广泛接受,使不少大型广告代理公司面对市场的竞争压力,开始注重以"一种声音"作为企业向外传递产品或服务信息的内在支持点,使广告信息在不同时间、不同地区、不同媒体中都保持一致,从而保证广告传播的一致性。除此之外,此阶段还主张将包括广告、公关、直效营销、促销、互动促销等营销传播手段组合在一起,产生一种整体协同效应,具体表现为一些展览、赞助活动、销售推广等非传统意义上的广告活动开始由广告代理公司统一筹划安排。由此,广告代理进入了整合营销传播的服务时代。①

以上是广告代理业的五个阶段发展历程,从中可以看出,从媒介代理向综合代理的转变,并不是依据人们的主观意愿,而是经过长期的发展和激烈的竞争逐步产生的结果,是由不断变化发展的媒介环境和市场环境共同决定的。伴随着广告代理业的发展,广告的经营逐步走向现代化和规范化。广告代理从 agency 到 network,再到 holding company,这与经济全球化具有关联性。

二、广告理论发展脉络

广告营销理论发轫于20世纪初,虽不如其他学科那么丰富、厚实和成熟,但

---

① 张金海,余晓莉.现代广告学教程[M].北京:高等教育出版社,2010:16.

其纷繁复杂而多元却是必然的。根据理论发展的内在逻辑,我们将其分为三个时期,即以产品推销为核心意义的传统广告理论、创意革命时代的广告理论和以营销与传播为理论基点的现代广告理论模式。这三个时期的广告传播理论不是孤立的,而且存在于各个历史发展阶段,这些理论都存有一定的内在逻辑演进关系。

（一）产品推销时期的广告理论

广告作为一类强调实践性的行业,世界上较早出现的广告理论大都是在20世纪上半叶,由一些广告大师在其广告实践过程中逐渐提炼总结出来的。20世纪初至50年代的广告传播理论核心概念是"推销",从"硬推销""软推销"到"科学推销"的发展过程都是围绕"推销"一词而展开的。

1. 理性推销派的广告理论

谈到20世纪早期的广告理论,离不开先后就职于罗德,即托马斯广告公司的阿尔伯特·拉斯克尔、约翰·肯尼迪、克劳特·霍普金斯等几位广告大师们,正是在他们的推动下形成了20世纪广告史上最早的一个广告流派——理性推销派,也被人们称作"原因追究法""硬推销派"。理性推销派的核心主张是,广告应该向消费者提供明确的产品功能作为营销焦点。

20世纪20年代加拿大骑警出身的约翰·肯尼迪首先提出"广告是印在纸上的推销术"的观点。它是人类广告史上第一次以如此简洁的语言和形象的比喻,为广告的商品销售功能做了定位,也为市场学把广告作为一种销售促进方法纳入自己的研究范畴,提供了理论与实践的依据。也许正是在这一意义上,罗瑟·瑞夫斯称约翰·肯尼迪为广告史上"第一位重要的理论家"[①]。拉斯克尔更是认为:"如果不把头把交椅给肯尼迪,广告史根本就没法写。因为今天在广告领域的任何一个角落,每一位文案撰稿人、每一位广告主都在按照他所制定的原则行事。"[②]

拉斯克尔、霍普金斯同肯尼迪一样,都认为广告是一种推销术。广告必须要能够提供一个切实的销售理由,讲清楚为什么消费者值得花钱去购买广告所宣传的商品。在理性推销派的理论看来,广告是一门科学,而不是艺术。这面举起的"科学派"广告大旗,也影响了罗瑟·瑞夫斯和"广告教皇"大卫·奥格威等广

① 瑞夫斯.实效的广告[M].张冰梅译.呼和浩特:内蒙古人民出版社,1999:201.
② 拉斯克尔.拉斯克尔的广告历程[M].焦向军,韩骏译.北京:新华出版社,1998:41.

告大师,为后面"科学推销派理论"和"品牌形象论"的提出做出了理论指引。

2. 感性销售派的广告理论

在"硬推销"理论流行的 20 世纪早期广告界,与之并存的广告理论还有"软推销",也就是"感性推销"理论。这一派的理论主张从广告的情感和氛围的角度去感染、打动消费者,因此也被称为"情感氛围派"或"软销售派"。西奥多·麦克马纳斯和雷蒙·罗必凯是这一派最初的代表人物。

"软推销派"不同于"硬销售派"主张讲求宣扬产品的实际效用,而是用广告创造情感氛围,用间接的提示和委婉的手法发挥广告的说服力。"软销售派"信奉的是产品能为消费者带来的精神上的满足,这一新的广告理论范式革新了此前的理论,引导广告界形成了新的广告营销理论思维。

另外,感性销售派的广告理论开创了世界广告史上"艺术派"广告的先河。在这一理论的指引下,威廉·伯恩巴克等广告人从艺术的角度去思考,并获得巨大成功,从此"理性诉求"和"感性诉求"成为后来广告界的两大基本诉求方式。

3. 科学推销派的广告理论

20 世纪 40—50 年代,美国广告界最有代表性的广告理论就是罗瑟·瑞夫斯(Rosser Reeves)提出的"独特的销售主张"(Unique Selling Preposition,USP)理论,也称为科学推销派理论。该理论的三个核心内容包括。

第一,必须包含特定的商品效用,即每个广告都要对消费者提出一个说辞,给予消费者一个明确的利益承诺。

第二,必须是唯一的、独特的,是其他同类竞争产品不具有或没有宣传过的说辞。

第三,必须有利于促进销售,即这一说辞一定要强有力,能招来数以百万计的大众。

USP 理论指出,只有当广告能指出产品的独特之处时才能行之有效。广告主应在传达商品内容时发现和发展自己独特的销售主题,并通过足量的广告重复将其传递给受众。罗瑟·瑞夫斯认为广告应该着重强调一个诉求主题,因为消费者观看广告只能记住一件事。M&M 豆的"只溶在口,不溶在手"的广告语就是他运用这一原则而声名大振的经典案例。

可以看出,USP 理论实质上是对约翰·肯尼迪所提出的"广告是印在纸上的推销术"的理论推崇。准确地说,是以约翰·肯尼迪、克劳德·霍普金斯、阿尔伯特·拉斯克尔为代表的"硬推销"理论主张,在新的市场条件下理论深入与继承发展。

（二）创意革命时代的广告理论

20世纪60年代被称为美国广告史上的"创意革命时代"①。二战以后，社会生产力的进一步提高，商品供过于求，整个市场开始由卖方市场向买方市场转移。以产品推销为主的广告理论与实践已经跟不上时代的步伐。随着电视的普及，消费者接收信息的媒介渠道进一步丰富。广告欲吸引消费者并促成消费，必须有"big idea"才行。

1. 品牌形象论——科学派创意理论

大卫·奥格威在《一个广告人的自白》中率先提出了品牌形象理论。该理论的核心内容是：第一，随着产品同质化的加强，消费者对品牌的理性选择减弱；第二，人们同时追求功能及情感利益，广告应着重赋予品牌更多的感性利益；第三，任何一则广告，都是对品牌形象的长期投资。②

奥格威的创意哲学是建立在"广告是科学"这一认识基点之上的，其基本理论主张是：广告是科学而不是艺术。他认为："广告的内容比表现内容的方法更重要"。创意必须服从科学的规定性，必须来自科学的调查研究，而不是来自个人的主见，要解决的核心问题是广告诉求内容的科学确立，而不是广告内容的表现。因此，后人将奥格威称为科学派广告哲学的代表、唯理派的广告大师。

与后世不断完善的品牌理论相比，奥格威提出的品牌形象理论未免过于简单和粗略。但它的重点所在是这些概念显示出的崭新理论意义。这里所批示的理论新方向、所开辟的理论新门径，推动了广告运作与广告理论划时代历史革命。

2. ROI理论——艺术派创意理论

同大卫·奥格威对广告学科的归属不同，被后人视为唯情派旗手和艺术派广告哲学的大师威廉·伯恩巴克旗帜鲜明地指出：广告是一种艺术。这在广告史上是头一次。

针对20世纪60年代美国广告过于精确严格的科学调查而忽视创意的状况，伯恩巴克认为广告"怎么说"比"说什么"更重要，提出的ROI理论主张优秀的广告应该具备三个特点：相关性（Relevance）、原创性（Originality）、冲击力

---

① 张金海，程明.从产品推销到营销与传播整合：20世纪广告传播理论发展的历史回顾[J].武汉大学学报(人文科学版),2006(06)：812-817.

② 奥格威.一个广告人的自白[M].林桦译.北京：中国友谊出版公司,1991：5.

（Impact）。关联性是指广告应与产品和消费者密切相关，这样消费者才能理解广告；原创性是指广告应原创新颖，与众不同；冲击力是指广告能够对消费者产生冲击和震撼，这样广告的营销才能达到理想效果。伯恩巴克为艾飞斯出租汽车公司创作的"艾飞斯在出租车业只是第二位，那为何与我们同行"、为大众"甲壳虫"汽车设计的"Think Small"等经典广告，都是他创意主张的实践体现。

3. 与生俱来的戏剧性——芝加哥派创意理论

20 世纪 50 年代，芝加哥广告学派的李奥·贝纳为广告营销打开了新的表达思路，他认为任何产品都具有"与生俱来的戏剧性"（inherent drama），这种"戏剧性"具有"使人们发生兴趣的魔力"，因为它能满足人们的某种欲望。广告的任务便是挖掘与凸显产品的"戏剧性"。

李奥·贝纳的创意理论与大卫·奥格威的科学派理论或伯恩巴克的艺术派理论有所不同，它既不从理性的角度去说服消费者，也不从情感的角度去感染消费者，而是强调挖掘产品本身所包含的创意信息，即产品中具有创意的信息，并通过有创意的广告文案将其表现出来。万宝路香烟的重新策划便是这一理论的成功实践。

（三）营销与传播整合期的广告理论

从 20 世纪 60 年代末 70 年代开始，广告进入新的历史发展时期。主要理论有：60 年代的品牌形象理论、70 年代的定位理论、80 年代的 CIS 理论、80 年代末的整合营销传播理论。

1. 品牌形象理论

20 世纪 50 年代，大卫·奥格威提出，品牌是一种错综复杂的象征，它是品牌的属性、名称、包装、价格、历史、声誉、广告风格的无形组合。1962 年，他在《一个广告人的自白》一书中，从品牌传播的角度提出品牌形象理论。此理论认为，每一则广告都应该看成是对品牌形象在做贡献。因此每一个品牌、每一个产品都应发展和投射一个形象。形象经由各种不同推广技术，特别是广告传达给顾客及潜在顾客。而那些致力于以广告为品牌树立明确突出的个性（personality）的厂商会在市场上获得较高的占有率和利润。

2. 定位理论

20 世纪 60—70 年代，美国经济高速发展，商业竞争激烈，消费者需求的多样化使得原本行之有效的广告营销理论和创意方法已难以打动消费者。在新的环境下，催生了以消费者需求为核心的"定位理论"的诞生。

1969 年,阿尔·里斯和杰克·特劳特在美国营销杂志《广告时代》和《工业营销》上首次提出定位理论(positioning)。[①] 他们认为,要在一个过度传播和产品同质的时代赢得顾客,需要产品都独树一帜,在顾客心里占有特殊地位。定位,就是从传播方式的角度看广告,在充分考虑消费者的消费心理的前提下,研究产品的竞争者、确立自己的目标消费群体,为产品在市场上找到一个适当的位置,并将这一位置有效地传递给消费者。

定位是改变观念,而不是改变主意。产品定位就是产品在消费者心中的位置,而定位产品就是塑造人们眼中的产品形象。以猪肉为例,30 年前,猪肉生产者发现人们吃的猪肉少了。他们发现,很多人认为猪肉脂肪太多,应该少吃。这就是猪肉在公众眼里的定位。他们还注意到人们把鸡肉和火鸡肉看成健康食物,而猪肉不是。实际上,有些猪肉含有的脂肪比鸡肉和火鸡肉还少。那猪肉生产者要如何告诉公众呢?他们发起了一项运动,把猪肉叫作"另一种白肉"(the other white meat)。这个活动起到了极大的作用,人们吃的猪肉确实多了,许多人现在也还把猪肉看成"另一种白肉"。定位并不需要改变产品,只需要改变人们对产品的看法。

当然,定位是会随着时间变化而发生改变的。20 世纪 50 年代,很少有美国人喝酸奶,而是还把它定义成"外国人吃的奇怪的食物"。70 年代,达农发起了一场广告宣传运动,将酸奶定位成一种健康食品,打趣地说道它可能帮助人们延年益寿。到了 80 年代,美国人喝酸奶的数量比 50 年代高了数十倍。现在人们把喝酸奶当成了日常饮食的一部分、一种习惯,所以,酸奶的定位从一种奇怪的外国食物到一种健康食物,然后变为成人的主要食物,最后变成老少皆宜的每日食物。每一次重新定位都会获得更大的市场。因为广告商知道,要改变受众的感觉比改变其看法容易得多。

定位理论的提出可以说是传统广告与现代广告的分水岭,做出了有划时代的理论贡献。它实现了广告史上两次大的重心转移,一是由"产品本位"向"消费者本位"的转移。"定位"这一概念的出现使得广告营销突破了过往以生产者和创意者为中心的"传者本位论"思想,从消费者的角度出发,以受众为本位来进行广告营销活动。二是由"广告"向"窄告"的转移。纵观整个广告发展史,定位理

---

① Jack Trout, Al Ries. Positioning is a game peopleplay in today's me-too market place[J]. Industrial Marketing, 1969, 54(6).

论出现之前,广告从来都是以"广而告之"为出发点和归宿的。最初广告追求的是最大的传播面。70 年代定位理论的提出,在笼统的"大众"范围内,开始出现"分众"的概念,使得"广告"开始向"窄告"过渡。这不仅仅是一个范围上的变化,更是一次本位的转移,由漫天撒网似的告知,转为"有的放矢"的针对式投放。可以说,"广告"是传统,"窄告"是现代。

2001 年,美国市场营销协会举办的 20 世纪广告营销理论评比中,"定位理论"超过"ROI 理论"和"品牌形象"理论,甚至菲利普·科特勒构架的整合营销传播理论,最终被确定为"有史以来对美国广告营销影响最大的观念",[①]这也是其对广告营销理论发展的重要影响。

3. CIS 理论

20 世纪 80 年代发展完善的 CIS 理论,是品牌形象理论和定位理论更高层面的整合与提升,也是更高层面的运用与实施。所谓 CI(Corporate Identity),完整的表述应为 CIS (Corporate Identity System),即企业识别系统。它是由企业理念识别系统 MIS(Mind Identity System)、企业行为识别系统(BIS, Behavior Identity System)、企业视觉识别系统,即(VIS, Visual Identity System) 构成的,强调的是从企业各个方面建构起具有高度同一性、独特性、可识别性的企业形象识别系统,树立起统一而极富个性的企业形象,并通过对内对外的一致传播,形成企业内部的一致认同,以及消费者的全面认同,从而提升企业的市场地位。

4. 整合营销传播理论

在美国学者舒尔茨提出"整合营销传播"的定义之前,已经有专家学者用多种营销传播工具协同使用的表述,但是整合营销传播理论这一概念最早由舒尔茨在《整合营销传播》一书中正式提出:"整合营销传播是关于营销传播规划的一种思想,它要求充分认识用来制定综合计划时所使用的各种带来附加价值的传播手段,如普通广告、直接反应广告、销售促进和公共关系,并将之结合,提供具有良好清晰度、连贯性的信息,使传播影响最大化。"[②]该理论最初强调企业营销传播诸要素的系统整合,以及营销传播资讯的一致性,目标的集中性,各种营销传播要素及手段的协调性、统一性,在实现与消费者的沟通中,追求与消费者建

---

① 里斯,特劳特.定位[M].王恩勉,于少蔚译.北京:中国财政经济出版社,2002:1.
② E.舒尔茨.整合营销传播[M].何西军,黄鹂等译.北京:中国财政经济出版社,2005:15.

立起长期的、双向的、维系不散的关系,其核心概念是整合、一致与沟通。

整合营销传播的理论贡献在于它逾越了以往广告只关注的单一的生产者、创意者、消费者的领域,把消费者、客户、潜在客户和其他相关目标人群均纳入关注的中心;同时,整合营销传播强调要协调运用广告、促销、公关、直销、CI、包装、新闻媒体等各种传播推广要素,使企业能够通过整合各种资源,将明确的、一致的传播资讯传达给消费者,产生"一种形象,一个声音",最终达到协同效应的效果。[①]

第二节　品牌与市场营销

一、市场营销的定义

美国市场营销协会(The American Marketing Association,AMA)在 2007年发布市场营销的概念:"市场营销是面向顾客、客户、合作伙伴以及社会,去创造、沟通、传递和交换有价值的一系列活动、机制和流程。"

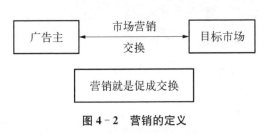

图 4-2　营销的定义

营销就是促成交换。因市场、商业模式的不同,营销的目标市场不仅限于消费者,各渠道、企业间、非营利性组织的机构都会涉及交换行为。通过产品、服务或观念,商品能够在制造商、批发商、零售商和消费者之间循环流动。

随着社会经济的发展和人类认识的深化,市场营销的内涵和外延已经极大地丰富和扩展,其过程向前延伸到生产领域和生产前的各种活动,向后扩展到流通过程结束后的消费过程;其内容扩大到市场调研、市场细分、产品开发、确定价格、选择分销渠道、广告、促销、售后服务、信息反馈等诸多方面。其核心概念包括以下六个方面。

(一)需要、欲望和需求

需要(needs)是市场营销中最基本的概念。需要是人的一种主观状态,是个

---

① 黄绿蓝.发轫与超越:广告营销理论百年发展的回溯[J].新闻世界,2018(8):4.

体在生存过程中对既缺乏又渴望得到的事物的一种心理反应活动。为了生存和发展，人类需要空气、食物、水、衣服和住所这些最基本的要求，同样也需要接受教育和娱乐。这些"需要"存在于人类自身生理和社会之中，市场营销者可用不同方式去满足这些需要，以获取企业利益。

当企业生产出商品来满足需要的时候，需要就转变成欲望。欲望（wants）是指对具体的需要满足的愿望。如果有些人一个馒头就能解决需求，那需要山珍海味就是欲望。每一个人受不同文化和社会环境的影响表现出来的对需要的追求是不同的。美国人需要食物时可能会选择汉堡，而中国人可能希望吃米饭和面食。显然，市场营销者不可能创造需要，因为需要优先于营销者而存在。但营销者可以影响欲望，并通过创造、开发及销售特定的产品和服务来满足欲望。

需求（demands）是指有支付能力购买具体的商品来满足的欲望。在营销者看来，需求就是对某特定产品及服务的市场需求。人们对某些产品具有购买欲望，但如果没有购买能力，这种购买欲望不可能转化为需求。因此，在研究某种产品的市场需求时，必须既要知道人们对其是否有购买欲望，又要了解人们是否有足够的支付能力。

要想准确地了解顾客的需要和欲望，并不是一件简单的事情。一方面，消费者的需求在不断变化；另一方面，有些顾客根本不清楚自己的需求是什么。当顾客自己说需要更舒适的居室、服帖的化妆品或一次短途旅行时，他们到底是什么意思，营销者需要深入探究。对此菲利普·科特勒提出了五种需要模型进行分析，即明确表述的需要、真正的需要、未明确表示的需要、令人愉悦的需要、秘密的需要。

（二）产品和服务

在营销学中，产品指能够满足人们的需要或欲望的任何事物。产品既可能是有形的实体，也可能是无形的服务，甚至一个想法、一项活动都可被称为产品。产品的形式并不重要，关键是它必须具备满足顾客的需要和欲望的能力。人们购买汽车不是为了获得轮胎或车身，而是能得到它提供的便捷交通服务。生产出能满足消费者欲望的产品或服务，是企业成功的第一步。

（三）市场细分、目标市场和市场定位

企业很难满足市场上每一个消费者的需要，对于同一产品，如电脑，有人更看重性能，有人更注重外观。因此，营销者的首要任务是对市场进行细分，通过分析顾客的人口统计特征信息、心理特征信息和行为差异信息，可以界定出具有不同产品和服务需求的各类消费者群体。在进行市场细分之后，营销者还必须再确定哪个细分市场存在最大的市场机会，从而选择自己的目标市场。进而，企业针对所选择的目标市场开发设计特定的产品或服务，并使该细分市场认可企业的供应物能满足其核心需求。例如，沃尔沃公司的目标市场是那些把安全视为重要考虑因素的目标顾客，因此沃尔沃公司把自己的产品定位成最安全的汽车，并且将"最安全的汽车"这一理念牢牢地定位于目标市场的认知，这就是市场定位。

（四）价值、成本与满意

一般而言，顾客是在不同的产品之间做出选择的关键是看哪一种产品可以给他们带来最大的价值。价值是指顾客对产品或服务满足其某种需要的能力的评价，包括对成本（价值）、有形利益（质量）、无形利益（服务）的评估。在市场营销中，企业必须重视和研究价值和满意度。满意度是指顾客对产品的实际感知效果与对产品的期望效果比较，如果产品的实际表现低于期望，顾客是不满意的；如果相等，顾客就达到了满意阈值；如果超出了期望，那么顾客就会非常满意。所以企业不仅要为顾客提供产品，更要使顾客在交易过程中感受到较高的价值实现程度，这样才可能促使市场交易顺利完成，建立起企业的稳定市场。

（五）交换与营销渠道

交换是指通过提供某些东西作为回报而从他人那里获得所希望的产品的活动，它是市场营销活动的核心。营销渠道是指某种货物或劳务从生产者向消费者移动时，取得这种货物或劳务所有权或帮助转移其所有权的所有企业或个人。简单来说，营销渠道就是商品和服务从生产者向消费者转移过程的具体通道或路径。企业的营销目的就是要使交换顺利实现，而营销渠道的搭建就是为了更顺利地实现交换。

营销渠道包含通过发布讯息，从目标消费者那里获取信息，维持互动的沟通渠道，如广告、电话、网络等；通过分销商、批发商、代理商和零售商来实现营销目的的分销渠道。

（六）市场与营销者

参与交换的双方，在市场营销中被称为市场和营销者。市场是指具有特定的需要或欲望，并且愿意和能够通过交换来满足这种需要或欲望的所有的潜在顾客和现实顾客的总和。在市场营销中，顾客必须满足有购买某种产品的愿望、有购买能力以及接触该产品的机会这三个条件。因此，市场可以用如下公式表示。

市场＝人口＋购买力＋购买欲望。

市场的这三个因素是相互制约、缺一不可的,只有三者结合起来才能构成现实的市场,才能决定市场的规模和容量。只有人口既多,购买力又强的地区,才能成为一个有潜力的大市场。

营销者是指寻找可以与之从事有价值交换的顾客的人。从营销者的定义看,营销者可以是卖方,也可以是买方。在一次交换中,如果一方比另一方更积极、更主动地去进行交换,则这一方即为营销者。在买方市场中,往往是卖方在交换过程中表现得更积极、更主动,所以一般情况下卖方为营销者。面对顾客可能存在的多种需求状态,营销者需要努力去影响顾客的需求水平、时机和构成,以便符合企业的目标。[①]

二、品牌与市场营销

(一)产品、品类与品牌的区别与关系

"产品,是为市场提供的引起注意、获取、使用或消费,以满足某种欲望和需求的任何东西"。[②] 菲利普·科特勒在《市场营销：原理与实践》一书中把产品分为三个层次：一是核心顾客价值,即顾客感受到的企业提供的核心利益。从顾客的角度考虑他们真正购买的是什么? 例如,买香水是为了展现魅力,喝酸奶是为了健康等等;二是围绕核心利益架构来设计实体产品,包括产品特征、设计、包装、质量、品牌名称;三是在实体产品之外还有扩展产品,例如保障售后、提供担保、系列的产品支持、确保交付和信用条件。 由此可见,产品就是指产品提供给消费者的利益。而对"产品"概念的确定要通过制造广告信息体现出来。

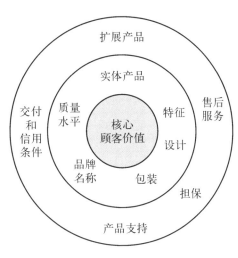

图 4-3　产品的三个层次

---

① 颜青.市场营销[M].北京：对外经济贸易大学出版社,2018：13.
② 科特勒.市场营销：原理与实践[M].16 版.楼尊译.北京：中国人民大学出版社,2015：9.

关于品类,从销售管理层面下定义:品类是产品的类别,这也是品类最初的定义。如国际知名的 AC 尼尔森调查公司将"品类"定义为:"确定什么产品组成小组和类别,与消费者的感知有关,应基于对消费者需求驱动和购买行为的理解";再如,家乐福则认为"品类,即商品的分类,一个小分类就代表了一种消费者的需求"。①

什么是品牌? 从企业的角度来说,品牌是名称、术语、图案、符号或其他可以

图 4-4   百事可乐 logo

识别产品、服务、机构或想法的特征;站在消费者的角度来看,品牌是消费者心目中的印象;而从法律的角度看,品牌就是商标(trade mark),如百事可乐的商标。

产品与品牌有着密不可分的关系。如果说产品是品牌的生存基础,是塑造品牌的前提和基础,那品牌便是产品认知上的升华,是产品的延续保障。产品是消费者与品牌建立情感的载体。只有以产品为链接,才能建立与消费者的长期联系。

产品、品类与品牌对应消费者、买者与顾客的关系又是怎样的? 产品/服务对应着消费者,以满足消费者的需求为目的,比如解渴;品类对应的是买者,其在满足需求时一定要选择一个品类,即某一类的产品或服务,比如买者在口渴时,会决定购买矿泉水、功能性饮料等来解渴;品牌是顾客最终进行交易的特定企业的产品或服务。在同一类产品中,例如矿泉水品类。其中包含娃哈哈、怡泉、农夫山泉等品牌,它们的差异是通过品牌化的运作而产生的。

图 4-5   产品、品类和品牌的关系

① 许华品.企划部经理手册[M].合肥:中国科学技术大学出版社,2017:75.

（二）品牌的作用

社会生产效率的提高,工业化的发展,产品同质化严重,需要品牌化的运作来制造产品差异。对消费者而言,企业对品牌的重视与打造程度,影响着产品质量,便利了人们的购物、售后等过程。

品牌对企业最重要的是要制造差异化,通过品牌溢价、品牌忠诚等手段形成竞争优势,产品区隔,会极大降低消费者的选择成本。比如可口可乐、百事可乐在碳酸饮料品类之中的差异。同时随着消费的符号化,品牌成为身份象征,"人所消费的不再是商品,而是商品上铭刻的符号其代表的文化意义"。[①] 广告和营销传播,就是通过塑造品牌形象,传递品牌价值,从而使品牌形成某种意义。比如,苹果公司的标志(logo),表面上是一个咬了一口的苹果图案,代表的是一个品牌,这是索绪尔语言学中"能指",但是消费者看到这个 logo 时,还会联想到品牌具有的有品质、时尚、科技感等特性,这就是"所指"。此时,消费者购买商品主要依据头脑中对商品形象的认知,也可以说消费者所购买的是商品的商标,商品的功能等因素处于其次的地位。

此外,当品牌在某个品类中获得竞争优势时,它还可以通过品牌延伸战略,把品牌的影响力扩大至其他品类,品牌链延伸对企业来说愈加常态化,利用母品牌在市场中的地位和影响,在产品线内或跨产品线推出新产品,以开辟并迅速占领市场。虽然品牌延伸可以扩大其影响力,但也可能会稀释其品牌价值,在品牌延伸的应用中,跨品类延伸因其自带话题性而受到更多关注,被频繁运用,但在实践过程中,消费者的适应性问题也引发了品牌主的思考。[②] 新的市场环境,品牌延伸策略不再以促进短期销售为根本目的,而是着眼于品牌生态圈的建构。品牌主能否保障子品牌口碑与母品牌调性保持一致,能否在各个环节中打造消费者与系列品牌的依赖关系变得至关重要。

第三节　品牌营销传播运作

为一个品牌创造有形与无形因素的管理功能,叫作品牌化(branding)。通过

---

① 鲍德里亚.消费社会[M].刘成富,全志钢译.南京：南京大学出版社,2014：76.

② Miniard, Jayanti, Alvarez, et al. What brand extension need to fully benefit from their parental heritage[J]. Journal of the Academy Marketing Science, 2008, 46(5)：948 - 963.

有效的营销传播建立独特的品牌特征,能够使某一品牌产品与同一品类的其他产品区分开来,给消费者留下深刻印象。[①] 而品牌传播(brand communication)是一种操作性的实务,即通过广告、公关关系、新闻报道、人际交往、产品或服务销售等传播手段,以最优化地提高品牌在目标受众心目中的认知度、美誉度、和谐度。[②] 其中品牌资产、受众目标、传播手段是品牌传播的重要构成要素。

一、品牌理论发展脉络

(一)品牌形象理论

品牌形象论(brand image)是大卫·奥格威(David Ogilvy)在 20 世纪 60 年代中期提出的创意观念。在此理论的影响下,出现了大量优秀的、成功的广告,比如哈撒韦衬衫、壳牌石油等。

品牌形象论的基本要点主要有以下几个。

第一,塑造品牌形象是广告最主要的目标。广告就是要力图使品牌具有并且维持一个高知名度的品牌形象。

第二,任何一个广告都是对品牌的长期投资。广告活动应该以树立和保持品牌形象这种长期投资为基础。

第三,品牌形象比产品功能更重要。按照大卫·奥格威的看法,产品的品牌形象一旦培植到出众的地位,生产该产品的企业将会以最高利润获得最大的市场份额。

第四,广告更重要的是满足消费者的心理需求。消费者购买时追求的是"实质利益+心理利益",对于某些消费群来说,广告尤其应该重视运用形象来满足其心理的需求。[③]

品牌形象理论的提出,在广告界产生了巨大影响,还引起了一场广告观念的变革。而引起巨大震动的原因是这种广告创意法把对产品品牌的长程投资放在首要地位,一旦以长程投资为目标,企业在有些时候就必须牺牲短期利润。

---

① 维尔斯,莫利亚提.广告学原理与实务[M].9 版.桂世河,汤梅译.北京:中国人民大学出版社,2013:39.

② 余明阳,舒咏平.论"品牌传播"[J].国际新闻界,2002(3):61—66.

③ 姚东明,李君茹.全国高等中医药院校规划教材广告学供市场营销专业用[M].北京:中国中医药出版社,2018:83.

（二）品牌个性理论

随着对品牌内涵研究的研究，20 世纪 60 年代，美国 Grey 广告公司提出了"品牌性格哲学"，阐明品牌个性的重要观点；日本的小林太三郎教授提出了"企业性格论"，要让品牌变得人性化，从性格走向个性，由此"品牌个性理论"（brand character theory）逐渐形成。该理论认为，在与消费者的沟通中，从标志到形象再到个性，个性是最高的层面。为了实现更好的传播沟通效果，应该将品牌人格化，即思考"如果这个品牌是一个人，它应该是什么样子（找出品牌的价值观、外观、行为、声音等特征）"。[①] 品牌个性是指品牌所具有的一组人类特征，国内学者卢泰宏认为品牌个性实际上就是消费者自己的真实个性在某种商品上的再现。[②] 要塑造独具一格、令人心动、历久不衰的品牌个性，关键是选择能代表品牌个性的象征物，用什么核心图案或主题文案来表现往往很重要。

（三）定位理论

定位理论的核心是"一个中心两个基本点"，即以"打造品牌"为中心，以"竞争导向"和"消费者心智"为基本点。

1969 年，里斯（Rise）和特劳特（Trout）首先提出"定位论"（positioning）一词，1972 年在《广告时代》（Advertising Time）上发表题为《定位时代》的一系列文章，1979 年在专著《广告攻心战略：品牌定位》上系统论述了品牌定位理论，认为在产品同质化、相似化的背景下，企业营销成败的关键是从传播对象，即消费者的角度出发。由外向内使产品和品牌在消费者心目中占据一个有利位置，一旦产品和品牌占据了这个有利位置，企业就创造了品牌在消费者心中的差异，创造了品牌的个性化差异，也就意味着企业或其品牌得到了消费者的认同并且可以有效地解决销售问题。

（四）品牌资产理论

1991 年，戴维·阿克在《管理品牌资产》一书中首次正式提出"品牌资产"的定义，即："品牌资产是与品牌、品牌名称和标志相联系、能够增加或减少企业所销售产品或提供服务的价值和顾客价值的一系列资产与负债。"[③]并指出了构筑品牌资产的五星模型：品牌知名度（brand awareness）——对品牌的记忆程度；

---

① David. A. Aaker. Dimensions of brand personality[J]. Journal of Marketing Research，1997(8)：317－356.

② 卢泰宏，周志民.基于品牌关系的品牌理论：研究模型及展望[J].商业经济与管理，2003(2)：4－9.

③ 阿克.管理品牌资产[M].吴进操，常小红译.北京：机械工业出版社，2012：56.

品质认知度（perceived brand quality)——对品质的整体印象；品牌联想（brand association)——通过品牌而产生的所有联想，是对产品特征、消费者利益、使用场合、产地、人物、个性等等的人格化描述。这些联想往往能组合出一些意义，形成品牌形象；品牌忠诚度（brand loyalty)——购买决策中对某个品牌的偏向性（而非随意的）行为反应，也是消费者对某种品牌的心理决策和评估过程；其他专用权——专利权、商标、渠道关系等。品牌资产的评估有多种模型，如 2000 年中国学者卢泰宏提出的将评估方分为财务会计概念模型、基于市场的品牌力模型和基于消费者的概念模型。① 还有由世界品牌实验室独创的国际领先的"品牌附加值工具箱"（BVA Tools)来进行品牌资产评估。

（五）品牌战略管理

20 世纪 90 年代以来，品牌战略和品牌管理成为公司战略和管理的重要新领域，围绕如何做好品牌管理，学界和业界出现了不少专著和可操作方法。例如，公认的营销沟通与战略品牌管理研究领域的国际先驱者之一的凯文·莱恩·凯勒（Kevin Lane Keller)的《战略品牌管理》、被《品牌周刊》誉为"品牌资产的鼻祖"的戴维·阿克（David A. Aaker)的《管理品牌资产》等。

当然在广告业界特别是咨询界，围绕如何做好品牌管理实践，提出了不少运作模型，例如奥美的"Brand Stewardship"、电通的"Brand Communication"、智威汤逊的"Total Branding"达彼思的"Brand Wheel"等。

其实，自 1950 年起，许多企业就开始尝试实施品牌管理系统，以重塑品牌忠诚。伯利·加德纳（Burleigh B. Gardner)和西德尼·利维（Sidney J. Levy)开始对品牌管理理论进行研究。1998 年，凯勒提出了建立品牌资产、品牌资产评估和管理品牌资产的品牌管理过程，他认为"品牌本身就是具有价值的无形资产，应谨慎处理"。2000 年，戴维·阿克在他的《品牌领导》一书中提出了"品牌领导"的概念，并对品牌领导模式和传统品牌管理模式的区别进行了详尽的论述，2004 年又提出了品牌组合和品牌延续的品牌管理过程。品牌组合是指所有依附于产品市场受托人的品牌和亚品牌，包括与其他公司合作的品牌。品牌组合里的产品相关性和品牌协同作用，使品牌管理更加系统简单。

（六）品牌关系阶段

90 年代至今是品牌理论全面发展阶段，除了对前面几个阶段的理论进行进

---

① 卢泰宏，黄胜兵，罗纪宁.论品牌资产的定义[J].中山大学学报(社会科学版),2000,40(04)：17－22.

一步创新、完善和相互渗透之外,现阶段主要以品牌关系理论的深入研究为标志,其中包括品牌关系理论、品牌创建理论、品牌传播理论等。

李奥纳多(Leonand L. Berry)最先提出关系营销的概念,认为品牌关系理论基于文化背景的顾客认同。布莱克斯通(Blaekston)将"品牌关系"界定为客观品牌与主观品牌的互动,指出品牌关系是品牌的客观面(主要是品牌形象)与主观面(主要是品牌态度)相互作用的结果。邓肯从企业实际运作的角度提出用八个指标,即知名度、可信度、一致性、接触点、同应度、热忱心、亲和力、喜爱度,来评价消费者与品牌的关系。弗尼尔将品牌关系分为四个层面:消费者与产品的关联、消费者与品牌的关联、消费者与消费者关联、消费者与公司关联,从而扩大了品牌关系的外延。

凯勒(keller)提出了基于顾客价值创造的品牌创建理论。这里的顾客不仅包括个人消费者,也包括机构购买者。他认为,品牌的价值基于顾客的认知,以及由这种认知对企业品牌营销所作出的相对于无品牌产品而言的差异性反应。品牌创建就是要创建基于顾客的品牌的正面价值。

品牌理论与定位理论,在理论和实践的探求中不断地发展着,在各自领域里,实现着广告传播及其理论研究视点的根本转移,即由生产者转向消费者,由传播者转向接受者,实现着对广告传播及其理论研究的系统整合,也实现着品牌与定位的相互整合,以及广告营销与广告传播的部分整合。①

二、品牌营销传播基本运作

品牌传播是企业满足消费者需要,培养消费者忠诚度的有效手段,它与经营战略、品牌战略一脉相承。品牌传播的实现主要依靠品牌主与品牌受众,双方经由特定的品牌信息、特定的传播媒介、特定的传播方式、相应的传播效果、相应的传播反馈等信息互动环节。

(一)品牌传播三大领域

广告、公共关系和销售服务是企业营销推广活动的三个关键环节,同时也构成了品牌传播的三大核心领域,三者在品牌传播过程中有着不同的侧重。

广告领域的品牌传播活动在建立品牌知名度方面要优于公关、销售服务。企业对这种传播活动的信息控制能力较强,运作也比较成熟,产生的效果更为直

---

① 张金海,程明.新编广告学概论[M].武汉:武汉大学出版社,2009:50.

接,但容易引起消费者的抵触心理。

公共关系领域的品牌传播活动在提高品牌美誉度方面要优于广告、销售服务,信息传递得越为真实、隐蔽,才易于获得消费者的信任。与广告不同,企业对这种传播活动的控制力稍弱,毕竟大部分公关信息的发布都依赖于媒体的支持,传播形式与结果难以预料。

销售服务领域的品牌传播活动在加深品牌体验方面要优于广告、公共关系。首先,它是品牌与消费者直接沟通的环节,易于操控。其次,它内容丰富、互动性强,包括各种促销及体验活动、会展、直销营销、客户服务等多种形式。最后,它的传播成本相对比大规模的广告和公关活动更为低廉,对销售却具有更为直接的促进效果。但也要注意到,如果急功近利、操作不当,往往会提升消费者对价格的敏感度,对企业的品牌形象造成难以弥补的损害。

(二)品牌传播途径

传播途径是指根据品牌传播目标而选择采取的不同信息传递形态,它包括大众传播、分众传播、群体传播与人际传播四种途径,受众范围依次精确。制定传播渠道计划,既要选择合适的传播形态,也要选择与之相适应的传播手段予以配合,只有各个部分相互支持和促进,才能有效地开展品牌传播。

例如,飞利浦在2000年进行全球品牌战略调整,从追求产品质量转向以顾客为中心,飞利浦在全球各个国家都有业务,进行业务审核时,强调"一个飞利

图4-6　飞利浦宣传海报变化

浦"的概念,剔除一些有损品牌形象的品类和业务,并对品牌进行重新定位。企业的经营战略转向以顾客为中心,相应地,品牌传达的理念也要发生变化。品牌传播的口号(slogan)从"让我们做得更好"(Let's make things better),变为"精于心,简于形"(Sense and Simplicity),传达出科技服务于人的理念。

三、品牌的数字化传播

传统的品牌逻辑强调,品牌传播必须遵循一定的品牌导向,即从生产到销售的整个环节都按照品牌自身的发展规划来进行,一切流程都在品牌主的掌控之中。在互联网数字技术的不断深耕下,品牌传播呈现出智能化趋势与开放性的特点,传播对象由模糊的客群变成清晰的个体,传播方式也由单一定向转为多元互动,以产品为中心的营销理念成为过去式,"以消费者为导向"的时代正式到来。这对广告主提出了更高的要求,企业要凭借更具创新性的产品、更为周到的服务及更贴近大众心理的品牌文化体验才能吸引消费者。

对于目标消费者的聚焦,品牌需花费大量精力,采用更科学、规范的市场调查方法,投入大量资本研发大数据技术,以精准掌握核心及潜在用户画像,针对其喜好"对症下药"。然而,消费者的需求并不是一成变动的,何如在潜移默化中将品牌理念输入用户的感知层面,提升消费者的好感度与忠诚度成为企业新的难题。

与此同时,若按照传统的线性品牌传播逻辑只会导致信息泛化。根据英敏特的消费新趋势调查报告,在购买汽车时,65%的中国汽车购买者会在汽车垂直论坛翻阅用户评论;46%的中国消费者希望 KOL 推荐更多值得购买的产品。[1] 可见现代的受众更愿意相信来自身边朋友或网络口碑传播推荐的信息,重视网络意见领袖的作用,倾向于从社会化媒体主动获取信息。[2] 因此,企业的官方宣传所起的作用减弱,转而依托意见领袖的号召力。

例如,知乎十周年进行的品牌传播活动,发布品牌宣传片《有问题,就会有答案》。2018 年,知乎提出"有问题,上知乎"的口号,伴随产品工具化属性的增强,社区品牌价值却越来越弱化。而且这几年由于抖音、快手等短视频平台的兴起,知乎同目标用户还存在一定的距离感,与竞品相比不够轻松、有趣。同时,2020

---

① 英敏特发布 2019 消费新趋势:数字媒体影响消费行为,也制造"孤独患者"[EB/OL].[2019 - 11 - 14]. http://www.z-s.cc/xinwen/jszl/21972.html.

② 王佳炜,陈红.SoLoMo 趋势下品牌传播的机遇与应对[J].当代传播,2013(2):95 - 95.

年又是知乎成立十周年,因此需要进行品牌焕新,对品牌使命和品牌主张进行全新诠释,以一个更清晰、更坚定、更年轻的姿态面对知乎的用户和创作者,巩固和吸引更多的知乎目标受众。从"有问题,上知乎",到"有问题,就会有答案"的slogan转变,不仅传达了平台的功能性,语气方面也更加坚定和自信——当你有了问题,可以到知乎直接找到"答案";另外在内涵方面也有更大的延展性,甚至渗透出知乎的价值观——无论是关于时代的问题,还是前所未有的全新问题,只要汇聚我们每一个人的经验和智慧,终将都会找到答案。

图 4 - 7　知乎十周年品牌宣传片

在数字传播时代,新的传播沟通技术不断涌现,营销工具也不断增多,任何品牌主都需要利用大数据工具获取用户的行为数据与实时反馈,以谋求品牌传播路径价值的最大化。通过数据赋能、精准捕捉,营销者的每一个运营细节都可以提取分析。对于企业而言,用数据反映消费者与品牌的关系,可尽快提出个性化解决方案,快速实现品牌孵化、品牌运营、品牌提升,创造品牌价值。

 思考题

1. 广告理论的发展与广告业的演进有何关联?

2. 在掌握广告理论发展脉络的基础上,思考定位理论在当代是否适用?

3. 什么是品牌？品牌为什么如此重要？

4. 数字化传播时代,在品牌运作过程中应该注意哪些问题？

【案例讨论】

知乎十周年更换 slogan

2021 年 1 月 13 日,知乎在 2021 新知青年大会上宣布品牌升级,品牌 Slogan 由"有问题,上知乎"升级为"有问题,就会有答案"。同时,知乎创始人、CEO 周源发布了知乎同名品牌宣传片。"有问题,就会有答案"更强调社区中"人"的属性,突出了知乎"让人们更好地分享知识、经验和见解,找到自己的解答"的使命。

知乎十周年的品牌传播活动中,为什么更换品牌 slogan？ 新的品牌战略与原有品牌战略有什么不同？ 品牌方想要展现的战略意图是什么？

第五章　广告传播

 本章学习目标

- 传播的分类以及其与广告的关系。
- 了解四种传播类型在广告中的体现、传播学理论在广告中的运用。
- 了解受众理论及其在广告中的应用。
- 广告信息评估效果模型与媒体发展的关联。

广告是在商品经济发展中诞生的。为了满足人们互相了解商品交换的信息、推销各自的商品的需求，广告活动得以产生。广告自诞生起就与传播、信息交流密切相关。广告是一种信息传播方式。本章将通过讲述广告与四种传播类型的关系、受众理论及其在广告中的应用、四种广告信息评估效果模型，来探讨广告传播及广告与受众的关系。

第一节　传播理论与广告

广告是一种付费的传播活动，广义上的广告是面向大众的。随着传播媒介的发展，现代广告的传播范围也呈现越来越广泛的状况。一则广告可能传遍全球的任何一个角落。即使如此，广告的传播也不仅仅是涉及大众传播这种类型，还与自我传播、人际传播、群体（组织）传播、大众传播等传播方式息息相关。

一、传播的分类

传播是一种信息交流与传递活动,存在于自然界与人类社会之中,任何现象都离不开传播。"传播"一词是对英语"communication"的翻译,有通信、传递、传达、交流、沟通、交往等含义。学界对于"传播"的定义有以下几种:

"传播是对一组告知性的符号进行统一化的处理过程,让其成为一个统一的东西。我们在传播的过程中,是努力想同谁建立'共同'的东西,即我们努力想'共享'信息、思想或态度。"①

"所谓传播,是人际关系借以成立的基础,又是它得以发展的机理。就是说它是精神现象转换为符号并在一定的距离空间得到搬运,经过一定的时间得到保存的手段。"②

沙莲香认为:"从最一般的意义说,传播是社会信息的传递;传播表现为传播者、传播渠道、受者之间的一系列传播关系;传播是由传播关系组成的动态的有结构的信息传递过程;传播是社会性行动,传播关系反映社会关系的特点。"

李彬认为:"传播是信息的双向流通过程,包括人际传播与大众传播两大类型。"

张国良认为:"传播,即传受信息的行为(或过程)。"

根据学者们的定义,传播的分类有很多种。传播类型的划分多种多样,传播学史上不同学者根据研究目的进行过不同的分类,如从传播者与受传播者的角度、从学科分类的角度、从媒介载体的角度等,每一种角度研究的侧重点都不一样。在传播学研究过程中,比较公认、科学、方便的划分是四分法,从传播者与受传播者的范围大小、人数多少方面进行分类,即分为自我传播、人际传播、群体(组织)传播和大众传播。广告传播涉及四类传播,在本章群体传播主要探讨组织传播。

（一）自我传播

自我传播又称"内向传播",是指发生在人体内部的信息交流活动,是伴随

---

① 施拉姆等.传播学概论[M].李启,周立方译.北京:新华出版社,1984:3.
② Charles Horton Cooley, Social Organization: A Study of the Larger Mind[M]. New York: Charles Scribner's Sons, 1929:45.

着人类思维进行的有意识传播。自我传播是其他一切传播的基础,主要在人的心理、思维层面进行。对自我传播的研究主要是从心理学角度进行的。学者郭庆光将"自我传播"的过程定义为:"自我传播,也称内向传播、内在传播或自我传播,指的是个人接受外部信息并在人体内部进行信息处理的活动。"①

人无论处于何种社会化传播过程之中,在信息传播的开始和结束都需要经历自我传播。个人的思考、自我发泄、自言自语、做梦等都是自我传播。学者杨中举与戴俊谭认为,自我传播的作用主要有三点:① 有助于人们对客观事物做出正确的判断和认识,实事求是地看问题;② 有助于人们求得心理安慰,化解内心积压的各种不愉快;③ 可以帮助人们从传播网络与外部世界中筛选有用的知识信息,为进行更广泛的传播活动提供积累,还有助于人们认识自我、发展自我、完善自我。②

自我传播研究的主要理论之一是米德的"主我与客我"理论。美国社会心理学家 G. H. 米德在 1934 年出版的《精神、自我与社会》中指出:自我意识对人的行为决策有着重要的影响。自我可以分解成相互联系、相互作用的两个方面:一方面是作为意愿和行为主体的"主我"(I)——英语中的主格,这个"我"通过个人围绕对象事物从事的行为和反映具体体现出来;另一方面是作为他人的社会评价和社会期待之代表的"客我"(Me)——英语中的宾格,这个"我"是自我意识的社会关系性的体现。人的自我是通过"主我"与"客我"的互动形成的,也是这种互动关系的体现。自我传播具有社会性、双向性和互动性,是"主我""客我"之间双向互动的社会过程。

自我传播也是个人对广告接受度的基础。比如,一个少年看到一则关于游戏产品的广告,就其"主我"而言,也许他有八分的欲望获得这款游戏产品,从"客我"来说,父母就其学习进步等因素考虑,不希望他过多地沉迷游戏。在"主我"与"客我"的双向互动中,最终该少年会做出是否购买该游戏产品的决定。对于饮品类广告也是同理。传统观念普遍认为饮料含糖量高,易伤身体,而元气森林另辟蹊径,标榜"健康"。人们看到这样一则广告时,同样也会在内心斟酌该产品的可取性,最终决定是否购买。

---

① 郭庆光.传播学教程[M].北京:中国人民大学出版社,1999:62.
② 杨中举,戴俊谭.新编传播学教程[M].济南:山东人民出版社,2011:70.

图 5‑1　元气森林气泡水广告

资料来源：@元气森林官方微博。

（二）人际传播

人际传播是个体与个体之间较为直接的信息交流活动，包括面对面与借助媒介的传播。与他人面对面交谈、互通信件、电话、网上聊天等都属于人际传播。美国人际传播学者麦克罗斯基、里奇蒙和斯图尔特在《一对一，人际传播的基础》一书中提出了"人际传播是人与人的意义交流"的观点，并将其定义为"一个人使用语言或非语言讯息在另一个人心中引发意义的过程"。英国谢菲尔德·哈勒姆大学文化研究学院学术部主任哈特利认为："① 人际传播是一个个体向另一个个体的传播；② 传播是面对面的；③ 传播的方式与内容反映个体的个性特征，而且，反映他们的社会角色及其关系。"[1]美国学者多米尼克在网络社会发展的形势下，提出了"机器辅助人际传播"的观点。他认为，一个人或多人运用一种机器或多种设备与一个或多个接受者沟通，虽然有点向大众传播过渡的特点，但主要还是人际间的传播，只是互动性、现场性有所减弱。[2]

① 胡正荣等.传播学总论［M］.北京：清华大学出版社，2008：95－96.
② 多米尼克.大众传播动力学［M］.蔡骐译.北京：中国人民大学出版社，2009：10.

人际传播是人类在社会交往中最为基础、也是最为主要的传播活动。美国社会学家库利在 1909 年出版的《社会组织》一书中提出了"镜中我"(the looking-glass self)理论。库利认为,人的行为在很大程度上取决于对自我的认识,而这种认识主要是通过与他人的社会互动形成的,他人对自己的评价、态度等,是反映自我的一面"镜子",个人透过这面"镜子"认识和把握自己。人的自我是在与他人的联系中形成的,这种联系包括三个方面:① 关于他人如何"认识"自己的想象;② 关于他人如何"评价"自己的想象;③ 自己对他人这些"认识"或"评价"的情感。前两项只有在与别人的接触与感知中才能获得。库利指出,"镜中我"也是"社会我",传播特别是初级群体中的"人际传播"是形成"镜中我"的主要机制。一般来说,这种以"镜中我"为核心的自我认知状况取决于与他人传播的程度,传播活动越活跃、越是多方面,个人的"镜中我"也就越清晰,对自我的把握也就越客观、越准确。

社交媒体的出现扩大了人际传播的范围,丰富了人际传播的形式,同时也使得人们的社会交往更加频繁。社交媒体中的人际传播不仅满足了人们的情感需求,也在彼此对生活的分享中增进了对彼此的了解。同时,人们也在他人的反馈中及时调整人际传播的方式、丰富信息来源。

(三)组织传播

组织是特殊的群体,从狭义上讲,组织是以人为要素组合起来的特定群体,是为了达到特定目标而建立明确程序和发生协调行动的群体,也是人们为实现共同目标而各自承担不同的角色分工,在统一的意志之下从事协作行为的持续性体系。组织都是为了实现一定的组织目标而设置或成立的。组织与传播密不可分,美国学者卡尔·韦克在其《组织的社会心理学》一书中指出:组织形成的过程实际上就是传播的过程。根据学者郭庆光下的定义,组织传播就是以组织为主体的信息传播活动。[①] 美国学者戈德哈伯认为:"组织传播系由各种相互依赖关系结成的网络,为应对环境的不确定性而创造和交流信息的活动。"[②]

组织传播根据传播的范围可以分为组织内传播和组织外传播;根据传播组织形态的不同可以分为正规组织传播和非正规组织传播;根据信息流向的角度可以分为纵向传播和横向传播;从传播的目的与功能则可分为思想沟通、感情沟

---

① 郭庆光.传播学教程[M].北京:中国人民大学出版社,1999:100-101.
② 范东生,张雅宾.传播学原理[M].北京:北京出版社,1990:256.

通和工作沟通。①

组织传播在内部通常表现为：下行传播、上行传播、平行传播。下行传播，是一种管理性质的信息传播，即"上情下达"，是组织传播最基本和最重要的过程。它在总体上是以最高管理层为信息起点，以最基层的个体岗位为终端的自上而下的信息流动。局部也可能起端于某个职能部门。其信息主要为组织内部的各种任务或活动的指令或要求。它可能是通过不同职能部门逐级传达，也可能由最高层以全员大会的方式直接传达至每个员工；上行传播，是信息由下级流向上级的传播过程，即"下情上达"，主要是汇报工作，反映情况，提出意见、建议、要求或表达愿望等；平行传播，指各同级部门或员工之间的对称传播，是相互协调配合各种具体行为的传播活动，主要目的是提高行动效率和质量，但也可能因多种因素产生冲突而破坏行动的统一性，导致组织整体运作紊乱。

组织传播对外通常表现为：① 与本组织各方面活动及利益紧密相关的外部多个组织的制度性或临时性的信息联系，如生产企业与运输商、销售商等的信息联系。这个"组织链"或组织间的传播主要是依据认同规则进行的协商传播。② 与社会各行政管理机构（如税务局）的信息联系。③ 获取与组织活动相关的其他各类信息（如生产或销售的市场信息、政策信息等）。④ 通过各种方式影响社会对组织的认知和记忆，提升组织形象。

组织传播可以利用一切媒介进行，包括语言、文字、印刷品、会议、活动以及各类大众媒介等。

组织传播对于稳定组织成员，应对外部环境，内求团结、外求发展，维护和促进组织的生存和发展都有着重要的作用。通过组织传播相互交流思想、观念、资料、消息与情感，也是组织成员谋求共同谅解、相互配合的一种方法。在现代社会中，组织传播开展得如何，对组织既定目标的实现及其发展将产生直接影响。

组织传播是组织活动的源泉。积极有效地开展组织传播活动，可以使组织各种机制运转正常，保持活力。同时，组织传播又是组织关系的黏合剂，它的直接目的是稳定组织内部成员，协调组织与组织，以及组织成员间的关系，适应各种不同的环境，维持自己的生存和发展。②

①　杨中举，戴俊谭.新编传播学教程[M].山东：山东人民出版社，2011：82.
②　小约翰.传播理论[M].陈德明，叶辉译.北京：中国社会科学出版社，1999：98.

（四）大众传播

1945 年 11 月，联合国教科文组织在伦敦发表的联合国教科文宪章中首次使用了"大众传播"这一概念。大众传播是一种信息传播方式，是特定社会集团利用报纸、杂志、书籍、广播、电影、电视等大众媒介向社会大多数成员传送消息、知识的过程。我国学者郭庆光认为："大众传播是专业化的媒介组织运用先进的传播技术和产业化手段，以社会上一般大众为对象而进行的大规模的信息生产和传播活动。"①美国学者多米尼克认为："大众传播指的是一个组织通过更多的机器的帮助，生产和传递公共讯息的过程，这些信息被送到庞大的、异质的及分散的受众那儿。"可以看出，对于大众传播的定义均包含大众受众、媒介技术、专门的传播机构、信息传播等几个要素。

大众传播是最广泛的传播，其特点有：① 大众传播中的传播者是从事信息生产和传播的专业化媒介组织，大众传播是有特定的目标和方针指导的；② 大众传播是运用先进的传播技术和产业化手段大量生产、复制和传播信息的活动；③ 大众传播的对象，即受众，具有最大程度的广泛性，面对社会上最大多数广泛而复杂的受众群体进行传播；④ 大众传播信息同时具有商品属性和文化属性，充斥于人们的日常生活；⑤ 大众传播是一种单向性很强的传播活动，信息反馈的及时性不够强，但在电子信息媒介的影响下有朝着双向、多向传播发展的趋势；⑥ 大众传播的内容是公开的、面向社会的，任何具有传媒信息接触能力的人都可能浏览相关信息。

传播学者拉斯韦尔在 1948 年发表了《传播的结构与功能》一文，在其中展开了对大众传播社会功能的探讨，他认为大众传播的功能包括三个方面：

一是环境监视功能。大众传播可以客观、真实、准确地反映社会变化的状况，为人们提供相关信息，从而保证人类社会正常的生存和发展，使人们得以认识社会及自然环境。这种功能被施拉姆总结为"雷达功能"。

二是社会协调功能。大众传播是社会信息沟通的桥梁，发挥着联络、沟通和协调社会关系的功能。通过大众传播，人们可以将社会的各个部分的信息整合起来，从而及时调整自我行为以适应社会关系的变化和需要。

三是社会遗产继承功能。人类社会的发展是一个不断进步、推陈出新的过程，现代社会的稳定运行离不开对前人成功经验的学习以及对失败教训的总结。大众传播可以保留前人的经验并加以传播，将前人的经验、智慧、知识进行记录、

---

① 郭庆光.传播学教程[M].北京：中国人民大学出版社，1999：111.

积累并传给后代，从而使社会成员所遵循的价值守则，形成统一、规范的社会文化。大众传播具有保证社会遗产代代相传的作用。

美国学者查尔斯·赖特在 1959 年发表了《大众传播：功能的探讨》，在拉斯韦尔"三功能说"的基础上提出了大众传播的第四功能——娱乐。大众传播可以满足人们精神生活的需求，比如传播文学、艺术、消遣、娱乐性内容。这一功能的提出对大众传播的功能观进行了完善。

二、广告与传播

（一）自我传播与消费者洞察、广告效果

消费者是衡量广告效果的决定性因素。广告心理学中对消费者心理的研究也是基于消费者"自我传播"洞悉消费者心理需求，从而使得产品广告更大限度地满足消费者需要。消费者的心理活动开始于对商品的认识，而认识商品的过程最终也会回归到"自我传播"的过程。

信息从感觉器官传递到脑部，通过神经系统，由此产生了对商品个别的、孤立的和表面的心理反应，如获得商品的形状、大小、颜色、气味等个别属性，初步产生诸如美观与否、新奇与否、鲜美与否、香甜与否的感觉。以消费者进入水果商店为例，眼睛看到色泽鲜艳的苹果，手触光滑圆润、鼻嗅清香沁肺、舌尝香脆可口，这就是对苹果个别属性的不同感觉。一旦消费者在个别属性的基础上对苹果的色、形、味等进行综合评价，得出对苹果的整体印象，就形成了认识过程中的知觉。在知觉过程，就是在感觉的基础上，对各种感觉材料进行综合整理，把商品的各种属性综合在一起，以获得对商品的总体印象。[①]

消费者对商品和广告的注意、感知过程就是其自我传播系统运作的过程。美国学者爱德文·艾宝认为：在广告策划程序中的第一件事，也是非常重要的事，就是你要训练自己将消费者想成活生生的、会呼吸的、脉搏跳动的人，他们有着人的一切不可预测的性格，有许多怪念头而且反复无常。虽然统计数字可能代表着人类，但它是固定的东西。而人并不是固定的。人们对于商品和广告产品的态度是随着自我传播的过程而时刻变化的。除了直观地感受商品本身，人们在衡量一则广告中的商品是否值得购买时，也会经历必要的心理过程，如判断这则广告传递的内容是否符合自我观念、广告产品是否与自身需要相符合、广告

---

① 饶德江，程明等.广告心理学［M］.武汉：武汉大学出版社.2008：8.

的方式是否使人接受等。

（二）人际传播与网络口碑传播

人际传播是社会传播效果形成的重要环节。广告信息最初虽然是通过大众传播进行发布的，但其广泛传播、扩散并产生最终效果，离不开人际传播。对于广告主而言，借助大众传播的确可以将广告产品尽可能多地进行传播，但在了解目标受众的心理、态度等方面，必须依赖人际传播的力量。随着互联网、移动通信和 AI 技术的发展，人际传播对于广告传播越来越重要。

口碑传播（Word-of-Mouth，WOM）是指一个具有感知信息的非商业传者和接收者关于一个产品、品牌、组织和服务的非正式的人际传播。口碑传播是市场中具有最强大的控制力的传播方式之一。心理学家指出，家庭与朋友的影响、消费者直接的使用经验、大众媒介和企业的市场营销活动共同构成影响消费者态度的四大因素。由于在影响消费者态度和行为中所起的作用很大，口碑被誉为"零号媒介"。口碑被现代营销人士视为当今世界最廉价的信息传播工具和高可信度的宣传媒介。就营销研究领域而言，有人主张把口碑传播作为营销方法来研究，以丰富既有的营销理论。

计算机和互联网的出现，给人际传播提供了新的方式，出现了 CMC（Computer-Mediated Communication）人际传播，即通过计算机和互联网进行人与人的非面对面的信息交流传播。20 世纪 80 年代以来，整个世界掀起"网络革命"的浪潮，人类由此进入"网络传播"时代。网络传播颠覆了传统的人际面对面的传播方式，形成了借助互联网媒体进行交流沟通的人际传播方式。人们也习惯了通过互联网来获取口碑传播信息。

在互联网环境中，人们具备了积极使用和参与媒体的条件，互联网受众的主体意识大大增强，其表现欲和充当"意见领袖"欲求也大大增强。人们在网上的活动不仅是被动地浏览信息，收发电子邮件，还可以建立自己的信息发布平台，与众人分享自己的见解；还可以即时地与朋友聊天。网络的信息互动时代已经到来，口碑营销可以借助网络互动技术增强传播的有效性。

相比于传统的传播渠道，网络的口碑传播更活跃和积极，借助网络的力量，口碑传播的数量、广度和深度都会明显提升。互联网社交分享平台"小红书"就是典型的利用网络进行"口碑传播"的代表。小红书博主大都在博文中分享美妆、穿搭、饮食、旅游等内容，通过与粉丝的实时互动进行口碑传播。另外，微信朋友圈、新浪微博也成为网络口碑传播的"重镇"，年轻人习惯于利用社交媒体平台询问相关产品的功效、使用感受等,充分体现了网络人际传播与口碑营销对于产品成功的影响。

病毒式营销(viral marketing)就是利用用户口碑传播的原理,通过用户之间自发地传播进行低成本甚至无成本的营销。病毒式营销并非真的以传播病毒的方式开展营销,而是通过用户的口碑宣传网络,使信息像病毒一样传播和扩散,利用快速复制的方式传向数以千计、数以百万计的受众。天下没有免费的午餐,任何信息的传播都要为渠道的使用付费。之所以说病毒式营销是无成本的,主要指它利用了目标消费者的参与热情,但渠道使用的推广成本是依然存在的,只不过目标消费者受商家的信息刺激自愿参与到了后续的传播过程中,原本应由商家承担的广告成本转嫁到了目标消费者身上,因此对于商家而言,病毒式营销是低成本的,乃至无成本的。

乐事公司曾推出了一个向网友征集薯片口味的竞赛活动乐味一番(Do Us a Flavor),谐音取自"Do me a favor(帮我个忙)",如果乐事最终决定选择某位网友推荐的薯片口味,这位获胜者将获得 100 万美元大奖,或得到这款口味薯片销量净利润 1% 的提成。该活动吸引了大批"垃圾食品爱好者"参与,通过 Facebook 应用和短信息两种渠道,收集了 400 万个口味创意。随后,乐事组织厨师、著名美食家、食品口味专家成立评审团仔细挑选并最终选中了三个最佳口味:芝士蒜香面包味、炸鸡华夫味、甜辣酱味。2013 年 5 月,经过 100 余万名消费者在 Facebook、Twitter 上和短信中的投票评选,乐事的母公司菲多利宣布,芝士蒜香面包味获得了最终大奖,获奖人凯伦·韦伯·门德姆(Karen Webber-Mendham)来自威斯康星州蓝多湖,是一名儿童图书管理员。

对消费者来说,"Do Us a Flavor"活动有两层意义:一是让他们感受到自己的观点引起了企业的重视,二是让消费者参与产品开发,并发出自己的声音。通过这场营销竞赛,乐事母公司菲多利在美国地区的 Facebook 粉丝数量增长了三倍,产品在全美范围的销量也增长了 12%。2014 年 1 月,乐事决定再次使用这种营销方式,这次他们加入了一项新规则,让消费者对入选决赛圈的四个薯片口味进行投票,但每种新口味都必须基于乐事的三款原创口味来延展①。

(三)组织传播与整合营销传播

企业形象广告就是企业向公众展示企业实力、社会责任感和使命感的广告,

---

① 搜狐网.5 个病毒营销成功案例[EB/OL].https://www.sohu.com/a/120793302_467981.

通过同消费者和广告受众进行深层交流来提升企业的知名度和美誉度,产生对企业及其产品的信赖感。企业形象广告是广告中组织传播的一种表现。

企业形象广告一般分为两种。一种是企业理念型,向社会传播一种哲学思想、价值观念、理念风格、企业精神,有利于全体员工树立共同的价值观念,培养一种凝聚力。也可以使广大受众形成对企业的良好印象。比如太阳神的"当太阳升起的时候,我们的爱天长地久"、海尔的"海尔和你在一起",以及飞利浦的广告"科技就像打开盒子那么简单"的"sense and simplicity"的新广告主题,是种对科技的阐释的同时也暗示出飞利浦操作简单,方便的产品特点。染牌的"男人就应该对自己狠一点"的广告语更赢得了不少男士的心,是对消费者价值取向的一种肯定,在肯定中产生情感上的共鸣,从而产生对品牌的喜爱。这种同员工和公众产生共鸣与交流的广告就体现出了企业内部与外部的组织传播。

另一种是企业社会公益型的广告,是企业对社会公共事业和公益事业的响应,以企业名义倡导一种精神文明观念、对社会的一种看法,它展示了一个企业的高度社会责任感,以此来博取消费者的赞同或支持,产生一种关注效应,再而转嫁这种关注到企业或产品上,提高品牌的知名度和亲和力,这样的手法是目前企业形象广告使用最为广泛的一种。像丽珠得乐的"其实男人更需要关怀"的形象广告,引发了一场社会大讨论,在讨论中人们记住了"丽珠得乐"。在伊拉克战争中,统一润滑油的"多一些润滑,少一些摩擦"的广告使统一成为润滑油行业的"黑马"与"颠覆者",统一从工业品做到了消费品,从小众品做到了大众品,至于润滑油目前是不是长期适合在央视做广告还值得商榷。一提及哈药六厂,也许人们就会想起"其实父母是孩子最好的老师"的公益广告,再到农夫山泉的"每喝一瓶农夫山泉就为孩子捐一分钱",农夫山泉在纯净水之战中站稳了脚,也许是农夫山泉从中找到了一条属于自己品牌建设之路,在农夫山泉的广告中可以很容易找到"孩子""奥运"等元素。民族品牌李宁在奥运期间发布的"同一血脉,中国制造"的广告,俨然把自己放置于民族的旗手的高度,以此来打动中国消费者。这类广告更多体现在与消费者群体的精神互动上,形成了外部的组织传播。

CIS(Corporate Identity,企业形象识别系统)是企业有意识、有计划地将自己企业的各种特征向社会公众主动展示与传播,使公众在市场环境中对某一个特定的企业有一个标准化、差别化的印象和认识,以便更好地识别并留下良好的印象,与企业形象广告的目的一致。

CI(Corporate Identity)是一种意识,也是一种文化,是针对企业的经营状况和所处的市场竞争环境，为使企业在竞争中脱颖而出制定的实施策略。目的是将企业的经营理念与精神文化运用整体系统传达给企业内部与社会大众，并使其对企业产生一致的认同感。

CI一般包括三个方面，即企业的理念识别——Mind ldentity(MI)，行为识别-Behavior ldentity(Bl)和视觉识别——Visual ldentity(VI)。

一是企业理念，是指企业在长期生产经营过程中所形成的企业共同认可和遵守的价值准则和文化观念，以及由企业价值准则和文化观念决定的企业经营方向、经营思想和经营战略目标。

二是企业行为识别，是企业理念的行为表现，包括在理念指导下的企业员工对内和对外的各种行为，以及企业的各种生产经营行为。

三是企业视觉识别，是企业理念的视觉化，通过企业形象广告、标识、商标、品牌、产品包装、企业内部环境布局和厂容厂貌等向大众表现、传达企业理念。CI的核心目的是通过企业行为识别和企业视觉识别传达企业理念，树立企业形象。

CI的早期实践可以追溯到1914年德国的AEG电器公司。AEG在其系列电器产品上，首次采用彼德·贝汉斯所设计的商标，成为Cl中统一视觉形象的雏形。紧接着，1932—1940年，英国实施伦敦地下铁路工程，该工程由英国工业设计协会会长佛兰克·毕克负责，被称为"设计政策"的经典之作。

二战后，国际经济复苏，企业经营者意识到建立统一的标识系统，以及塑造独特经营观念的重要性。自1950年，欧美各大企业纷纷导入CI。1956年，美国国际商用机器公司以公司文化和企业形象为出发点，突出表现制造尖端科技产品的精神，将公司的名称"International Business Machines"的缩写"IBM"设计为蓝色的富有品质感和时代感的造型。这使这八条纹的标准字在其后成为"蓝色巨人"的形象代表，即"前卫、科技、智慧"的代名词，也是CI正式诞生的重要标志。60年代以后，欧美国家的企业标识导入出现了潮流般的趋势。70年代的代表作是以强烈震撼红色、独特的瓶形、律动的条纹所构成的"Coca—Cola"标识。总之，20世纪60—80年代，是欧美CI的全盛时期。日本企业在70年以后，我国企业在90年代后也开始创造自己的CI，从而使之发展成为一个

图5-2　国际商业机器公司的企业标识

世界性的趋势。

整合营销传播理论涉及组织内传播与组织外传播。作为具有共同目标,即销售商品、提升品牌形象的组织,其内部员工对于品牌的信任和热爱对于品牌的存亡至关重要。内部营销理论就是整合营销传播的一个部分。

1981 年,瑞典经济学院的克里斯琴·格罗路斯(Christian Gronroos)发表了论述"内部营销"(internal marketing)概念的论文。他认为,公司设置了强有力的营销部门,并不意味着这家公司以营销为导向;公司实施营销导向的关键问题,是要培养公司经理和雇员接受以顾客为导向的观念,而这一工作比为顾客提供有吸引力的产品和服务更为棘手。在此基础上,菲利普·科特勒进一步提出了"营销化"的理论,指出要使公司营销化,就是要在公司里创造一种营销文化,即将培养和训练公司员工以满足顾客需求作为宗旨和准则,并逐步使员工在意识上和行为上产生认同感。80 年代,"营销文化""企业文化"成为世界各国理论界和企业界研究的热点问题。

内部营销基于以下假设:一是组织中的每个人都有一个顾客;二是在员工有效地为顾客服务之前,他们必须像对待最终顾客一样服务于内部员工,并以此为乐,即在只有拥有满意的员工才能拥有满意的顾客。最初,内部营销被描述为,将雇员当作顾客,将工作当作产品,在满足内部顾客需要的同时实现组织目标,通过创造满足雇员需要的工作来吸引、发展、激励高质量的雇员,是将雇员当作顾客的哲学,是一种使工作满足雇员需要的战略。内部营销的目的是激励雇员,使其具有顾客导向观念,强调在企业内部管理活动中使用类营销方法(Marketing-like Approach)以使员工具有主动的销售意识,从而使得内部营销成为整合企业不同职能部门,促进企业战略有效实施的一种工具。国内学者的研究基本限于对国外研究成果的翻译和介绍,并通常将内部营销作为一种人力资源管理工具和方法加以探讨。

内部营销的对象不只是营销部门的营销人员和直接为外部客户提供服务的一线服务人员,它包括所有的企业员工。因为在为客户创造价值的过程中,任何低质量和低效率的一个环节,都会影响到客户感受。向这些目标营销什么,与内部营销的目标密切相关。内部营销的内容可以概括为两个层面:企业对员工的营销与企业各部门之间的营销。

第一,企业对员工的营销,包含两个方面:一是企业向员工营销自身的价值观,使员工对本企业的价值观形成共识,认同本企业的组织文化,认同本企业的组织目标,并使个人目标和组织目标更好地结合。二是向员工营销企业自身的产品和服务,借助营销理论在企业内部的应用来探索使员工满意的方法和手段。可以想象,连自己的员工都不愿意使用的产品和服务,是不大可能在外部市场取得成功的。

第二,企业各部门之间的营销。外部客户的满意,不仅是和客户接触的前台员工以及为他们提供支持、支撑的后台员工共同努力的结果,也是企业内部各部门密切合作、共同努力的结果。因此,部门之间的相互了解和高效、优质配合,是使最终客户感到满意的重要前提。从这个意义上说,企业内部的各个部门,无论是职能部门,还是业务部门、支撑部门,都必须积极地向其他部门营销自己,增进其他部门对自身的了解,提高部门之间合作与配合的效率、效果,降低发生部门冲突的可能性。只有企业组织结构的各个层级的每个部门都这样做,才能使组织真正成为一个高效运作的整体。

（四）大众传播与广告传播

1. 广告传播模式

了解广告传播的模式和广告的作用机制,是广告主及从业人员有效进行广告活动、最大限度达到目标、提高效益的前提。广告作为一种信息传播活动,其

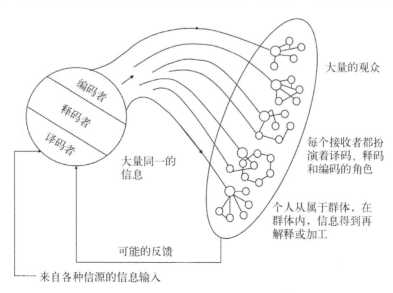

图5-3 施拉姆大众传播过程模式[1]

---

[1] 郭庆光.传播学教程[M].北京:中国人民大学出版社,1999:63.

131

传播模式同样与大众传播的基本模式相符合,包括信源、编码、信宿、受众、解码、反馈六个基本要素。施拉姆提出的大众传播过程模式充分体现了大众传播的特性,具有系统模式的特点,展现了社会传播过程的紧密联结。他认为,传播过程中的大众传媒与受众二者之间存在着传达与反馈的关系。

1963 年,德国学者马莱茨克提出一种更为复杂的大众传播过程模式,即"大众传播场模式",也称"CMR 模式"。该模式考虑到了传播的社会心理学因素,描述大众传播过程的关系,并注意到传播过程中传播媒介对信息的传者和受众的强制性以及传者或受众的自我形象因素。马莱茨克的 CMR 模式把传播活动建立在市场细分的基础上,体现了信息交流的复杂性,提出传播活动依行为主体而有所差异,对传播模式的演进产生了深刻的影响。这一模式也是目前实践中应用较为广泛的广告传播模式,体现了广告主体对客体以及渠道的关注,是在广告应用较为成熟的情况下,与买方市场成熟和媒体丰富相对应的一种模式。其不足之处是,单纯地建立在自发反馈的基础上,容易出现主观倾向明显、信息处理不及时等状况。①

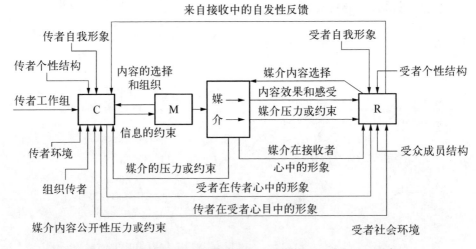

图 5-4 马莱茨克大众传播场模式(C=传者 M=信息 R=受者)

2. 大众媒体下的广告传播

大众媒体是指电视、广播、报纸、互联网这些拥有大量受众、能大批复制传播内容、规模庞大的传播机构。大众媒体广告就是我们通常在各类公开性媒体上

---

① 李明亮.广告传播学引论[M].上海:上海财经大学出版社 2007:39.

所看到或听到的广告,是现代广告中最为普遍的传播媒体,能够同时影响数以万计的受众,它告知受众产品的信息,劝说受众改变态度,激励受众购买。传统时代的广告主要是借助报纸、杂志、广播、电视等媒体进行传播的,其传播方式随着媒介的变化不断丰富,传播范围也随之扩大。

报纸和杂志作为纸质大众媒体的出现和兴起推动了现代广告业的繁荣发展。早期,经由报纸和杂志的传播,广告产品的知名度虽然有所提升,但是报纸和杂志的受众数量十分庞大,无法预计。随着电子媒介——广播、电视媒介的出现,广告为受众提供的信息也经历了由文字到声音,再到声色俱全的动态画面呈现,信息越来越丰富。广播和电视媒体成为更大范围的大众传播工具,广告主投放广告后,信息仍然处于一种单向传播的状态。

3. 数字媒体下的广告传播

美国得克萨斯大学广告学系早在 1995 年就提出了"新广告"概念,认为未来的经济社会和媒体将发生巨大的变化,广告不再局限于传统的范围内,"从商业的角度讲,广告是买卖双方的信息交流,卖者通过大众媒体、个性化媒体或互动媒体与买者进行的信息交流"。[①] 数字媒体下的广告传播是新媒体广告传播的表现。

数字媒体时代的广告受众数量更加庞大,但是其单向传播的状况已经有所改善。与传统的大众媒介相比,数字媒体所具有的实时交互功能对于广告的传播而言是一个新的趋势。另外,分众化、精准化的广告也使得广告传播更多地从受众层面进行考量。广告成为一种符号,充斥于数字媒体平台之上。

三、传播学理论在广告中的运用

（一）议程设置理论在广告中的运用

议程设置理论（Agenda Setting Theory）是由 M. E. 麦库姆斯和唐纳德·肖提出的,大众传播的信息传达活动为公众设置需要关注的议题,赋予各类议题不同程度的显著性,以影响受众对传媒选中的议题的感知及重要性的判断。议程设置可以通过提供一定的信息和安排相关的议题来有效地左右人们关注哪些事实和意见及他们谈论的先后顺序。

在广告传播中也可以运用议程设置。广告主可以通过事件营销,在某些突

---

① 舒咏平.新媒体广告传播［M］.上海：上海交通大学出版社,2015：9.

发事件中设置议程,从而达到宣传自身产品或企业的目的。比如洗手液、消毒液厂家通过报道加强对"消毒""清洁"等概念的宣传,从而使得其产品更受欢迎。广告主同样可以通过制造新鲜议题吸引大众的注意力,最为典型的就是"双十一购物狂欢节"的议程设置与营销。

2009 年之前,11 月 11 日在网民的调侃下被称为"光棍节"。时任淘宝商城总裁的张勇为了壮大淘宝品牌,策划了一场嘉年华式的网上购物节,将日期定在 11 月 11 日,以备"光棍们"选购,自此诞生了"双十一"。在这场营销活动中,淘宝将重点放在"添置冬装、温暖光棍"上,宣传致力于解决人们生活需求、迎合单身人群情感需求,从而使得"双十一"深入人心。2012 年起,"双十一"彻底成为一个标志性节点,一个销售传奇,一个网络卖家、平台供应商、物流企业的必争之地。2014 年开始,阿里巴巴就将"全球化"的概念带入双十一,阿里巴巴当时开启全球化,既想让国内消费者买到喜欢的国际品牌产品,又想帮助中国优质商品走向全球。2015 年被视为双十一全球化元年,更加强调"全球买"。2015 年的双十一晚会设置更加抓住了人们参与狂欢的心理,推出"全球秒杀""全民狂欢购物"活动。到 2020 年,双十一推出"付定金、提前购"等狂欢活动,将活动时间延长至半个月。铺天盖地的网络宣传成功使双十一成为全国乃至全球最大的购物狂欢活动。

此外,在面对危机公关时,企业也需要通过设置议程来解释事件发生的背景,或是转移公众注意力,重新挽救企业信誉。农夫山泉"有点毒"事件就体现了企业广告议程设置的失败,也需要进一步地进行危机公关。2021 年 4 月,农夫山泉推出了一款新品——拂晓白桃味苏打汽水,然而其广告宣传却强调"拂晓白桃产自日本福岛县"。公众联想到福岛核泄漏事件,随即对农夫山泉这一行为进行了抵制。农夫山泉在事件澄清中解释其生产原料并非从日本福岛县采购。在广告议程设置中,此类与事实不符的议程设置是企业进行广告宣传的大忌。

(二)二级传播理论在广告中的运用

美国社会学家拉扎斯菲尔德率先提出"二级传播理论",认为大众传播对人们的影响不是直接的,而是先传播给舆论领袖之后,舆论领袖再把他们读到和听到的内容传达给受他们影响的人。在广告的运作中,代言人的角色就是典型的舆论领袖,KOL(key opinion leader)、KOC(key-opinion consumer)则是随着互联网电商平台以及社交媒体的兴起而诞生的"新舆论领袖"。代言人与 KOL 的形象选择类似,角色定位包括专家、名人、明星、网红等,为品牌形象背书,KOC

则是由朋友圈、普通消费者转化而来的产品推广者。

1. 代言人

广告代言人,是指广告主以外的,在广告中以自己的名义或者形象对商品、服务进行推荐、证明的自然人、法人或者其他组织。代言人可以存在于商业领域,如众多公司企业广告中的名人;也可以出现于政府组织的活动中。如果我们再细化到商业营销领域,那么代言人可以分为企业代言、品牌代言人和产品代言人三类,它们是一种包含与被包含的关系。不同类型(范畴)的代言人自有其不同的职能与要求,具体到企业品牌塑造层面,我们的营销及广告人员所必须通晓的就是品牌代言人了。品牌代言人的职能包括各种媒介宣传,传播品牌信息,提升品牌知名度、认知度等,参与公关及促销,与受众近距离地信息沟通,并促成购买行为的发生,提升品牌美誉度与忠诚度。

互联网时代的代言人广告与粉丝经济联系愈发紧密,一个受人信赖、与品牌调性相吻合的代言人选择对品牌形象的提升具有重要意义。国产美妆品牌完美日记以平价、精致流行于年轻人群体之中。完美日记官方微博正式宣布周迅为首位品牌全球代言人。官宣之后,还发布宣传短片,周迅或身穿黑色 V 领衬衣,塑造神秘、冷艳的美感,或一袭白裙,演绎温柔的气质。不管哪种造型,都是红唇冷艳,气场十分强大,而且洋溢着随性自信的风采,精准地诠释完美日记"美不设限"的品牌理念。完美日记在 2019 年连续力压众多美妆大牌,坐稳了美妆品牌全网销售冠军的宝座。与周迅的强强联合,可以说真正实现了 1+1>2 的效果。

2. KOL

在与广告学联系十分密切的营销学上,为各商家宣传的专家或权威被称为"关键意见领袖(KOL)",通常被定义为:拥有更多、更准确的产品信息,且为相关群体所接受或信任,并对该群体的购买行为有较大影响力的人。

关键意见领袖是具有相对更高社会地位的个人或组织,在人们做出重要决定时大都会听取他们的建议和意见。关键意见领袖的典范通常是政治人物、专栏作家与社交媒体名人。所有的关键意见领袖都在其所属的领域内占有突出地位,他们的意见都是有价值并值得大众采纳的。这些有影响力的人物也被称为"影响者",而不仅是代表某公司的公众人物。他们经常活跃在社交媒体与博客上,并与粉丝们保持积极的对话。比较明显的关键意见领袖在当前的电商行业较为明显。李佳琦、董宇辉等粉丝数量庞大的直播带货主播就经常通过直播、微博互动向粉丝群体宣传相关产品,并且通过微博热搜、抖音等渠道不断扩充自己的粉丝群,巩固自身 KOL 的地位。

挑选 KOL 的标准可以分为不可量化标准和可量化标准,区别在于其中的数据是否可以量化,从而进行对比。

(1) 不可量化指标。不可量化指标主要包含情感类和行为上的要求,如以下两种:① KOL 要活跃、情商高、三观正、与粉丝关系亲近这样的 KOL 具有较强的粉丝黏性和较高粉丝质量,能避免那些会危害社群氛围的人进入社群。② KOL 专业度高、号召力强、积极配合广告活动,和这样的 KOL 合作会有较好的广告效果及较高的转化率。

(2) 可量化指标。可量化指标是能看得见数据、可以进行对比分析的要求。明确了具体数值的可量化指标往往作为挑选 KOL 的最低标准,如以下这些数据项。粉丝数:该 KOL 拥有的粉丝数量;阅读量:该 KOL 单篇推送的阅读(或播放)数量;点赞量:该 KOL 单篇推送的被点赞数量;评论量:该 KOL 单篇推送的被评论数量;转发量:该 KOL 单篇推送的被转发数量;其他广告转化率:该 KOL 以往广告活动的转化情况;内容更新频率:该 KOL 推送内容的频率(如一周七次)。

在寻找 KOL 的过程中,社群运营者往往可以通过以下渠道进行寻找。

一是现有的关系/平台。社群运营者可以在自己的朋友圈、社群中筛选;有条件的社群运营者还可以在自己网站、论坛、APP 中筛选。这是最简单的 KOL 发掘渠道,因为 KOL 和社群运营者有直接的联系,相对比较容易沟通交流,其中大多数人也愿意帮助社群运营者维护社群。

二是竞品。从竞品中挖掘是一个精准定向 KOL 的渠道,不过要谨慎选择,降低自身法律及公关风险。同时社群运营者也要尽力服务好这些 KOL,因为他们的忠诚度较低,如果社群运营者的服务不佳,这些 KOL 随时有可能会离开。

三是社交平台。社交平台是一个比较主流的寻找 KOL 的途径,尤其是在微博、小红书等以 KOL 为核心的平台上,可以轻易找到社群运营所需要的 KOL。

KOL 具有四大特征。

其一,持久介入特征。KOL 对某类产品较之群体中的其他人有着更为长期和深入的介入,因此对产品更了解,有更广的信息来源、更多的知识和更丰富的经验。

其二,人际沟通特征。KOL 较常人更合群和健谈,他们具有极强的社交能力和高超人际沟通技巧,且积极参加各类活动,善于交朋结友,喜欢高谈阔论,是群体的舆论中心和信息发布中心,对他人有强大的感染力。

其三,性格特征。KOL观念开放,接受新事物快,关心时尚、流行趋势的变化,愿意优先使用新产品,是营销学上新产品的早期使用者。

其四,人口统计特征。KOL的人口统计特征视具体产品、经济和文化等因素而变化,比如,对于"时尚类产品",他们一般年龄较小,文化程度较高,收入较多,性别不限,居住在大中城市。老年人购买老年人用品时会听从自己群体内KOL的意见。

3. KOC

KOC被译为"关键消费领袖""关键意见消费者",是指能影响自己的朋友、粉丝、产生消费行为的领袖。关键消费领袖在垂直用户群中拥有较大的决策影响力,能够带动其他潜在消费者的购买行为。相比于KOL,KOC的粉丝更少,影响力更小,优势是更垂直、使用成本更低。

KOC最主要的特征:一是距离用户更近——KOC不同于KOL长期创作某一垂直领域的内容从而形成垂直营销力,KOC甚至不能称之为意见领袖,但在垂直用户群中拥有较大的决策影响力,能够带动其他潜在消费者的购买行为。在KOL发布的相关内容下面,KOC对产品信息的热门评论往往更能够体现普通用户的看法,也能够很大程度上影响用户的最终决策行为。因此控评成为品牌种草营销中的重要运营动作;二是更具有传播爆发力——KOC代表的就是腰部力量,虽然无法获得大的曝光,但能够实现用户的信息渗透,如果内容优质的话拥有更大概率实现低成本的传播爆发;而长尾代表的就是普通用户,通常处于被动接受营销信息、推荐信息的状态。

KOC最早的应用领域就是电商,比如淘宝早期的"淘宝客",通过分享自己的购买体验来吸引更多用户参与购买。KOC通过在电商平台的评论引导,参与社群话题,获得用户信任。企业培养的"粉丝群体"在某种程度上也可以算作是KOC。比如小米发烧友、苹果"果粉"等,他们中的很多人不仅自己购买相关产品,也会通过向朋友"安利",促使朋友购买,在这一过程中,其自身也可能成为KOC。

现在人们越来越有看热评的习惯,而热评的力量就是KOC传播价值的体现,甚至不少热评都能成为传播素材,推动病毒化的品牌传播。对于集中在腰部的KOC而言,合作成本低,内容更具有真实感、说服力,与其他用户的黏性更强，会是未来品牌传播更好的推广合作标的。

KOC 自己就是消费者，分享的内容多为亲身体验；他们的短视频更受信任；他们距离消费者更近，更加注重和粉丝的互动，由此 KOC 和粉丝之间形成了更加信任的关系。此外，他们的内容虽然不精致，甚至有时候还很粗糙，但是因为真实所以信任，因为互动所以热烈，这样带来的结果是显而易见的，可以使曝光（公域流量）实现高转化（私域流量）。总结来看，KOC 是粉丝的朋友，是具有"真实、信任"等特质的消费者。①

向来强调真实用户消费体验的小红书，是 KOC 生长最好的土壤。这部分用户占据了小红书达人内容生态中最核心的部分。数据显示，在小红书品牌合作人中，超过 3/5 的品牌合作人粉丝数在 1 万—10 万。不同于小红书素人较多，用户习惯性地刷笔记看评论的特点，也异于微信朋友圈的熟人社交，抖音更多的是红人秀场的花式推荐。利用抖音的分发机制，品牌方往往会寻找一些素人，利用 KOC 带起话题，再配合素人的广泛传播，能够在短时间内使品牌快速得到高曝光量。例如，半亩花田、完美日记、Maia Active、Usmile 等品牌的崛起，也都是依靠品牌在小红书、B 站、微博上打下了头部＋腰部＋长尾的矩阵投放基础。

（三）沉默的螺旋理论在广告中的运用

沉默的螺旋（spiral of silence）理论是由伊丽莎白·诺尔·纽曼于 1974 年在发表于《传播学刊》（*Journal of Communication*）上的《沉默的螺旋：一种大众观点理论》一文中最早提出的，之后在 1980 年出版的《沉默的螺旋：舆论——我们的社会皮肤》一书中完善了该理论，强调如果人们觉得自己的观点是公众中的少数派，他们将不愿意传播自己的看法；而如果他们觉得自己的看法与多数人一致，他们会勇敢地说出来。而且媒体通常会关注多数派的观点，轻视少数派的观点。于是，少数派的声音越来越小，多数派的声音越来越大，形成一种螺旋式上升的模式。从心理学的范畴来看，社会中的强势意见越来越强，甚至比实际情形还强，弱势意见越来越弱，甚至比实际情形还弱，这种动力运作的过程呈螺旋状。

从大众传播学的观点来看，沉默的螺旋包含四点内涵：① 人们通常会以为大众传播媒介上呈现的意见就代表了多数人的想法；② 媒介在报道议题时，对不同的论点会做不同的强调，使得自觉中在媒介中发现自己论点的人较易找到

---

① 泪雪网.KOC 是什么［EB/OL］.https://www.leixue.com/what-is-koc.2020-03-23.

自己的位置,也较乐意在公开场合发现自己的论点;③ 大众媒体在上述过程产生的力量相当大,如果媒介内容的同质性大时,会产生很好的宣传效果;④ 传播者,在民意形成的过程中扮演了举足轻重的角色。①

广告的成功与否取决于大众舆论的方向,在广告传播的过程中,公众同样受到沉默的螺旋的影响。尤其是传统媒体时代,广告经由大众媒体进行广泛宣传,在大众媒体铺天盖地的议程设置中引导舆论。产品依赖广告宣传,经过强大的媒体造势,受众的声音通常很难影响产品与形象。即使偶尔存在对于产品的异议,在不断的广告宣传攻势的影响下,受众的声音微乎其微。

数字媒体时代社交媒体的兴起一定程度上削弱了"沉默的螺旋"效应。曾经,蒙牛和伊利两大奶制品企业几乎以垄断态势占据了市场,很少能够看到批判的声音。社交媒体带给公众便捷的信息交流条件的同时,也赋予其足够的话语权。微博、小红书、微信朋友圈也总能看到一些反映消费者意见的声音。广告产品不再以量取胜,"沉默的螺旋"效应在一定程度上受到了消解。

在企业危机公关中,如果企业能够在舆论导向中占据主导地位,那么舆论则可以为企业助力。当舆论以赞扬企业产品或企业行为为主时,不赞同的声音就可能会减弱;反之,企业则可能面临更大的舆论危机。在"新疆棉争议"中,耐克作为全球知名运动品牌,却在官网、官方微博中表明不使用新疆棉花、斥责新疆人权问题。舆论重心偏向对耐克这一行径的抵制与抨击。因此,即使数月后耐克重新发布声明表示"耐克品牌属于中国,为中国而生",也无法挽回其在广大中国消费者眼中的声誉。即使有愿意为该品牌发声的人群,也可能会受到"沉默的螺旋"效应的影响而选择沉默。

（四）信息茧房与圈层营销

哈佛大学法学院教授凯斯·桑斯坦在其著作《信息乌托邦——众人如何生产知识》中提出了"信息茧房"（Information Cocoons）的概念。桑斯坦通过对于互联网的考察,提出在信息传播中,因公众自身的信息需求并非是全方位的,公众只注意自己选择的东西和使自己愉悦的通信领域,久而久之,会将自身桎梏于像蚕茧一般的"茧房"之中。

桑斯坦提出"信息茧房"的概念是在 2006 年,算法运用极其有限,当算法技

---

① Spiral of silence. InWikipedia, The Free Encyclopedia[EB/OL]. http://en. wikipedia. org/w/index. php?title=Spiral_of_silence&oldid=55332492. [2006 - 6 - 17].

术逐渐发展成熟，并成为内容分发的通行规则之后，人们惊奇地发现，"信息茧房"似乎更能贴切地描述算法所造成的影响。

在传统媒体时代，媒体机构面向大众生产新闻，并依赖人工编辑的方式进行分发，并无明确的受众细分意识。而基于算法推荐的内容分发，以用户的个人特征为标准进行信息筛选，并向用户推荐与其兴趣和价值观高度匹配的个人化信息，由此形成了"千人千面"的内容消费形态。

从积极的方面来看，这种分发方式使信息传播更加扁平化，各类信息内容的显现度与曝光量由算法规则决定，受众可以自由选择信息，削弱了专业媒体的内容把关能力和议程设置能力。但与此同时，也有越来越多的人担心，算法推荐机制正以个性化的名义背离多元性的信息传播方式——它可能会过分迎合用户偏好，让我们只能看到自己想看到的东西，只听到自己认同的观点，进而导致信息封闭。

在这种情况下，"信息茧房"的概念又被重新提起，用以概括算法分发所导致信息接收窄化、信息结构失衡问题。无论是用户，还是内容供应商，都开始认同这一概念。更多人将其与网络场域的意见分裂、极端化以及社会整体价值观离散化联系在一起，以证明"信息茧房"对社会共识基础的侵害。

"圈层营销"就是广告主利用信息茧房、借助大众传播媒介实现的更加精细化的营销方式。从概念上讲，圈层营销就是在项目营销过程中，把目标客户当作一个圈层，通过针对他们的信息传递、体验互动，进行精准化营销。"圈层"本质上是针对某一特定群体的营销。信息茧房将人们划分为不同的圈层，这些圈层中的人群关注同一领域的信息，且可能相互分享信息，形成圈层内同化、圈层外异化的现象。2017年《恋与制作人》就是针对特定喜爱二次元的女性群体进行的"圈层营销"，这些群体受到信息茧房的影响，本身易对"虚拟偶像"产生兴趣，加之圈层内互动频繁，越来越多的年轻女性便更热衷于参与该游戏的讨论。

第二节　传播学受众理论

一、受众的定义

（一）传播学的受众

受众（audience）是指传播信息的接收者，又称受传者。在人类信息传播活动的过程中,受众是最主要的要素之一。没有受众,信息传播活动就没有终点,传播也就失去了意义。受众是传播活动的前提,也是传播活动的参与者、信息产品的消费者、传播效果的反馈者。学者郭庆光将"受众"定义为:"受众(audience)指的是一对多的传播活动的对象或受传者,会场的听众,戏剧表演、体育比赛的观众,都属于受众的范畴。由于我们这个时代是大众传播时代,最引人注目的则是大众传播的受众(mass audience)。"①

在人际传播中,受传者与传播者是相对的,传受双方互为前提,进行极少数人之间的信息传播,任何信息内容都可以根据反馈加以改变,及时调整传播内容与方式。大众传播活动中,受传者的地位更加凸显,受众"能够决定一个传播内容、一个传播媒介甚至传播者本身的发展前途"②。

从传播学上讲,受众一般有五种分类方法:① 按照人口统计学原理,受众群体内容可以按照性别、年龄、职业、地域、教育水平等再划分为不同的次属群体;② 按照媒介接触的频率,可以分为稳定受众和不稳定受众。对于电视节目、传媒内容而言,稳定受众是媒体重点争取的对象,拥有大量的稳定受众是传媒经济效益、社会效益最大化的基础;③ 按照受众信息需求的差异,可分为一般受众和特殊受众。若受众信息需求的指向十分清晰,对传媒内容有特定的需求,则可称之为特殊受众;④ 按照媒介接触的确定性可以分为现实受众和潜在受众。现实受众,即已经确定使用媒介的受众。任何具备正常媒介接触能力,却没有接触、使用媒介的受众,即潜在受众,其具备成为媒介受众的可能性;⑤ 按照媒介明确的传播对象,可分为核心受众和边缘受众。比如少儿节目的核心受众是少年儿童,而陪伴孩子观看节目的父母则是边缘受众。

传播学上的受众对于传播活动的顺利进行具有重要意义。大众社会理论认为,人类于 19 世纪末 20 世纪初进入大众社会。大众作为一种未组织化的群体,具有如下特点:① 规模的巨大性。在人数上超过其他社会群体或集团;② 分散性。广泛分布于社会的各个阶层,其成员具有不同的社会属性;③ 匿名性。大众成员之间互不相识,都处于"匿名"的状态;④ 无组织性。大众缺乏明确的自我意识和自我约束,因而不能作为一个主体而自主行动,大众行为主要是在外部力量的刺激和动员下形成的;⑤ 同质性。大众成员具有不同的社会属性,但又

① 郭庆光.传播学教程[M].北京:中国人民大学出版社,1999:167.
② 胡正荣.传播学总论[M].北京:北京广播学院出版社,1997:257.

有同一的行为倾向,容易受到外部力量的操控和影响。确定受众群体,了解受众特性,是增强大众传播效果的助推因素。

（二）广告学的受众

19世纪30年代,报刊的大众化、廉价报纸的兴起将媒体推向大众传媒的同时,也使得传媒向企业经营形态转变。受众变成信息产品的消费者,而传媒活动的主要目的就是争取受众,通过售卖信息产品赢得利润。大众报刊上最主要的信息产品,就是广告。广告信息传播的目的就是使广告传达的信息为受众所接受并最终促成受众的购买行为。

传媒产品的出售过程存在二次售卖。第一次售卖发生在媒体与受众之间,受众通过支付金钱向媒体购买报纸等传媒产品。第二次售卖发生在媒体与广告主之间,媒体将版面、节目时间段等售卖给广告主。因此,受众实质上成为广告与纯粹信息类内容的双重受众。从广义上来讲,在广告活动中接收到广告信息的人群都可以称为受众。而从狭义上说,广告受众最主要指的是广告产品的目标消费者。

广告学中的受众可以根据大众传播学、心理学以及市场营销学受众的研究进行划分,学科范围更加广泛。从传播学的角度来看,广告受众可以根据不同媒体接触的人群进行划分,如报纸受众、杂志受众、电视受众、广播受众和新媒体受众。广告主可以根据不同媒介受众的特征决定通过何种媒介形式发布广告,以达到广告效果的最大化。老年人群体一般多使用广播、电视、报纸等传统媒体接收信息,而年轻群体则更多地将网络作为其媒介接触的首选。根据不同新媒体软件的使用情况,广告主也可以决定在哪些平台上发布广告。

从心理学的角度,可以根据受众的心理动机、行为模式对受众进行划分,如判断其是主动型还是被动型受众。市场营销学对于受众的划分则是根据消费者的购买行为类型(理性购买或非理性购买)、使用商品的数量或次数等(低使用率、中等使用率、高使用率)来进行的。

广告学中的受众主动性、主体性更强,其暴露在大众媒体的包围中,对于是否购买广告产品拥有绝对的决定权。广告需要了解受众的各项特征,选择合适的媒介发布广告,以实现商业效益的最大化。

二、受众理论简述

（一）社会类型论

美国学者约翰·赖利(J.Larry)与马蒂尔达·怀特·赖利(M.Hny)在论文

《大众传播与社会系统》(1959)中,揭示了受众基本群体在传播过程中所扮演的角色,首先开拓了社会类型论的研究领域。社会类型论,以社会学中的社会阶层理论为基础,重点强调受众的社会群体的特性差异。这一理论是对个人差异论的修正与扩展,避免了强调受众的绝对作用的极端倾向。社会类型论认为,受众是可以分类的,尽管每个受传者的个性千差万别,但在一定的社会阶层中,由于受众在性别、年龄、地区、民族、职业、工资收入、宗教信仰、文化程度等方面相同或相近,会形成不同的社会类型。某一社会类型的受众对同一信息又会有大体一致的反应。大众媒介据此有针对性地采写、设计、制作、传播信息,就能增强传播媒介的吸引力,提高大众传播的效果。而不同社会类型的受众,也会将接收对象锁定在符合自己要求的媒介或栏目上。尽管社会类型论没有完整地描述出大众传播中受众行为有所不同的根据,也没有对受众现象作更深入的分析,但它毕竟特别强调了拉斯韦尔"五要素"中"对谁"这一要素,使媒介的决策者或传播者在策划提高传播效果的策略时能够考虑受众的某些因素。

社会类型论可以指导人们找出那些据以划分受众为不同类型的可变因素(年龄、性别、种族、工资收入、文化程度、职业等)与受众接受大众传播信息之间的联系,并指导大众传播媒介机构预测、研究不同类型的受众选择信息的行为,从而根据不同社会类型的特点去设计、制作内容,使大众传播内容更加具有针对性,更加富有吸引力,达到提高传播效果的目的。

(二)社会关系论

社会关系论是关于大众传播受众和效果研究的一种理论。社会关系论主要得益于拉扎斯菲尔德、贝雷尔森和卡茨等学者的研究成果。与个体差异论和社会分类论不同,社会关系论比较注意受传者参加的组织和团体的压力、合力对其本人接收信息的影响。这一理论认为,受传者有自己特定的生活圈,这种生活圈可能是有纲领、有领导、有组织的团体,也可能是无纲领、无组织、临时性的非正式的团体,还可能只是邻里、家庭等群体关系,然而,不管受传者属于哪一种生活圈,你都将受到他们的约束或影响,任何社会信息,在这种生活圈里都要受到抵制或过滤,很难畅通无阻。

一般来说,如果个人对团体持有肯定的态度,那么个人就会形成一种按照团体的意见和倾向而行动的趋向,并极力维护团体的利益,对社会信息的取舍就会因信息与团体利益是否一致而进行。

根据这一理论,媒介的受众成员既非相互分离的个人,也非仅仅只是按性别、年龄、职业、文化程度等一系列可变因素而划分的社会类型。在现实性上,受众都有自己的生活圈子,如家庭、朋友、同事、邻居及所属的团体等。在生活圈中的人们相互联系在一起而形成了强大的日常社会关系。这种社会关系对于受众怎样选择大众传播内容以及怎样做出相应的反应具有重大影响,是左右受众接触大众传播媒介与接受媒介内容的关键因素。

（三）个体差异论

个体差异论(Individual difference theoty)是由美国著名传播学家梅尔文·德福勒(M·Defleur)在归纳、总结、修正前人研究探索成果的基础上提出来的。这个理论以"刺激—反应"模式从行为主义的角度来阐述接收对象,认为媒介讯息包含着特定的刺激性,这些刺激性与受传者的个性特征有着特定的相互作用。人的兴趣、爱好、脾气不是先天赋予的,而是后天习得的。由于各人所处的社会环境和经历不同,各自的性格、脾气、心态体系也就各不相同。当这些心态各异的受传者面对来自信息的刺激自然会有不同的反应,那种划一不变的传播对象是不存在的。

个体差异论的具体内容是：① 个人的心理结构是千差万别的；② 先天禀赋与后天习性形成了个人之间的差异；③ 认知时所形成的态度、价值观和信仰不同；④ 认识客观事物时所处的社会环境不同；⑤ 通过学习而形成的素质不同。受传者彼此间的这许多不同,决定了他们对信息有不同的理解,进而就有不同的态度和行为。

（四）使用满足论

1974 年,卡茨等人在《个人对大众传播的使用》一书中,将"媒介接触行为"概括为一个"社会因素＋心理因素→媒介期待→需求满足"的因果连锁过程,提出"使用与满足"过程的基本模式。

（1）人们接触传媒的目的是满足他们的特定需求,这些需求具有一定的社会和个人心理起源。

（2）实际接触行为的发生需要两个条件,其一是媒介接触的可能性,即身边必须有电视机或报纸一类的物质条件,如果不具备这种条件,人们就会转向其他代替性的满足手段(如寂寞时去找人聊天等)；其二是媒介印象,即媒介能否满足自己的现实需求的评价,它是在以往媒介接触经验的基础上形成的。

（3）根据媒介印象,人们选择特定的媒介或内容开始具体的接触行为。

（4）接触行为的结果可能有两种,即需求得到满足或没有得到满足。

（5）无论满足与否，这一结果将影响到以后的媒介接触行为，人们会根据满足的结果来修正既有的媒介印象，在不同程度上改变对媒介的期待。

卡茨认为，人们从媒体获得的满足一般来自三个方面：① 媒体内容；② 媒体接触与使用过程。媒体接触本身（而非特定的内容）也会给人带来快乐；③ 导致接触不同媒体的社会环境。有些需要本身来自特定环境，有时我们仅仅会因为观看一部流行的电视剧或娱乐节目而获得满足。

使用与满足理论将受众成员看作有特定需求的个人，把他们与媒体的接触活动看作基于特定动机使用媒体，从而使需求得到满足的过程。许多研究显示，人们在传媒中得到的种种满足与许多传媒带来的效果有关。这些效果包括知识水平、对传媒的依赖性、人们的态度、对社会现实的认识、议程设置、讨论以及不同的政治效果变量。1981 年，温达尔提出"使用与效果"模式，呼吁将效果研究和使用与满足研究结合在一起。在使用与满足的媒介效果中，"对媒介的依赖"受到人们关注。温达尔发现人们越是渴望从媒体那里获得满足或是认为他们获得了满足，他们就越会依赖这个媒体。传媒技术的迅速变革给人们带来更多的选择。使用与满足的研究者们需要重新思考理论框架，以适应新传播技术发展的需要，探索新媒介带给人们的新的满足感。

（五）社会参与论

社会参与论又称受众介入论。它渊源于美国宪法中有关公民权利的一种传播社会学理论。最早明确提出这一尖锐问题的是美国学 J・A. 巴伦。他在《对新闻媒介的参与权利》（1967）一文中指出，为了维护大众媒介受传者的表现自由，保障他们参与和使用信息传播媒介的权利，《宪法第一修正案》必须承认公民对传播媒介的参与权。此后，虽然巴伦仍接连发表文章反复论述这一观点，但未能引起美国理论界和新闻界的应有重视。

21 世纪 70 年代，日本传播学界对社会参与论进行了大规模的研究与讨论，主要代表人物有掘部政男、清水英夫、浦郭法德、奥平康弘等人。进入 80 年代，我国广播电视界以"实践先行"的策略接受了"社会参与论"的基本观点和做法。如今，这一传播社会学理论已为世界大多数国家所认同和接受。

社会参与论的主要观点可以归纳如下：① 大众传播媒介应是公众的讲坛，而不是少数人的传声筒。② 时代在发展，受众在变化。许多人已不满足消极地当一个接受者，一种试图积极参与报刊的编写、节目的制作和演播的自我表现愿望正在增长。③ 让受众参与传播，正是为了让他接受传播，因为人们对于他们亲身积极参与形成的观点，要比他们被动地从别人那里听到的观点容易接受得多，且不易改变。④ 参与传播也是受众表达权、反论权和言论自由的具体体现。

三、受众理论在广告中的运用

在奉行"媒介威力巨大"这一观点的时代，"魔弹论"的流行使得广告主们也认同大众媒介的威力是无往而不胜的，因此其广告的重心也并不在受众。时下流行的广告理论有：推销派、情感氛围派以及"独特销售主张"的科学推销派。这些理论和核心理念都是围绕着产品销售展开的。在企业的潜意识中，广告受众没有抗拒媒介中广告信息的能力，只要广告传达了某种商品信息，或者信息足够吸引顾客，那么就会有好的销售效果。这一时期的广告运作体现了"魔弹论"对广告的影响。现在看来，这种理论忽略了大众的社会联系，一味扩大大众传播的影响力，早已被时代抛弃。①

20 世纪 40 年代，许多传播效果研究证实了大众传播效果的有限性。人们逐渐发现受众并不是简单的乌合之众或束手待毙的靶子，受众接收信息必定会经过一个选择的过程，包括选择性注意、选择性理解、选择性记忆三个环节。传播媒介的增加也使得受众并不完全会成为特定传播媒介的受众，受众在选择媒介方面同样具有主动性。媒介的效力和对受众的吸引力不断影响着广告的传播效果。同时，传播媒介的激烈竞争也使得企业广告投入不断加大。广告环境的变化也导致特定广告对受众造成影响的可能越来越小。广告传播受到受众选择性接触机制的影响变得更加被动。这一阶段中广告传播的立足点仍然是广告主或传播者。

"使用与满足"理论兴盛于 20 世纪 40—60 年代，从这一时期开始，传播效果研究逐渐立足于受众的主动性，强调受众在传播过程中的积极作用。在现代广告的运作中，网络媒体的广告受众更加具有主动性，人们对于自己接触的信息具有更多的选择权。网络广告对象的主动性导致了网络广告发展遇到瓶颈，"使用与满足"理论正好可以突破这个瓶颈。利用"使用与满足"理论，分析广告对象，巧妙地利用广告对象的主动性为广告的传播过程服务，那么，这个网络广告面临的瓶颈就被突破了。由于网络信息量大的特点，越来越多的人上网查找自己需要的信息，也通过观看网络综艺节目丰富自己的业余生活。在芒果 TV 推出的

---

① 李名亮.广告传播学引论［M］.上海：上海财经大学出版社，2007：152.

综艺真人秀《向往的生活》中，许多植入广告都与节目调性联系得十分紧密。该节目的美食制作环节是节目的一大看点，许多观看该节目的受众同时也了解了一些做饭的基本常识。集成灶、菜籽油等符合节目特色的植入广告同时也满足了部分受众实际生活的需求，是典型的"使用与满足"理论在广告中的运用。

第三节　广告信息传播效果评估

广告信息的传播效果评估是广告传播中最为重要的组成部分，以及广告传播研究中最为关注的领域之一。广告信息传播效果的评估对于提升广告主广告意识、提高广告信心有所助益，也会影响到企业广告决策。同时，广告传播效果评估的成功与否也关乎广告效益和广告业的繁荣。下面将介绍几种传播效果模式，探讨广告传播致效的过程。

一、AIDA

AIDA 模式也称"爱达"公式，是国际推销专家海英兹·姆·戈得曼（Heinz M Goldmann）总结的推销模式，是西方推销学中一个重要的公式，它的具体含义是指一个成功的推销员必须把顾客的注意力吸引或转移到产品上，使顾客对推销人员所推销的产品产生兴趣，这样顾客欲望也就随之产生，之后再促使采取购买行为，达成交易。AIDA 是四个英文单词的首字母。"A"为 Attention，即引起注意；"I"为 Interest，即诱发兴趣；"D"为 Desire，即刺激欲望；最后一个字母"A"为 Action，即促成购买。

AIDA 模式代表传统推销过程中的四个发展阶段，它们是相互关联，缺一不可的。这一模型代表了广告效果发生的不同层次，有着先后顺序。

第一，注意（Attention）：广告首先要引起目标受众的注意。一则广告必须要具有广告创意和广告价值，使广告内容活跃在公众视野内。广告的标题或内容一定要能够吸引用户眼球。

第二，兴趣（Interest）：目标受众对广告内容是否感兴趣。广告的内容必须要丰富，通过多种渠道与表现手段传达广告信息，从而引发公众对广告产品的兴趣。

第三，欲望（Desire）：广告商品能否激发目标消费者尝试的欲望。广告表达需要带给用户参与感,使受众认为其需要该产品,并且乐于尝试。

第四,行动(Action):目标消费者能否采取购买行动。广告的最终目的就是使消费者采取行动,购买产品。

图 5-5　AIDA 法则

二、AIDMA

AIDMA 法则是广告界的专用术语,它在 1898 年由美国广告学家 E.S.刘易斯最先提出,它是指广告要让广告受众采取购买行为,关键在于四个步骤,即 A(Attention)引起注意;I(Interest)产生兴趣;D(Desire)培养欲望;M(Memory)形成记忆;A(Action)促成行动。① 所谓 AIDMA 法则,是指在消费者从看到广告,到发生购物行为之间,动态式地引导其心理过程,并将其顺序模式化的一种法则。

其过程是首先消费者,注意到(attention)该广告,其次感到兴趣(interest)而观看下去,再次产生想买来试一试的欲望(desire),然后记住(memory)该广告的内容,最后产生购买行为(action)。这种广告发生功效而引导消费者产生的心理变化,就称为 AIDMA 法则。

AIDMA 法则具体实施内容如下:

A:Attention(引起注意)——购买心理处于注意阶段

注意阶段的推销活动主要有:① 带来好感的服装与举止;② 态度、动作、表情及说话内容都要使顾客有信赖感;③ 能引起顾客的视觉注意。比如花哨的名片、提包上绣着广告词等被经常采用的引起注意的方法。

I:Interest(引起兴趣)——购买心理处于兴趣阶段与联想阶段

兴趣阶段的推销活动主要有:① 让顾客接触与使用商品;② 说明销售重点;③ 说明有关商品的知识。一般使用的方法是精致的彩色目录、有关商品的新闻简报加以剪贴。

---

① 温彩云.隐性广告的 AIDMA 法则[J].长春理工大学学报(社会科学版),2007,20(5).

联想阶段的推销活动主要有：① 强调商品的利益与方便之处；② 展示顾客们使用商品时的照片；③ 谈论顾客们对该项商品的评价。

D：Desire(唤起欲望)——购买心理处于欲望阶段和比较阶段

欲望阶段的推销活动主要有：① 诉诸顾客的理性作合理的说明；② 诉诸顾客的感情和情绪的说明。

比较阶段的推销活动主要有：① 对类似商品或竞争商品等做一些比较说明(不要贬低其他商品的效能)；② 说明该项商品的特色所在；③ 对价格作具体的说明。

推销茶叶的要随时准备茶具，给顾客沏上一杯香气扑鼻的浓茶，顾客一品茶香体会茶的美味，就会产生购买欲。推销房子的，要带顾客参观房子；餐馆的入口处要陈列色香味俱全的精制样品，让顾客倍感商品的魅力，就能唤起他的购买欲。

M：Memory(留下记忆)——购买心理处于决策阶段

决策阶段的推销活动主要有：① 有关质量的保证；② 介绍该项商品的付款方式；③ 交代其他交易条件。

A：Action(购买行动)——购买心理处于实行阶段

实行阶段的推销活动主要有：① 由衷地感谢；② 实行连锁推销；③ 请顾客代为介绍和推荐；④ 收回货款。从引起注意到付诸购买的整个销售过程，推销员必须始终信心十足。过分自信也会引起顾客的反感，以为你在说大话、吹牛皮，从而不信任你的话。[1]

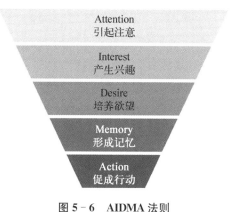

图 5 - 6　AIDMA 法则

三、AISAS 与 ISMAS

AISAS 模式是由电通公司针对互联网与无线应用时代消费者生活形态的变化，而提出的一种全新的消费者行为分析模型。目前营销方式正从传统的 AIDMA 营销法则(Attention 注意，Interest 兴趣，Desire 欲望，Memory 记忆，Action 行动)逐渐向具有网络特质的 AISAS(Attention 注意，Interest 兴趣，

---

① 许长新. 销售活动中的 AIDMA 法则[J]. 企业活力，1991(02)：8.

Search 搜索,Action 行动,Share 分享)模式转变。在全新的营销法则中,两个具备网络特质的"s"——search(搜索)、share(分享)的出现,指出了互联网时代下搜索(Search)和分享(Share)的重要性,而不是一味地向用户进行单向的理念灌输,充分体现了互联网对于人们生活方式和消费行为的影响与改变。①

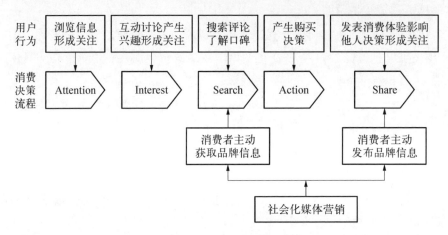

图 5-7　AISAS 模式

ISMAS,由北京大学刘德寰教授提出,根据移动互联时代人们生活形态的改变(尤其是用户主动性的增强),针对传统的理论模型提出的改进模型。即Interest(兴趣)、Search(搜索)、mouth(口碑)、Action(行动)和 Share(分享)。ISMAS 直接丢掉了之前的"广告"元素,认为在移动互联与社交媒体高度发达时代,用户直接就已经有兴趣植入,用户的消费进入了主动消费的时代。消费者对于购买目标十分清晰,并且知道该如何去进一步进行主动购买,寻求口碑效应,

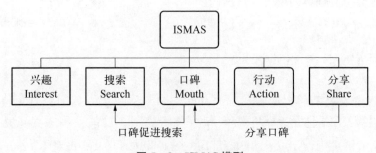

图 5-8　ISMAS 模型

---

① 曹芳华.基于 AISAS 模式的网络整合营销传播模型建构与个案研究[D].厦门大学,2024.

并且最终会将购买心得加以分享,形成二次口碑。①

四、AIPL

AIPL 模型是阿里巴巴三大营销模型之一,来源于美国。AIPL 的意思分别是认知(awareness)、兴趣(interest)、购买(purchase)和忠诚(loyalty),就是用户从看到你→点你→产生兴趣→购买的过程。

AIPL 其实就是从认知→兴趣→购买→忠诚的过程,如果从淘宝的角度去看,就是从展现→点击→收藏加购货币→成交→复购或者转介绍的过程。AIPL模型可以帮助商家通过不同的付费工具,匹配不同的场景,加上溢价和创意,分别匹配不同的策略,满足不同阶段的客户需求。

AIPL 模型是一个可以把品牌在阿里系的人群资产定量化运营的模型,这也是支撑它全域营销概念落地的关键一环,怎么量化? 就是把人群分为四类:

A(Awareness),品牌认知人群。包括被品牌广告触达和品类词搜索的人;

I(Interest),品牌兴趣人群。包括广告点击、浏览品牌/店铺主页、参与品牌互动、浏览产品详情页、品牌词搜索、领取试用、订阅/关注/入会、加购收藏的人;

P(Purchase),品牌购买人群,指购买过品牌商品的人;

L(Loyalty),品牌忠诚人群,包括复购、评论、分享的人。

品牌所有 aipl 资产数据都可以被存在数据银行(data bank)中,靠的是用户在阿里体系那个共同的身份(UNI‐ID)。链路化运营简而言之就是,对于所处

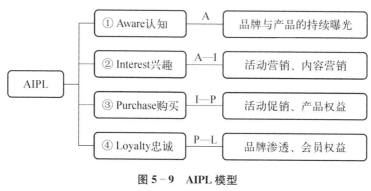

图 5‐9 AIPL 模型

资料来源:百度图片。

---

① 广告传播模型——AIDMA 法则、AISAS 模式、ISMAS 法则[EB/OL]. http://www.360doc.com/content/18/1223/23/7221309_804007448.shtml.

链路中不同位置的人群,品牌选择对应的沟通内容和渠道,最终的目的累积人群资产,并实现链路高效流转。[①]

围墙花园(walled garden),也称封闭平台,是指一种软件系统,其中的电信业者或服务供应商拥有控制应用、内容与媒体的能力,并能限制未经允许的应用或内容被轻易接取。与封闭平台相对的是开放平台,该平台允许消费者不受限制地接取应用、内容等。

20世纪70年代的美国电话系统贝尔公司拥有所有的硬件(包括所有的电话)与所有的讯号,甚至几乎在其缆线上的所有文字(信息)。一个具有里程碑意义的案例是Hush-A-Phone诉美国案,贝尔公司要求Hush-A-Phone不准将其电话机与贝尔的电话系统相连,最终败诉。在这个案子中,贝尔公司得到了政府的公开允许,并依据《1934年通信法》的规定享有独占地位。

围墙花园可指提供给用户的封闭或排他性之资讯服务。与真正的"围墙花园"类似,在围墙花园内的用户无法逃脱这些地方,除非通过指定的出入口或围墙被移除掉。

亚马逊的电子书阅读器Kindle。于2011年10月商业内幕内的一篇标题为《亚马逊如何从Kindle赚钱》的文章中写道:"亚马逊的Kindle不再只是个商品,它是整个生态系统。"此外,商业内幕亦指出:"Kindle生态系亦是亚马逊成长最快的商品,且可能占该公司明年营收的10%以上。"目前,互联网围墙花园的建立对于各大互联网公司内部生态建立而言至关重要。在"围墙花园"效应下,广告内容将更具有针对性,更加依据平台与用户的特性进行广告推送。广告效果的评估在互联网公司大数据运营的影响下则更加量化、可控。

在互联网环境下,平台所形成的围墙花园(walled garden),是指可以形成闭环的营销生态的建立。阿里巴巴利用围墙花园,试图将用户维持在封闭环境中。阿里巴巴以淘宝、天猫核心业务为依托,物流、跨境、本地生活等领域协同发展,其中核心主业为其他业务输出现金流,各赛道背靠生态逐渐走出差异化供给的传统路径,生态协同性增强。外部通过优酷、UC浏览器、阿里影业、新浪微博等流量来源为阿里的核心电商平台引流,同时内部通过造物节、微淘、直播等为用

[①]　JS策划人.阿里三大营销模型:AIPL、FAST、GROW.人人都是产品经理[EB/OL].https://baijiahao.baidu.com/s?id=1655759993185953179&wfr=spider&for=pc,2020-01.

户创造内容,最终将淘宝转化为一个综合性生活类平台。通过打通生态体系内的用户,实现以支付宝为基础、以阿里文娱为辅的非淘系用户的转化;通过聚划算、有好货布局下沉市场,挖掘市场需求增量;通过动态的、内容化的消费者场景,重新联合人货场,实现全人群、全品类覆盖。①

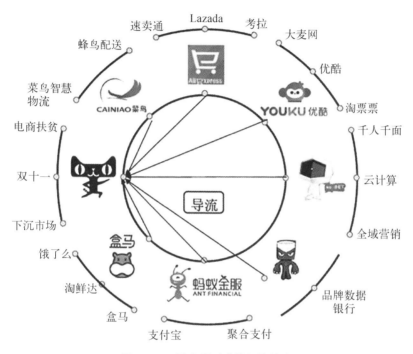

图 5‑10　平台所形成的围墙效应

 思考题

1. 四种传播类型与广告有什么关系? 你能想到哪些具体的例子?

2. 如何将受众理论运用于广告之中?

3. 你认为什么样的广告有益于企业形象的确立?

4. 广告信息传播效果评估的模型有哪些? 应该如何应用?

---

①　图片来源于"报告丨解读阿里巴巴新零售电商框架,看阿里系生态圈进化"[EB/OL].https://baijiahao.baidu.com/s?id=1654169422270542321&wfr=spider&for=pc.

【案例讨论】

微电影广告《时间雕刻师》

在微电影广告《时间雕刻师》中,巴黎欧莱雅巧妙地运用情节设计、人物塑造以及情感表达,以一种深刻的方式触及不同受众的心理需求。通过演员朱一龙扮演的时间雕刻师,品牌呈现了一个奇幻童话般的故事,激发观众的兴趣。从年轻女性、已婚妈妈到年迈老人,每位观众都能在影片中找到了自己的影子。

影片通过描绘时间雕刻师刻下的皱纹,传递了时间流逝不可逆转的观点,引起了受众对衰老问题的深刻思考。然而,故事高潮却在于女孩改变了自己的生活习惯,通过健康的生活方式和使用欧莱雅紫熨斗眼霜,成功挑战了时间的印记。这一情节设计让观众感同身受,产生了共鸣。

这样的情感共鸣不仅通过故事情节的吸引力产生,还在品牌所传达的"挑战时间"主题中得到了巧妙体现。巴黎欧莱雅成功引导消费者将目光聚焦在电影的立意上,使其不仅仅关注眼霜的功能,更加关注其中蕴含的品牌理念和情感内核。

思考:

品牌是如何通过这一情节设计和主题立意,精准而深刻地触及不同受众的心理需求,产生起与他们的情感共鸣,从而加深了对品牌的认知和加强情感连接呢?

第六章 广告策划

本章学习目标

- 了解广告策划的重要性,熟悉客户策划的现实运用。
- 掌握广告策划的基本流程,了解广告策划案的基本框架。
- 区分广告策划、营销策划、营销传播策划、品牌策划,四种策划的差异和联系。
- 掌握不同营销传播策划场景下,相应的广告策略的运用。

现代广告运动以广告策划为核心,目的是广告商品参与市场竞争提供预先和周全的营销传播谋略,既包括战略性的谋划,也包括战术上的实施方法。自广告调查始,至广告效果测定终,广告策划需要综合市场营销学、传播学、消费心理学、社会学、艺术学、新闻学、法学等多学科知识,因此,广告策划与其他营销、传播策划有着密切的关系。广告策划的程序并非一成不变,我们仍能根据现代广告运作的特点,总结其运作的基本模式,熟悉广告策划过程中涉及的组织类型。

第一节 广告策略

一、广告策略思考

（一）广告策划的目的

策略计划(strategic planning,又译为战略计划)是一个用营销传播解决问题的过程,涉及目标(你想实现的事项)、策略(如何完成目标)和战术执行(把计划落到实处的行为)。① 企业为适应复杂的市场环境以及多变的顾客需求,通常会站在战略高度,从长远角度出发,制定整体市场营销活动计划。

广告策划便是通过综合配置企业的各环节资源,组合多种方法,乃至决定生产、行销、财务等公司内部政策这一系统过程,以高效完成企业的战略发展目标任务的重要一环。它是"一种规划并决策未来行动方案的超前性谋略活动""一种系统性的理性思维过程""一种对未来事件的筹划性管理行为"。②

简单来说,广告策划是为了更有效地解决企业现存的问题。

拥有科学、严密的营销策略计划,能够增强营销活动的目的性、预见性和有序性,能够提升企业在市场中生存与发展的能力,并有助于增加利润,树立起良好的企业形象。

(二)广告策略性思考

广告的策略性思考是为达成企业目标而展开的,它不着眼于局部的、单项的广告活动,短期的广告行为或眼前利益所做的具体安排,具有全局性、长远性和指导性的计划,才是其思考的方向。从具体来看,广告战略计划包括广告目标、战略、预算等。广告目标的确定是制订广告战略计划的基础,目标不同,战略也不同。广告战略由基本战略、表现战略、媒体战略构成。③ 每一部分的计划制定,都需保证内容的协调一致性。

2012 年伦敦奥运会,耐克打响了它的全球品牌战役"活出你的伟大"(Find Your Greatness)。一系列的主题营销海报。此次营销的主旨明确,围绕奥运赛事展开。在整体战略制定方面,耐克只传达一个理念:"伟大"不只存在于顶级运动员身上,每个普通人也能活出自己的伟大。在广告执行中,从"你"这一消费者

图 6-1　耐克的广告

①　维尔斯,莫里亚提,米切尔.广告学原理与实务[M].9 版.桂世河,汤梅译.北京:中国人民大学出版社,2013:147.

②　高萍.广告教学与实践模块建构研究[M].北京:中国传媒大学出版社,2017:86.

③　刘佳.广告学概论[M].武汉:华中科技大学出版社,2018:84.

视角出发,拉近了奥运顶级赛事和普通人之间的心理距离,讲出了普通消费者的内心感受。从品牌营销来看,有利于其长远发展。

（三）策略思考模式

1. 逻辑思维

策略思维是指思维主体(个人或集团)对关系事物全局的、长远的、根本性的重大问题的谋划(分析、综合、判断、预见和决策)的思维过程。事件、趋势和系统是逻辑思维的三个层面,且不断递进。

创新思维都是以逻辑思维为基础进行的思维活动。在日常工作生活中,策划人员要有意识训练自己的逻辑推理能力,尝试着依据一定的理论和规律,推断出某件事情未来的可能发展趋势。通过多重事件的打造,逐步完成系统性、长远性的规划。

2. 横向(水平)思维

横向思维是一种打破逻辑局限,将思维往更宽广领域拓展的前进式思考模式。[①] 也就是从不同的角度思索问题,将多种多样的,或不相关的要素,揉合在一起,从而创造出更多匪夷所思的新想法、新观点、新事物。包括反向思维、组合思维、发散思维等思维模式。

反向思维,就是打破常规从相反的角度思考问题,从而获得创意灵感的思维方式。很多优秀的广告案例都是采用反向思考的方式得出的。例如2021年元

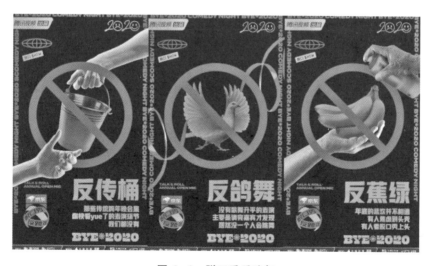

图6-2　脱口秀反跨年

① 潘君,冯娟.广告策划与创意[M].武汉:中国地质大学出版社,2018:123.

旦,腾讯视频联合笑果文化打造的跨年大事件"脱口秀反跨年"。区别于常规的"气氛跨年",节目以"滚蛋吧 2020"为主题,一改"气氛跨年"的传统模式,号召大家"态度跨年"。节目邀请到了 2020 年社会各圈层的年度热点人物,比如罗翔、陶勇等人,和明星嘉宾及脱口秀演员们一起"笑怼"2020 年的糟心事,共同缔造了一场脱口秀狂欢。

组合思维,是将多个或许不相关的事物通过想象交叉起来,使之产生一个新事物。组合创新的思考方法很常见,也很实用,就是利用事物的属性进行组合、创新。看似无关联的事物最能迸发出惊人的创意。例如麦当劳与剧场灯光组合形成的海报,使汉堡也成为一种艺术。

图 6-3　麦当劳海报

发散思维,又称扩散思维、辐射思维,是指大脑在思考时进行扩散性多方向思考的思维模式。进行战略思考时,绘制发散性思维导图是一个有效记录创意过程的方法。提炼一个关键词,从问题的不同角度发散思考,不断询问自己"是否还有其他答案",往往能找到新的方向。例如台湾全联将纸巾与"哭泣"绑定,劝消费者大哭一场,而且是"趁(自家)卫生纸、面纸特价期间哭"。这就是从纸巾的用途出发,不断利用发散思维,直至洞察到纸巾是用来擦眼泪的这一经常被忽视的用途。

图6-4　全联特价卫生纸广告

二、策略决策工具

（一）麦肯锡的逻辑树

逻辑树又称问题树、演绎树或分解树等，是进行战略分析和决策时最常使用的工具。

逻辑树是将问题的所有子问题分层罗列，从最高层开始逐步向下扩展，并逐渐细化，指导人们最终找出解决问题的方法。具体操作是：把一个已知问题当成树干，然后开始考虑这个问题和哪些相关问题或者子任务有关，每想到一点，就给这个问题（树干）加一个"树枝"，并标明这个"树枝"代表什么问题。一个大的"树枝"上还可以有小的"树枝"，以此类推找出问题的所有相关联项目。

逻辑树有助于理清思路，减少重复与无关的思考；保证在极短的时间内将解决对策"具体化"；能将工作细分为一些利于操作的部分；确定各部分的优先顺序；明确地把责任落实到个人。逻辑树是所界定问题与议题之间的纽带，而且还能在解决问题的过程中建立一种共识，并能在解决问题的小组内建立一种共识。麦肯锡逻辑树分析法的类型如图6-5所示。

类　型	描　述	作　用	应用时机
议题树	把一项事务细分为有内在逻辑联系的副议题。	把问题分解为可以分别处理的利于操作的小块。	解决问题过程的早期，此时还没有足够的可以形成假设的基础。

续　图

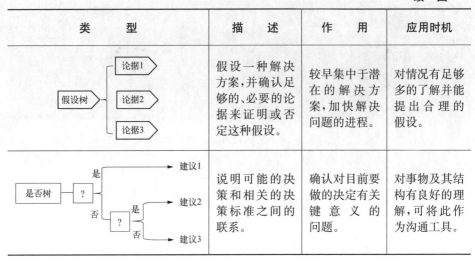

类　　型	描　述	作　用	应用时机
假设树 论据1 论据2 论据3	假设一种解决方案,并确认足够的、必要的论据来证明或否定这种假设。	较早集中于潜在的解决方案,加快解决问题的进程。	对情况有足够多的了解并能提出合理的假设。
是否树 ? 是 建议1 否 ? 是 建议2 否 建议3	说明可能的决策和相关的决策标准之间的联系。	确认对目前要做的决定有关键意义的问题。	对事物及其结构有良好的理解,可将此作为沟通工具。

图 6-5　麦肯锡逻辑树类型①

（二）SWOT

制定广告计划的第一步不是直接制定计划,而是背景分析。SWOT 分析,也称形势分析,20 世纪 80 年代初由美国旧金山大学的管理学教授韦里克提出,经常被用于企业战略制定、竞争对手分析等场合。SWOT 代表优势（Strengths）、劣势（Weekness）、机会（Opportunities）、威胁（Threats）。其中,优势和劣势主要集中于企业内部环境中,机会和威胁多来自企业所处的外部环境中,而且威胁会涉及行业的竞争分析。

优势,是企业的正面特征、条件和有利环境。比如,良好的企业形象、优质的产品质量、雄厚的资本、技术力量、规模经济等。策划人员要充分挖掘企业优势,并作为发力点大力传播。

劣势,是企业可察觉的负面特征、条件和现状。如资金短缺、市场份额下降、产品口碑差、缺少关键技术、竞争力差等。这是策划过程中须集中力量解决或规避的难题。

机会,是公司可以利用自身的优势超过竞争对手的地方。如新产品、新市场、新需求、外国市场壁垒解除、竞争对手失误等。通常,一个公司的劣势往往是另一个公司的机会,广告计划人员应努力发现机会,并在广告中充分利用。

---

①　资料来源：余武.企业创新诊断[M].北京：国防工业出版社,2013：375.

威胁,是指如果企业不采取相应措施,环境中的某种发展趋势会损害企业利益。新的竞争对手、行业政策变化和经济衰退就是一种普遍性的威胁。如果某种威胁成为影响一个品牌成功的至关重要的因素,那么广告策划人员应着力解决的问题是怎样才能消除这种威胁。

在元気森林推向市场的案例中,优势是产品本身的原料配制、设计、口感能够满足目标客群的需求;劣势是产品横空出世,知名度和信任度偏低;机会是"零糖零脂零卡"的饮品市场空缺;威胁在于消费者认为减肥饮料的口感欠佳,持怀疑态度。

这种分析的主要思路是充分利用企业的优势和机会,规避企业的劣势和威胁。根据企业所处的不同位置,应采取不同的战略。SO(优势-机会)战略,运用内部优势最大限度地发掘外部机会;ST(优势-威胁)战略,运用内部优势来应对或规避外部威胁;WO(劣势-机会)战略,采取扭转性战略,抓住外部机会来弥补内部的劣势;WT(劣势-威胁)战略,以防御性战略为主,旨在消除内部劣势,同时回避外界环境的威胁。[①]

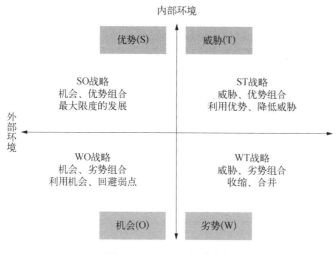

图 6-6　SWOT 矩阵分析

三、客户策划与洞察

(一)客户策划的定义

客户策划是指在消费者调查的基础上,揭示其内在需求,洞察某个品牌或产

---

① 王纪录.市场营销创意策划[M].北京:煤炭工业出版社,2018:65.

品如何与人们产生关联,进而帮助创意团队制定广告创意策略。客户策划人员被描述为消费者的传话筒,研究品牌与消费者的关系,目的是设计出能有效表达消费者需要和欲望的广告(或其他营销传播方式)的信息策略。他们并不为一则广告计划制定创意策略,这一过程通常需要有创意团队参与合作。因此,客户策划人员承担着客户服务与提供策略基础的双重职责。

下面这则唐恩都乐快餐连锁店的案例,讲述的是客户策划如何揭示购买昂贵咖啡的障碍。[①]

客户策划人员的研究发现,人们想尝试浓缩咖啡的愿望,与喝拿铁咖啡、卡布等诺咖啡的愿望差不多强烈,但他们担心并认为购买如此昂贵的咖啡对自己是一种折磨。当然,唐恩都乐快餐连锁店以其咖啡闻名,而且他们自认为是个优秀的咖啡供应商,因此不得不拥有一条浓缩咖啡生产线。对于普通人来说,这一品牌的咖啡总是其最爱喝的。因此他们认识到:浓缩咖啡在市场上有自己的一席之地,不需要为此付出高昂的代价,有很多人喜欢这种加了牛奶的咖啡,但他们不清楚如何购买。

当唐恩都乐的新产品上市时,其定位是浓缩咖啡大众化。他们戏剧性地改变了顾客对拿铁的看法,并取消了员工准备咖啡这一环节。他们选用了自动装置,通过"免下车"服务,顾客可在两分钟内买到浓缩咖啡。任何人都可以方便地获取其提供的浓缩咖啡,并且价格低于星巴克。产品上市之际,品牌方开展了大型公共关系活动,并将活动命名为"浓缩咖啡的革命——在新英格兰引爆"。

(二)客户策划运用

美国客户策划领域的领导者苏珊·门德尔松这样阐述广告策划人员的任务:① 理解品牌的意义。② 理解目标受众与品牌的关系。③ 清楚地解释营销传播策划。④ 在理解消费者与品牌的基础上,准备创意简报。⑤ 根据目标受众的反应,评估传播效果(以便策划人员更了解消费者和品牌传播)。[②]

客户策划在运用过程中,通常以调查为基础,以消费者需求为核心,以传播纲要为总结形式。消费者调查人员与创意小组密切配合。[③] 他们调查的结果通

---

① 维尔斯,莫利亚提,米切尔.广告学原理与实务[M].9 版.桂世河,汤梅译.北京:中国人民大学出版社,2017:167.
② 维尔斯,莫利亚提,米切尔.广告学原理与实务[M].9 版.桂世河,汤梅译.北京:中国人民大学出版社,2017:167.
③ Suzanne Varanica. J&J Joins Critics of Agency Structure[J]. The Wall Street Journal, 2007:B4.

常以一种叫作传播纲要（communication brief）或者创意简报（creative brief）的战略文件形式送到广告公司的创意部门，这种纲要能够解释消费者的内在需要，同时概括公司基本的战略决策，是提出大创意（Big idea）的动力。

客户策划要洞察人们怎样与某个品牌或产品相关联，品牌关系、感知、承诺以及差异点都是要着重理解的概念。更重要的是，策划人员要找到品牌意义的信息线索，这些信息线索通常根据品牌精髓（核心和灵魂）、品牌个性、品牌形象进行措辞，正如佳能为老年群体开展的兴趣拓展计划活动一样。

图 6-7 佳能"我能玩吗?"

佳能相机将关注点放在与互联网科技渐渐脱节的老年群体身上。策划人员洞察到，如何能够让自己的老年生活变得更丰富多彩，老有所乐，已然成为老年群体日益增长的诉求和亟须解决的社会性议题。在与创意小组的密切配合下，选择通过电梯广告以及老年微信群、微信朋友圈广告投放创意视频《我能玩吗?》，在 6 个城市举办线下免费讲座及实拍活动的形式，将佳能的影响力覆盖至老年群体，不仅有效提升了老年人对佳能品牌和产品的好感度，同时也让更多的年轻人对自己的父母等长辈的老年生活更加重视。

（三）顾客旅程与洞察

正如上述对客户策划的阐述，获取消费者资料的调查与分析过程才是其真正的核心。从成堆的调研报告、数据和记录中发现新奇之处，再通过策略思考和批判性思考，客户策划人员就可根据这一关键的消费者内在需要分析调查结果，揭示相关因素，以及消费者关心品牌信息的原因。

必胜客在为用户提供便捷生活方面，做了很好的示范。品牌方从顾客体验的角度洞察到外卖 App 订餐路径较长、操作复杂，订餐模式需要更高效的解决方案。而当下，肯德基、麦当劳等行业竞品，纷纷强势布局线上订餐，抢占线上个人场景，导致线上竞争激烈。策划人员结合品牌自身特色思考：必胜客披萨适合多人食用，线上个人场景并非最精准的场景，品牌需要找到更加匹配产品性质的线上售卖场景。因此，必胜客联合小米智能中枢创新订餐方式，带来"AI＋OTT＋loT"智能物联网体验，提供大屏智能语音点餐服务，让用户解放双手，轻松聚餐。

必胜客和小米的合作案例,便是通过对顾客消费特性的洞察,形成了消费者订餐新趋势。随着智能物联网技术的日益普及,这种订餐方式,会进一步融入人们的日常生活中。

第二节　广告策划

一、广告策划流程

(一)广告活动策划流程

广告策划是一个繁杂的系统工程,包括市场调查目的的确立、调查方法的选取、目标市场的定位、产品的定位、广告创意与表现策略的拟定、市场时机的选择、广告费用的预算、媒体计划与策略的确定、广告效果的预测及事后测定方法的设立等多个环节,[①]必须遵循一定的步骤和程序,才能有条不紊地进行。当广告公司接受客户委托后,一般可以按照以下步骤进行广告策划工作。

图 6-8　广告策划流程

1. 成立广告策划小组

广告策划工作需要集合各方面的人士进行集体决策,在调查工作开展之前,首先会成立一个广告策划小组,3~6 人为宜,由专业人士具体负责某一特定策划工作。策划小组成员一般由以下人员组成。

(1) 客户经理(Account Executive,AE)。又称业务主管、客户执行,一般是由总经理、副总经理或业务部经理、创作总监、策划部经理等人员担任,是广告主与策划小组沟通的桥梁,负责广告策划的统筹工作,把控策划进程和质量。

客户经理是沟通广告公司和广告主的中介,一方面,他代表广告公司,负责与广告主的联络和业务洽谈,深入了解客户需求,参与广告目标及策略的制定,与广告主保持良好的合作关系;另一方面,他又代表广告主,将上述详细信息传递给策划成员,并监督广告公司一切活动的开展。客户经理在整个广告运动策

---

① 张金海,余晓莉.现代广告学教程[M].北京:高等教育出版社,2010:108.

划中处于中心地位,不仅要有独立策划经验,还要具备协调工作的能力。客户经理水平的高低是衡量一个广告公司策划能力高低的重要标志之一。

（2）策划、创意及文案人员。他们负责编拟广告计划,提供广告创意,撰写相应的广告文案,是整个广告策划内容的核心统筹人员,充当着极为重要的角色。要求具有敏锐的洞察力、活跃的思维能力、统筹全局的能力以及极佳的文字撰写能力。他们负责归纳整理并协调各种意见与建议,并将其拟编成具体计划,并推动实施;配合策划书撰写各种广告文稿,包括广告正文、标题、新闻稿,甚至产品说明书等。不仅如此,广告文案应该能够精确地表达策划小组的集体意图,将广告信息通过文案销售给广告客户。

（3）美术设计人员,也称美术指导。专门负责进行各类视觉形象的设计。除了在广播上发布广告外,任何一类广告都需要美术设计。因此,美术设计人员是策划小组很重要的组成部分。他们必须具有很强的领悟能力和将策划意图转化为文字和画面的能力。

（4）市场调查人员。能进行各种复杂的市场行情调查,并向策划小组提供市场调研报告,从专业的角度对广告策划中的基本策略提出建议。

（5）媒介联络人员。为策划小组提供媒体资料,保持并维护与媒体的业务关系。要求熟悉各种媒体的优势、劣势、刊播价格,及时提供媒体分析和媒介选择意见,按照广告战略部署,争取到所需要的媒体的广告版面或刊播时间。

（6）公关人员。有效维护公司良好的形象,在重要时刻获得各有关方面的支持和帮助。他们负责公关关系的组织和执行,并能从公关的角度给广告策略提供建议。

策划小组的详细分工能使整个任务有张有弛地进行。在实际的广告策划活动中,人员配置不是一成不变的,它会随着广告活动的规模大小和难易程度而灵活变动,有的小组成员甚至会身兼数职。其中,策划总监,策划、创意及文案人员,美术设计人员三者必不可少,其他小组成员则配合整体策划活动的进行。

值得注意的是,广告策划的主体是广告策划小组而非个人,他们彼此间的协作,不是单纯的人数叠加,而是多领域知识、技能、经验等方面的最佳配合。

2. 向有关部门下达任务

当广告策划小组初步规划出广告策划活动的大致框架后,须按照广告主的要求向市场部、媒体部、设计制作部等有关部门下达任务。

第一步,召开内部项目说明会,介绍客户情况,传达客户的意图。将广告客户在广告意图的说明会上，或者广告业务洽谈过程中，做过的介绍、提出的广告诉求进行深层次挖掘，进一步商榷整体的广告策划方向。

第二步，对目前所掌握的全部相关信息资料进行研究与分析。提炼有用信息，剔除多余资料，为进一步制定策略提供依据；总结缺失内容，以便做好更深一层的市场调研工作。

第三步，拟定工作计划并向有关部门下达任务。如向公司内市场调研部门提出明确的要求，着重针对缺失的数据资料展开细致、科学的调研工作。同时，要求策划、媒体、设计等部门做好配合工作，以保证整个广告策划的有效进行。

3. 商讨广告活动战略战术，进行具体广告策划工作

在得到所需信息资料之后，要在此基础上进行消化，着手拟定广告战略，确定广告目标和广告策略，并以此为起点和方向，对广告主题、广告创意表现和广告媒介组合策略以及与之相配合的其他营销策略进行决策和策划。

（1）广告策略：广告策略是整个广告活动的指导思想、目标与原则，"是企业为了实现一定的经营目标，通过对企业内部条件与外部环境的调查分析，在把握广告活动规律的基础上，制定出对广告活动具有全局性和较长时期指导意义的决策"[①]。广告策略是统领广告活动的核心，具有全局性、长期性、方向性、平衡性和指导性的特点，所有其他有关内容都围绕这一中心而展开，其核心内容是广告策略。

（2）广告目标：广告目标是继广告策略分析之后，为了明确广告活动的任务，使广告运作的方向有所保障而设定的一个环节。广告目标的确定要基于有关资料的分析研究，经过多次集体讨论，有理有据地用具体的数字来量化广告目的。

（3）广告创意与表现策略：广告创意与表现策略的制定在广告运作过程中发挥着承上启下的作用。在把握广告战略策略的基础上，策划创意人员需要完成广告作品的创意、设计、制作工作，包括拟定广告主题、进行广告语的创作等。为了帮助广告策划人员将广告战略转化为具体的广告创意和广告制作，使广告作品与策略思路的要求保持一致，就要巧妙地制定表现策略，对诉求风格、创意、设计、制作的原则进行判定和说明。

（4）广告媒介策略：① 媒介选择与组合：首先依据目标消费者的媒介接触习惯，对媒介形态及具体时间（空间）进行选择，然后进行科学合理的媒介组合。② 媒介排期与购买：确定发布广告信息的具体媒体、时段、频次、价格等。

---

① 刘刚田，田园.广告策划与创意［M］.2 版.北京：北京大学出版社，2019：67.

（5）其他活动策划：① 公共关系策略：企业通过开展公关活动，维持或促进与政府、公众等的关系。② 销售促进策略：企业通过某些促销手段，带动产品的销售，保持竞争的主动性。③ 其他活动策略：企业通过事件营销、信息发布会、示范、表演、馈赠等手段与消费者进行的营销沟通。[①]

4. 撰写广告策划书

广告策划书是整个广告策划工作的最终总结，是广告战略、策略、创意、部署及步骤的书面体现，更是最终递交给广告主的成果汇编。

广告策划书的撰写没有固定的格式，只是给广告活动提供了一个行动大纲，一般来说，广告策划书的主要包含以下七个纲目：① 前言。主要阐明广告主题，说明这套计划的任务和目标。广告公司各部门和广告主一看这部分的内容，就可以对整个广告策划的主要内容有所了解。② 市场分析。具体包括市场环境分析、产品分析和消费者分析。③ 广告定位和广告目标。④ 广告创意与表现。⑤ 媒介策略。⑥ 广告费用预算。⑦ 广告效果预测和监控。

以上是广告策划书的主要内容，但不是唯一的格式。策划书通常还会附着一些重要文件，如调查问卷（采访提纲）和调查报告等，以更清晰、科学地展示策划者为广告策划所进行的广告调查及结果分析的依据。

5. 递交广告策划书并审核

这部分的主要工作内容包括召开提案会、修改策划方案。

美国广告学者威廉·博伦认为，广告策划是广告公司给广告客户的一份"作战报告"，因此广告策划书必须经过广告主的认可才能进入实施阶段，而广告提案会正是向广告客户介绍广告策划构想，并争取其采纳接受此决策的重要程序。

当下大型企业或较大规模的广告活动，通常会采取竞标的方式来决定是否采用某一广告策划方案。一份逻辑清晰、令人眼前一亮的提案，往往会使广告主取得成功。广告策划书的内容往往信息量庞大，广告主很少有充裕的时间来消化甚至阅读一份完整的策划书，故而要通过广告提案的形式将策划书的重点呈现给广告主。要在最短的时间内说服客户，提案人员定要充分准备，必要时可在公司内部进行彩排，以便发现不足，精益求精。

提案是一种传播过程，也是一种说服手段。在提案会上，广告主可能会提出一些新的要求或者对广告策划提案提出修改建议，这就需要策划小组及时根据客户

---

① 刘刚田，田园.广告策划与创意［M］.2 版.北京：北京大学出版社,2019：68.

的反馈修订策划书,待双方达成一致后,将广告策划书提交给广告主并由其审核。

6. 实施广告策划

最终通过广告主审核的广告策划方案交给各个职能部门执行和发布。设计制作部门(创作部)将广告创意转化为具体的广告作品;媒体部门依照策划书的要求购买媒体版面和时段;公关部门根据需求获取各方的支持与帮助,并做好危机事件处理的准备工作。

完成上述六步,一次完整的广告策划才算基本完成。为了更好地跟踪和保障广告效果,广告策划小组还需要对广告战略策略的实施过程进行实时监督和修正,及时调整活动实施细节,同时安排调查部门测定广告效果。

(二)客户问题洞察

广告策划的最终目的就是实现广告客户交代的传播广告信息的任务,洞察客户问题是广告策划工作的启动环节。能否在开始阶段精准把握广告主的诉求,决定着后续策划工作是否能顺利地展开。

1. 了解客户的业务能力

广告客户状况各异,尤其体现在对市场状况的认知层面。有的广告主可能并不太清楚市场的最新动态,他们关注的重点是销售业绩,对广告活动的需求也仅是开拓市场,增加销量;有的广告客户了解到市场正发生的状况,比如,他们发现最近产品的市场销售量有所下降,可能是消费者对产品的好感不足,或对产品功能的认识不足等,因此需要寻求广告活动的帮助,解决当下的问题;还有一些客户,他们深谙广告传播的方式和流程,内部有成熟的品牌推广部门进行产品或品牌运营,并有一套已成体系的营销传播策略,因此,他们更在意寻求传播策略或创意的突破。当然,也有非常坚持己见的广告客户,他们将自己对市场的理解、营销传播活动的经验全部灌输给策划部门,要求他们按照其自己的原则进行广告活动,这样其实很"乌龙"。

初步接触客户的广告策划人员,需要对客户的专业水平进行恰当的评估,这有利于准确理解客户的需求,掌握与客户沟通的层次。另外,有些客户在委托策划工作时,并不确定自身的需求,会出现随着客户视野、思路发生变化而不断变换广告任务的不良状况。这会大大增加广告策划人员的工作量和工作难度,提高服务成本,甚至降低策划成果的水准。为规避客户带来的不确定性风险,工作人员要提前与客户约定好沟通原则,提出确保业务流程规范的方法。[①]

---

① 段晶晶.广告策划训练教程[M].北京:中国传媒大学出版社,2017:87-91.

2.判断广告主所需策划服务的类型

不同客户所需要的广告策划方案可能会各有不同。根据影响范围和活动规模的不同,广告策划案可以分为两大类:一是完整的广告策划案,按照统一的目标与计划而开展,一般是多个相关联广告活动的总和,具有规模大、持续时间长、内容复杂、难度高等特点。这类广告策划案包括:年度策划案、新产品推广案(包括新产品、新地区)、某任务类型的策划案(如重新定位等)。例如,伊利集团在 2017 年成为北京冬奥会官方乳制品合作伙伴后进行的整体的广告推广活动,从 2005 年签约中国奥委会开始,伊利已经连续 12 年服务奥运,在"奥运时代"背景下对品牌形象进行了整合推广。其二是阶段性广告策划案,其特点是可以在本方案的任务或广告策略方面直接延续以往的操作原则,将主要精力会投入在部分内容上,如创意策划案(客户针对目标群体的有效广告活动)、媒介策划案(客户在某类媒体上启动广告活动)等。

北京 2022 年冬奥会官方合作伙伴
Official Partner of the Olympic Winter Games Beijing 2022

图 6-9 伊利集团冬奥会相关广告

对于客户的广告策划需求是何种类型,我们必须能够清晰地辨识出来,并且加以确认,避免在广告操作过程中可能出现漫无目的、随心所欲的盲目性。

(三)广告目标制定

任何活动的开展,总有一定的目的,围绕着既定的目标而展开。广告策划也不例外,必须确立活动的主要目标,为达成这一目标而制定相应的总体战略及实施步骤,合理配置资源,避免无的放矢。

广告的目标有很多种,例如以提高市场占有率为目的的开拓性广告,侧重于介绍新产品或改进品的新用途和好处;以树立品牌形象、改变受众态度为目的的诱导性广告,侧重于吸引潜在客户,并提高老客户的购买频次;以提醒消费者未来购买某商品的提示广告,例如 2020 年双 11 期间,钟薛高在雪糕销售淡季与三只松鼠、泸州老窖等 6 个品牌的跨界联名,意图在每个购物狂欢节提醒消费者不要忘记产品。一般来讲,影响广告目标制定的因素主要有以下四个方面。

1. 企业经营战略

广告的最终目的是销售产品,广告是为企业经营服务的。广告目标的制定,应当以企业的经营战略为指导。当企业采取长期渗透战略时,就要制定以树立企业和品牌形象为主的长期广告目标,并要划分多个相关阶段的短期目标来确保长期目标的实现;当企业采取集中式战略时,广告的目标则变成在短时间内运用各种广告传播手段和方法,以达到预期效果。

图 6-10 钟薛高联名海报

2. 产品的供求状况以及生命周期

产品的生命周期是指商品从市场导入、成长、成熟到衰退的过程。处于不同周期阶段的商品,所确定的广告目标必然有所不同,如引入期的告知信息型广告目标、成长期的说服受众型广告目标、成熟期的保持品牌型广告目标和衰退期的提醒型广告目标。[①]

市场上的供求关系有三种类型:商品供不应求时,企业掌握更大的主动权,正是塑造品牌形象的绝佳时刻,企业长期广告目标多为展现企业或品牌文化;市场处于供求平衡状态时,企业广告目标多定为刺激大众需求,扩大内需、拉动外需上;当供过于求时,企业将主要精力放在解决滞销问题上,采用挖掘潜在消费

---

① 刘刚田,田园.广告策划与创意[M].2 版.北京:北京大学出版社,2019:41.

者、促销等手段。

3. 市场环境

产品销售量随市场环境的变动而有所波动,因而广告目标应该针对产品在市场中发展的不同情况而制定,根据市场环境的改变而做出调整。市场环境包括人口、政治、法律、经济、科技、社会文化、自然地理和竞争等,这些都直接或间接地影响着产品在市场中的发展。市场环境是自变量,广告目标是因变量。制定广告目标,应该建立在对市场环境充分分析的基础上。

4. 广告对象

广告对象也被称为目标受众。广告只有将产品信息准确地传达至目标受众,才算真正完成传播任务。目标消费者的选取对于广告目标的制定有重要影响。策划时常把产品的认知度、广告的回报率(ROL)、品牌知名度和消费者行为态度的转变等作为广告活动的目标。消费者一般要经历的认知、了解、信任、行动的购买行为过程,也可以成为广告目标制定的参考方向。[1]

(四)广告目标与策略制定

广告策划,涉及广告目标的确立以及为实现这一目标的总体策略及实施步骤的制定。广告策略的制定涵盖多个方面,须充分依据总体环境分析、行业分析、产品分析、消费者分析和竞争分析的结果,具体包含广告产品策略、广告定位策略、广告诉求策略、广告表现策略、广告媒介策略和广告活动策略六大内容。

1. 广告产品策略

最大限度地挖掘产品自身的特点,依据最能代表该产品的特性、品质、内涵等个性对广告产品的形象进行定位。具体做法是参考企业以往的产品定位,判断是否具有重新定位的必要性,找出新定位的依据与优势,并对其进行表述。

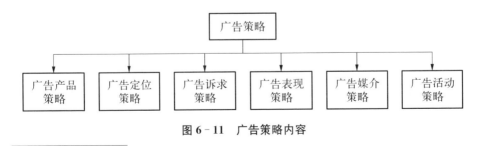

图6-11　广告策略内容

---

① 于洁.市场营销学原理与实践[M].上海:复旦大学出版社,2016:269.

2. 广告定位策略

广告定位策略,即通过分析受众心理,赋予产品一种全新的观念,运用恰当的广告形式进行宣传,从而使企业或品牌占据消费者心目中理想位置的策略。1969 年,定位理论创始人艾·里斯和杰·特劳特指出:为了适应消费者心中的某一特定需求而设计产品和营销的行为就是产品定位。它包含实体定位和观念定位两个类别。实体定位策略包含功效定位、品质定位、市场定位和价格定位;观念定位策略包含逆向定位、是非定位和品牌定位。[①]

广告定位的准确与否直接影响整个策划的最终成败,谁能挖掘到消费者的潜在需求,谁就能在激烈的竞争中取胜。

3. 广告诉求策略

广告诉求策略通过作用于受众的认知和情感的层面使受众的行为发生变化,分为作用于认知层面的理性诉求策略、作用于情感层的感性诉求策略,以及同时作用于受众的认知和情感的情理结合诉求策略。

理性诉求广告是"以理服人",通过真实、准确、公正地传达广告企业产品、服务的客观情况,引导受众经过推理、判断等思维过程,做出理智的决定。经典的大众甲壳虫广告语"想想之还是小的好"和超长文案就是典型的理性诉求策略。

感性诉求广告的方法是"以情动人",将爱情、亲情、友情、同情、恐惧等情绪以文字、音乐、视频或图片等形式表现出来,以此对受众的情绪与情感带来冲突,从而形成或者改变消费者对品牌的态度。一句"孔府家酒,叫人想家"的广告语,直接导致孔府家酒的销量迅速提升;说到南方黑芝麻糊的经典广告,大家脑海中可能会浮现出"一听到黑芝麻糊的叫卖声,我就再也坐不住了"的台词。这些广告抓住了中国人"爱家、恋家""乡愁"的情感,深深地打动了消费者的心,提高了品牌知名度。

情理结合诉求广告的方法是"晓之以理,动之以情"。结合上述两种诉求策略的优势,采用理性诉求传达客观的信息,使用感性诉求引发受众的情感共鸣,二者结合能够最大限度地加强广告信息的趣味性和说服力。

广告诉求策略的确定要依据广告目标来决定,重点应该是直接针对诉求对象的需求,诉求对象最为关心的内容才是最能够引起他们的注意和兴趣的

---

① 潘君,冯娟.广告策划与创意[M].武汉:中国地质大学出版社,2018:56.

信息。

4. 广告表现策略

广告表现策略,即借助各种手段将广告的创意构思转化为广告作品的过程,也称"创意的物化过程"。广告作品从无形转为有形,其间经历了确认广告主题、广告文案、广告创意构想、广告表现细节等环节。为保证呈现作品的一致性,要对诉求风格、创意、设计、制作的原则进行判定和说明。

5. 广告媒介策略

广告媒介策略,即广告媒介计划的具体问题,包含对媒介策略的总体表述、媒介发布的地理范围、媒介类型的选择、广告发布的总量、媒介广告预算、媒介发布的日程说明等。

好的媒介策略决策可以使发布在选定媒体上的广告信息产生最大的冲击力。因此,媒介策划人员要掌握各类媒介的优缺点,确定广告媒介组合,使媒介效果的最大化。

6. 广告活动策略

广告活动策略指为提升广告策划效果而设计的与广告创意配套的促销活动、公关活动和其他活动。依据广告计划进行广告活动的策划,具体包含时间、地点、人物、事件、形式、场地、费用等细节。一次完整的广告策划通常都将广告作品和广告活动进行了有机结合,以确保广告目标的实现。

二、广告策划与商务策划、营销策划的关系

(一)广告策划与商务策划

广告策划是商务策划的一部分。商务策划是对商业行为的构思,是在了解形势、市场的情况下找到市场的空隙或契机,再调动相应的资源,使这一计划得以实施,例如公司创办、业务开拓等。商业计划是指在战略导向下,实现阶段性战略目标的一切计划和行动方案,而广告计划只是营销部门为实现商业计划的分支环节。

(二)广告策划与营销策划

广告是市场营销中促销的一种手段,因此广告策划只是营销策划之促销策略中的一部分。市场营销策划是一个产品从无到有,再到顾客的手中的完整过程的策划,广告策划只负责广告这部分的构思和制作执行,整个营销过程还有很多环节,如市场调查、新产品开发、渠道铺货、促销活动、定价以及开展售后服

务等。

广告与市场营销关系紧密,广告目标来源于企业营销目标,在实施一个广告计划之前,必须先了解企业的营销计划。广告对营销发挥着重要作用,作为企业营销策划系统中的一个分支和重要组成部分,广告策划必须服从于企业营销策划,与企业营销策划中的各项策略协同作战,形成一个协调统一的大系统,共同发挥作用。[①]

(三)广告策划与营销传播策划

营销传播策划是广告策划在新消费时代下的现有存在形式。随着消费者自我意识的觉醒,他们需要双向的信息沟通。单一的广告活动已难以抓住消费者的心,涉及广告、公关、销售、促销活动、口碑传播、事件和体验传播等营销传播形式的多重组合,才是营销者当前着重考虑的方向,毕竟营销沟通的任务是长期而艰巨的。

整合营销传播作为营销传播的一种新型指导方式,自 1992 年,美国著名传播学者、西北大学教授舒尔茨出版了全球第一部整合营销专著《整合营销传播》,"广告整合营销传播策划"的概念也就随之诞生。当前广告业界最为流行的对于整合营销传播的解释来自奥美(Ogilvy)广告公司:"融合各种传播技能与方式,为客户解决市场的问题或创造传播的机会。"简单而有力的定义,是广告人对整合营销传播应用最为清晰的解读。

根据整合营销传播的理念,广告、促销、公关等都集中于传播体系之中,其核心是将统一化的信息传递给消费者,形成"一种声音"。广告策划受整合营销传播理论的影响,有了明显的变化,企业不再局限于眼前利益,而是把目光放长远,打造企业形象。在营销传播策划方面,广告策划者开始将广告、促销、公关、直销、企业识别系统(CI)、新闻媒体等各种传播推广要素囊括于整体方案设计中;整合企业各种资源,以"一种形象,一个声音"的广告资讯形式传播给受众。可以看出,传统的广告策划只是营销传播策划中的一环,配合完成企业的整体传播策略。

与传统的营销传播策划不同,整合营销传播策划的特点是:不同的受众、不同的媒体、不同的广告形式,同一种声音。当下企业不仅要倾听现有消费者的意见,与之进行有效对话,还要与潜在客户进行长期沟通,这些都要通过广告策划

---

① 张金海,余晓莉.现代广告学教程[M].北京:高等教育出版社,2010:109.

来实现。

（四）广告策划与品牌策划

品牌策划是营销传播策划的一种表现形式。随着广告概念的拓展，品牌需要采用多种传播方式，才能实现与消费者的双向沟通。在品牌塑造过程中，策划方案须传递一致的品牌形象与基调，赋予特定的品牌价值与信仰。依据整合营销传播策划"一种形象，一个声音"的特点，可以看出品牌传播是整合营销传播理论的一种实践方式。

传统的营销理论认为广告的作用是辅助促销，前沿的营销理论认为广告是建立品牌的重要工具，无论是促进销售还是塑造品牌形象，当前消费者形成对一个产品、服务甚至品牌的认知和信赖主要还是依靠广告这一形式。因此，广告策划应该包括该品牌的背景、历史以及过去为此品牌所拟定的广告计划的执行情况。

第三节　广告策划的运用场景

营销传播 4Ps 的最后一个要素是促销，或称作营销传播（marketing communication），包括很多工具：广告、公关关系、销售促进、直接反应营销、事件和赞助、售点、数字媒介、包装，以及推销和许多新近出现的在线与分销等传播形式。广告策划只是其中之一，但它的策划理念和方式是一致的，以下就是广告策划在各类传播场景中的应用。

一、品牌传播策划

（一）品牌营销传播策略

牛油果产自中美洲，油腻腻，不爽口不多汁，脂肪含量高过榴莲，热量更是普通水果的三四倍，但它以普通水果好几倍的身价让消费者趋之若鹜，这与其成功的营销分不开。20 世纪 90 年代初，牛油果种植商协会聘请公关公司伟达国际公关顾问公司（Hill & Knowlton Strategies）进行全方位的策划包装。将牛油果重新定位为：健康、高端生活方式的必需品。从墨西哥的平民食物，上升为了一种"生活方式"。20 世纪初更名，从"鳄梨（Alligator pear）"变为"牛油果（Avocado）"。在营销活动方面，策划人员创造了熟先生（Mr. Ripe Guy）的卡通形象,1992 年一场名为"冲出加州,走向全美"的主题活动,让"牛油果先生"上综艺、脱口秀、出席各种活动等,宣传健康与时尚;还登报,推出"为牛油果先生寻偶"活动,轰动一时;水果商们还资助了一些科研机构,专门研究牛油果的营养成分,经常发一些夸赞牛油果营养价值的小论文。时至今日,消费者已经将牛油果与"健康""新潮流"等词语联系在一起,这跟其成功的品牌营销密切相关。品牌营销的大致分为四个步骤。

1. 目标

目标是对于广告目的和其他营销传播目的的正式陈述,概括了信息的长期任务及其效果测量方式。例如确定吸引注意力或提升知名度的感知目标;激发欲望、好感的情感目标;创建品牌记忆的认知目标;建立品牌形象或符号联想的联想目标;形成舆论或态度,增强信服或信念的劝服目标;引导消费者参与、试用、购买的行为目标。

知乎十周年名为"有问题,就会有答案"的品牌宣传片,目标就是进行品牌焕新,对品牌使命和品牌主张进行全新诠释,巩固老用户与品牌的情感链接,吸引更多知乎的目标受众。

2. 确定目标受众

目标群可以是一个或多个。习惯上是根据目标市场,挑选出有利可图的细分市场作为营销传播的目标受众。确定目标受众时要考虑地理因素、人口因素、行为因素、心理因素等,通过使用描述性信息进一步对目标市场进行识别,缩小目标市场的核心人群。界定目标市场后,就可以预测该人群的规模。例如推广一款新型尿布,要确定其目标受众,目标受众最重要的特征包括性别、年龄,如18—35 岁的女性,再加入其他因素,缩小范围,如月收入、城市居民或农村居民、是否受过高等教育等。

3. 品牌定位

定位是指消费者在与竞争者比较中如何界定一个产品或品牌。最常见的定位方式是依据具体的产品属性来确定,除此之外还有许多因素包括:优势定位、抢先定位、价值定位、心理定位、利益定位、用法定位、竞争者策略、品牌优势等。关于定位的经典案例是 Avis 出租车汽车公司使用"我们倍加努力"的广告语来表达与领导品牌 Hertz 出租汽车公司的竞争。

4. 媒介策略

在前期确定目标、受众及营销主题后,信息要如何触达消费者呢? 媒介策略要解决的问题就是根据营销活动的目标选择最佳的媒介与媒介组合,在最合适的时候,用尽可能少的广告费用实现营销目标。在媒介策略制定的过程中,要确定媒介目标和任务、解决向谁做广告,何时做广告的问题,研究和选择具体媒介,拟定发布日程表,最终执行。

(二)智威汤逊的 5W 策划循环圈

智威汤逊(J.Walter Thompson Agency, J.W.T.)[①],是世界上历史悠久的跨国广告公司之一,其创始人詹姆斯·沃尔特·汤普森有"美国杂志广告之父"之称。经过多年的经营和发展,J.W.T.形成了独特的广告理论、哲学和运作模式,其中策划循环圈被许多公司模仿和学习。

智威汤逊把"策划"(planning)理解为一个循环的过程,由 5 个系列问题构成。这些问题引导我们经历整个策划和创意的过程,它是思考广告的独一无二的方法。这个策划循环不是一个术语、一个广告运动系统,而是一个用于品牌建立的系统。这就是为什么它是一个循环的缘故。一旦你已经回答了"我们正在去那儿吗?"你就要又一次开始回答"我们在哪儿?"了。

跨入 90 年代,"品牌战略"在广告策划中的地位发生了根本性的变化,跨国广告公司纷纷修改自己的策略范式,智威汤逊也推出最新的广告策划程式"汤普逊品牌全营销规划"(Total Branding),表达公司对"整合营销传播"和建立"品牌资产"两种流行思想的融合从运作步骤上看,"品牌策略"环节在"收集事实"和"分析事实"后展开,但五个步骤和循环的性质没有改变。

1. Where are we?(我们在哪里),即收集事实

需收集下面的事实:市场状况、竞争者、消费者和你的品牌。这可从一些统计资料、学术或商业的研究报告、政府、公司的媒介或调查部、客户等处得到。

在这个阶段,运用各种认知检核表,得出一份关于"当前品牌形势"(Current Brand Situation)的文件。以用户为核心,公正、严肃、真实地评估品牌与消费者目前的关系。

此时,智威汤逊还借助其隶属的 WPP 集团拥有的专门工具"BrandZ",对品牌提出独特无价的洞察,找出品牌与消费者发生可能联系的真正原因。"BrandZ"来自对全球 70 000 位消费者所做的调查,综合分析他们对 50 类产品

---

① 2018 年 11 月 26 日,广告传播巨头 WPP 正式发布声明称,将旗下传统广告公司智威汤逊(J. Walter Thompson)和数字营销公司伟门(Wunderman)合并,组建新的公司 Wunderman Thompson。

中的 3 500 个品牌的感受。因此具有很强的包容性和很大适用面。[①]

2. Why are we there?（我们为什么在这儿），即分析事实

要求陈述得出第一个问题结论的原因：是什么样的营销活动、品牌或广告活动导致当前的状况。究竟是竞争性的行动、不确定的定位或目标、社会或经济的变化、销售渠道的变化还是价格的重定，使品牌在市场和消费者中处于当前位置。

具体来说，有五大发现，它们是对于一个品牌真正重要的洞察力的集合：

第一，产品类别的发现。它是一种认识消费方式、定价、法规、包装等的参考，所有关于一个品牌可能利用的东西，探究这些因素间的关系，其中的一个变化如何可能影响另一个变化的重要性或相关性。

第二，消费者的发现。得出一个关于目标消费者可能是谁以及为什么的重要决定。事实上，人们为什么购买，以及购买什么是一个无尽的复杂话题，远比表面上看到的复杂。智威汤逊公司运用"消费者购买系统"的基本框架做分析，它定义了消费者购买过程的六个思考或行动的步骤，以消费者的眼光来分析竞争和品牌个性带来的感受。

第三，传播的发现。以消费者的观点来看待传播，不仅关乎品牌，也关乎一般的竞争情况。当然不仅仅是广告，包括所有的传播形式。例如，我们必须分离出为得到尊敬和可信而要说的东西。我们还必须分析公开的、隐蔽的传播，试着理解使用色彩、音乐、动物、名人、幽默、紧张、逻辑等的效果。事实上，所有的这些都可能对人的感觉、行为和信赖产生影响。

第四，品牌的发现。运用标准的"SWOT"模型作分析，通过研究检查品牌的薄弱方面，把它转变为一种市场空白的清晰轮廓。[②]

第五，客户的发现。对一个品牌潜质发现的本质是真正理解公司对于它的雄心壮志，以及在可能发生变化的背后公司准备了哪些资源。

3. Where could we be?（我们要到哪里去），即设定方向

必须要为品牌制定目标，捕捉一个品牌与人之间关系。智威汤逊公司把这个关系称为"品牌愿景"。

（1）我们新的营销目标是什么？（营销目标包括提升市场份额、品牌容量、

---

① 余艳波.广告策划[M].湖北：武汉大学出版社,2009：330.
② 卢泰宏,何佳讯.蔚蓝智慧：读解十大跨国广告公司[M].广州：羊城晚报出版社,2000：273.

销售额、利润)

（2）品牌应如何定位？（从品牌审核中总结）

（3）我们应如何影响消费者的行动？（让使用者的使用量增大，非使用者转移品牌并试用。把品牌列入消费者的选择范围中，争取新的使用者）[①]

为做到以上几点，要召集代理商、客户、供应商，确切地说包括所有可能作出潜在贡献的人，组成团队。智威汤逊公司称其为"DayOne"。每个成员要与团队和谐相处，严肃、仔细地为头脑风暴会议作准备。

4. How do we get there?（我们如何到达那里），即执行愿景

执行愿景指用什么样的营销组合和传播手段把我们带到这里，不仅包括创意和媒介建议，而且包括总的传播活动，如公关、促销、直销和广告等。

这个步骤包括三个主要方面。

首先，品牌化概念（branding idea）。它是赋予一个品牌声望、意义和区隔于其他品牌的独有表达。它为了积聚有形和无形的品牌资产，不管在何种传播渠道和媒体环节下，都给了一个品牌真实的力量。它作为各种传播方式的黏合剂而存在。

其次，全传播计划（total communication plan）。它帮助确定所有可利用的媒体渠道如何发挥最大化的效力，如何最具说服性地传播品牌化概念。

最后，创意简报（creative briefing）。包括六个不同的简介形式：广告、公共关系、促销、直接反应、设计和媒介组合。它们具有某些共同的特征：单一概念、聚焦并且相关，简洁而一目了然。[②]

5. Are we getting there?（我们正在去那儿吗），即检测效果

智威汤逊公司使用"业绩评估工作计划"认识每个组成部分如何对整个计划的成功产生贡献。检查的周期通常是 6 个月左右，检查问题包括：建议检查的日期，与目标相比实际的销售成绩，消费者调查评估等。检核表包括各种可能的调度指标，用来调度进展、评价努力以及定制设计的准则是否精确地适合每个项目。

这些结论形成"Where are we?"的答案，并开始新的策划循环。

---

① 何海明.广告公司的经营与管理：对广告经营者的全面指引[M].2 版.北京：中国物价出版社，2002：179.

② 卢泰宏，何佳讯.蔚蓝智慧：读解十大跨国广告公司[M].广州：羊城晚报出版社，2000：274.

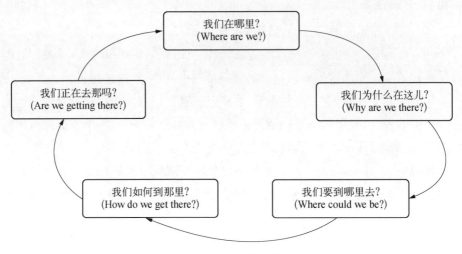

图 6‑12　J.W.T.的策划循环圈

二、大数据营销传播策划

（一）大数据营销

大数据营销,是指借助互联网收集大量的行为数据,首先帮助广告商识别目标受众对广告内容、投放时间、形式等方面的预测,然后完成广告投放的营销过程。随着数字生活空间的流行与普及,全球的信息总量正呈指数型增长。基于这种趋势,"大数据""云计算"等新概念和新模式的兴起,无疑推动了新一轮的大数据营销。大数据营销是依靠多平台搜集大量数据,在大数据的基础上,研究用户偏好、广告投放、产品升级、内容消费和营销渠道转型的营销模式。[①]

大数据精准营销有很多优势:

一是用户数据洞察,制定更注重结果和行动的营销传播计划。

二是精准定向投放,抓住潜在用户,实现低成本高效获客。

三是数据监测进度,记录用户孵化进度便于及时调整策略。

四是发现品牌机遇,如新客户、新市场、新规律、回避风险等。

当然,还有企业通过大数据挖掘出的新消费者需求,而影响生产走向和经营方式,甚至扩展产品线。

---

① 华红兵.移动营销管理[M].2 版.广州:广东经济出版社,2018:238.

（二）大数据营销逻辑

根据 5W 模型，大数据营销有五个步骤可以参考。

1. Who：推送给谁

从全部用户中，筛选出关键用户。与企业分析得出的目标核心客群相比，这些用户画像更为精准，靶向性更强。只有找到对的客户才能做到控制营销成本并提高成效。例如，抖音、今日头条的用户群体画像，其中就包含用户运营数据、用户属性分析、用户兴趣偏好、行业兴趣人群画像等数据维度。

2. What：推送什么

研究用户偏好，推送兴趣信息。从大数据管理文档中找到用户的分类信息，并根据用户接收信息的偏好，鉴别出精准的内容，满足用户对内容的渴望。要做到比用户自己还要了解他们。

3. Where：在哪里推送

选取信息渠道，精准定向投放。以用户获取商品信息方式为依据，通过分析，根据不同的信息内容分类，从而选择用户信任的信息媒介进行信息推送。例如，酒饮品牌江小白对阿里妈妈万相台的使用，万相台可以把品类和人群做更精确的结合，分步骤和时间触达，商家不用像以前那样"砸广告"，对人群触达效率提升，真正实现了"降本增效"。

4. Why：为什么购买

给予消费者购买理由。研究用户在什么情况下不购买，在什么情况下可买可不买，用排除法消除消费者的购买顾虑。

5. Worth：值得购买吗

建立品牌价值。老顾客的用户好评能让新顾客产生购买的欲望，如果再加上限时购买这类的促成成交的信息，那么就值得购买。

三、跨界营销传播策划

（一）跨界定义

所谓跨界，是指根据不同行业、不同产品、不同偏好的消费者之间所拥有的共性和联系，把一些原本毫不相干的元素进行融合、互相渗透，进而彰显出一种新锐的生活态度与审美方式，并赢得目标消费者的好感，使得跨界合作的品牌传播的价值最大化。

（二）跨界原因及优势

1. 市场竞争日益激烈，产品功效和应用范围逐步延伸

比如康王洗发产品，既是日化用品，也属于药品行业。品牌合作空间变大，通过打造新奇有趣的内容，引爆市场话题，供大众讨论，为产品增加新元素。

2. 市场发展背后，新型消费群体崛起

他们的消费不再只是功能上的基本需求，而是渴望体现一种生活方式或自身品位。广告主们相互借势品牌元素，找到新突破口，实现品牌年轻化，不断满足消费者日益增长的物质与文化需求。

3. 产品同质化，消费者细分精细化

随着产品同质化、市场行为模仿化日趋明显，企业在营销传播过程中，对消费群体细分更加精准化，比如除了传统的年龄、地域、喜好等划分外，又增加了生活方式、学历等新指标。跨界可扩大渠道覆盖，借用双方渠道资源覆盖更多的目标人群。

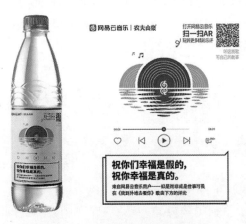

图 6 - 13　农夫山泉与网易云音乐跨界合作案例

4. 多方合作，资源置换与共享

现代市场环境下，品牌间的较量的本质是资本决定实力。一个企业、一个品牌单打独斗的时代早已结束，跨界能够降低成本，拓展传播群体，共享市场资源。

场景流量的突破，以农夫山泉和网易云音乐跨界合作为例，农夫山泉瓶身的文案取自网易云音乐的乐评，用户在喝水的时候通过瓶身自然会联想到网易云音乐，而使用网易云音乐的时候也会因联想到农夫山泉。

（三）跨界方法

1. 产品跨界

产品跨界，品牌双方通过 IP 授权制作定制款产品。具体来说，大致有四种产品跨界形式。

一是 A 品牌自主推出非 A 品牌主营业务的产品，比如 2019 春夏纽约时

装周期间出现在曼哈顿全球顶尖买手店（Opening Ceremony）里的老干妈卫衣；

二是 A 品牌与 B 品牌跨界推出 A 品牌产品，比如 2020 年 361°与 QQ 飞车"制胜无限速"跨界推出联名款鞋服。

三是 A 品牌与 B 品牌跨界推出 B 品牌产品，比如 2020 年泸州老窖百调与茶百道推出联名款含酒奶茶"醉步上道"，打造百调中国创新酒类 IP 符号，深入年轻消费者群体，实现中国白酒的国际化、年轻化。

四是 A 品牌联合 B 品牌推出 C 品牌产品，比如泸州老窖为与热门 IP《三生三世十里桃花》进行合作植入，专门为片中出现的"桃花醉"酒进行注册销售，不仅带来了品牌曝光，也带来了收益增长。

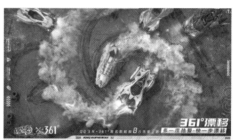

图 6‑14　产品跨界

2. 内容跨界

品牌方内容方面的跨界，涉及电影、电视、动漫、游戏、艺术、设计等。

比如 2020 年蔚迈联合上海气象博物馆，策划 H5《天知道我经历了什么》。活动上线期间，H5 浏览量达到 179 860，共有 99 230 人访问。除中国天气官方平台,共有 30 家省级媒体及今日头条、百度、腾讯、凤凰、360、UC 浏览器等头部媒体进行报道。在微信朋友圈及各大社群引起了热议。

3. 概念跨界

概念跨界需有相同的品牌理念,才能达到 1+1>2 的效果,例如便携式相机 GoPro 和红牛一起,策划的活动——太空跳(Stratos)。

活动邀请极限达人菲利克斯·鲍姆加特纳(Felix Baumgartner),从距离地面 24 英里的太空舱内带着 GoPro 相机纵身跳下,并在红牛的 Youtube 频道进行了直播。这两个品牌都拥有"冒险、无所畏惧、充满极端挑战"的个性。正因为这种共通的价值观,再搭配上极限运动的形式,两个品牌的结合反而显得自然而然。

图 6-15　Stratos 活动

4. 体验跨界

体验跨界是基于人群特点、消费场景、文化习惯等多位一体的综合跨界,表现形式一般为话题活动或业务相结合。

在业务合作方面,比如必胜客和小米的合作,利用小米智能中枢创新订餐方式,提供大屏智能语音点餐服务,解决了顾客使用外卖 App 订餐路径较长、操作复杂的情况,购物体验得到了极大优化。

在话题活动方面,除了能给顾客带来新奇体验外,其目的更多在于事件营销。比如 2017 年饿了么与网易新闻在上海开的"丧茶"快闪店;2018 年知乎与天弘基金合作,在全国七所大学的校园举办的"新知大学"活动。

图 6‐16　"丧茶"快闪店

5. 资源跨界

资源一般包括渠道资源、人才资源和技术资源。

渠道跨界,是在 A 品牌产品销售过程中,加入 B 产品的传播。比如在剧场版《精灵宝可梦》上映期间,与麦当劳进行了跨界合作,麦当劳推出了含有《精灵宝可梦》玩具的开心乐园套餐。

在人才资源跨界方面,比如 H&M 曾与 CHANEL 进行跨界合作,邀请CHANEL 的设计师为 H&M 设计衣服,正是一种设计师资源的跨界合作。

在技术资源跨界方面,一般是某一方具有相当的技术优势,能够为双方的合作提供技术支撑。比如江小白与两点十分动画公司合作推出动画《我是江小白》,两点十分公司作为动画制作方,而江小白则是赞助商。

(四)跨界逻辑

1. 战略层面

(1)明确目的。首先要明确跨界目的,搞清楚品牌现阶段跨界合作的诉求,是为了提升品牌价值还是改善品牌形象,又或者是获得不同圈层的用户,不同的诉求决定了跨界的方式,并决定了跨界效果。双方品牌的合作,甚至可以有短期、中期、长期的策略意识,有产品上的联合、渠道上的联合,有类似的核心理念支持跨界,否则只能算媒体资源置换。

(2)精准定位。在进行跨界营销之前,需要进行精准的定位,包括对自身品牌的定位、对合作品牌的定位以及对目标群体的定位。比如,我们有必要知道目标消费人群的特征,详细分析本身及其合作者的顾客,并对其消费习惯和品牌应用习惯了然于胸。

（3）出其不意。跨界营销的本质是利用不同品牌之间的化学反应制造话题点，这样一来，越具有"反差感"的不同品牌进行跨界，才更能引发消费者的想象和讨论。此外，市场竞争日趋激烈，消费者的求知欲始终在于没听过的事情上，只有打破常规，才能给顾客耳目一新的感觉。

2. 战术层面

（1）找准合作对象。跨界营销的核心是"和而不同"，相似的品牌量级、相似的目标人群，但同时在某方面有着反差效果。具体而言，可以从以下五个维度选择合作伙伴。① 品牌价值。品牌需要有一定的知名度和用户基础，这样的跨界才能在较大范围的用户群体中引发共鸣和讨论，所以也有"跨界营销基本上是属于大公司的游戏"这样的说法；② 受众相似或者互补。借助双方的用户资源，提升目标消费者覆盖率；③ 产品利益点互补。跨界的品牌、品类之间需要存在某种品牌共性，跨界行为才能发挥品牌之间的协同效应；④ 跨界的品牌和品类须具备话题性，这样才能引发大众的好奇心，不断传播发酵；⑤ 品牌美誉度。选择品牌美誉度好的品牌，避免跨界对本品牌造成负面影响。

（2）内在联结确定。要完成一次高质量的跨界营销，很关键的一点在于确定合作品牌之间的内在关联点。具体方法如下：① 元素联结，即两种品牌之间的某些关键元素构成互相强化的效果，比如德克士为新品"南美烟熏鸡腿堡"上市，联合气味图书馆的香水产品推出"德克士烟熏之语"香水。② 场景联结，即跨界品牌之间的使用场景能够产生交叉，比如 2016 年，网易云音乐和亚朵酒店推出的跨界快闪酒店产品"睡音乐主题酒店"。③ 次元联结，即让自己的品牌"突破次元壁"，比较经典的方式是游戏、影视剧道具植入和情节植入。

（3）吸引用户参与。营销大师菲利浦·科特勒曾提出过营销 3.0 的概念，他说"消费者"被还原为"整体的人""交换""交易"被升华成了"互动""共鸣"，人文精神成为营销的驱动力量。

其中有两个关键问题：一是跨界营销行为是否能触达目标受众；二是用户如何参与到跨界营销活动当中？ 这就要求在合作前期，对消费者进行更深入的了解，找到能触动他们的"按钮"，在合适的时机，一触即发。

（4）规避风险。在跨界合作中，不注意的话很容易遇到"暗坑"，具体如下：① 弱品牌找强势品牌很容易被淹没，因为消费者更容易记住强势品牌，所以跨界之前要想好自己的商业目标和品牌资产；② 跨界不是越界，需要把握好这个

"界",否则会适得其反,例如杜蕾斯和喜茶的联名,发布的文案太露骨,容易让人浮想联翩,更是引起消费者不适;③ 慎用炒作,跨界营销最怕"虎头蛇尾""雷声大雨点小"的炒作模式,因为后期没有持续性和系统性的内容建设,终究是昙花一现,草草收场;④ 两个强势品牌进行跨界合作时,可能会遇到资金、资源等问题,如果双方都一味索取,谈判往往会无果。

四、直播营销传播策划

（一）直播营销兴起

2016 年被称为"直播元年",三分钟带货 200 万元、一场直播销量过亿元,如此诱人的直播红利直接将直播营销推入风口,直播营销时代已然到来。2021 年 2 月,CNNIC 发布的第 47 次《中国互联网络发展状况统计报告》显示,截至 2020 年 12 月,我国网络直播用户达到 6.17 亿,其中电商直播用户占比一半,为 3.88 亿。直播营销究竟有何魅力,吸引各路明星、网红大 V 和商家纷纷入驻?

加入直播"流量池",增加品牌曝光率。品牌形象的建立过程几乎是与"品牌曝光"同时进行的。只有让品牌尽可能多地被消费者了解、熟知,才能真正达到营销的目的。直播平台聚集了大批用户,品牌加入其中,自然能提升曝光率。

直播实时互动,使用户对产品产生直观感受。丰富产品体验感。在线上产品销售过程中,企业多采用图片＋文字的描述方式,有的产品还会有短视频介绍,但这都是商家想要呈现给消费者的内容,有一定的片面性。在直播间,产品所有的使用方法、使用过程、使用细节以及注意事项都可以直观地展现在消费者的眼前,并且人们还可以实时发问,与品牌形成良性互动,更易促成交易。当直播中的产品在消费者的心中留下了良好的印象时,品牌的形象自然也会获得一定的加分。

直播的真实性,可以为企业培养、挖掘品牌的忠实用户。如今的消费者在购物时常带有强烈的情感,而品牌就抓住这一特点,借助直播强大的真实性,让观众在看到产品确实能满足他们的需求的时候,为其提供情绪价值,也为企业在消费者群体中带来极大的信誉,使后者更忠于品牌。

（二）直播营销玩法

1. 明星驻场

明星自带流量,借助明星庞大的粉丝群,提升直播间热度,很多情况下还会带来销量的攀升,这也是粉丝经济变现的一种方式。例如,鹿晗、吴磊、雷佳音等明星们主动下场,开始成为一些头部主播,成为直播间的常客。

图 6-17　名人直播带货

2. 名人带货

名人化身主播,将直播当作第二职业,进行直播带货。2020 年 4 月,罗永浩以带货主播的身份正式入驻抖音,在抖音开启首场直播。据统计,罗永浩直播带货首秀观看人数达 4 892.17 万,单场流水为 1.678 亿元;同年 5 月,刘涛化名"刘一刀"入职聚划算,开启带货主播生涯,这可以算作明星直播带货的开端。此后,汪涵、张韶涵、叶一茜等众多明星纷纷开播带货。

3. 品牌自播

企业也会搭建自己的官方直播间,进行日常产品的直播讲解营销。这不仅是为了促销,更重要的是要保持与消费者的联系,提高知名度,提升顾客的品牌忠诚度。

当然,随着直播带货的日趋平常化,不少品牌的总裁亲自走进直播间进行实

图 6-18　董明珠直播带货

操,如小米、携程等企业的高层。不过"总裁带货王"的称号当属董明珠。2020年4月22日—10月18日,董明珠的直播带货流水累计425亿元。

4.新品发布会

发布会是企业在一般情况下推广新产品使用的必要手段,但是大多数企业都会选择线下发布会,而一些有前瞻性的企业已经开始尝试利用直播将新品发布会搬到线上。例如,每年苹果的新品发布会,已成为每个营销人员关注的热点事件。在品牌全球直播中,观众可以第一时间知晓产品的性能以及使用效果,在宣传了新品的同时也达到了与观众互动的目的。

当然,企业在运用这种营销模式的时候,要做好万全的准备,对突发情况进行备案,否则会对品牌造成不良影响。例如,在"小米无人机"的线上发布会上,无人机在发布会试飞的过程中突然坠机引起了直播现场一片混乱,观众甚至能听到直播现场有人在喊"切断直播"的声音。虽然小米做了很多后续工作,让无人机平安上市,但是直播现场坠机的表现,确实让许多"米粉"对小米产生了怀疑。[①]

 思考题

1.什么是广告策划?广告策划的边界在哪里?请举例说明。

2.广告策划包含哪些战略分析模式?

3.广告策划书包括哪些具体内容?以"双11"购物节为背景,为某一食品类进行品牌策划,并撰写品牌策划案。

4.某公司要上线一系列新的美妆产品,可以采取哪些场景进行广告营销活动?

【案例讨论】

案例一:海信品牌的"自黑"之旅

在欧洲杯揭幕战当晚,作为赞助商之一的海信,突然于CCTV 5放送了一则长达15秒的"黑屏广告"。随之,微博上♯海信电视被黑了♯和♯100块的广告,海信花了100W♯的话题下热议不断,既有对广告创意的吐

---

① 刘兵.直播营销:重新定义营销新路径[M].广州:广东人民出版社,2018:81.

槽,也有想为海信电视拍纯色广告的申请。恰逢 618 购物节,海信推出了凭各个途径黑屏广告的截屏抽取 618"被黑补贴"的举措,让热议的群体进行了现时的可参与的互动,并且与销售端直接相关。

思考:

海信电视经历了央视放送创意广告——全平台扩散话题发酵——官方互动宣传 618 优惠——全民吐槽品牌被骗——品牌欣然接梗反送大奖一系列动作。海信根据舆论的迅速反应,极大地提高了品牌曝光度,与受众实现了高质量互动。那么品牌在进行营销活动时,要如何做好备案实时调整策略?快消品、互联网、房地产等行业品牌在进行营销策划时,侧重点又有何不同?

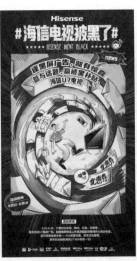

图 6-19 海信电视被黑了系列海报

案例二:"小朱配琦"公益直播

2020 年 4 月 6 日晚,央视新闻和李佳琦共同推出"谢谢你为湖北拼单"公益直播。由于新冠疫情的影响,原定同框出镜的朱广权和李佳琦选择网上连线的方式进行带货。在长达 130 分钟的直播里,李佳琦表达流畅专业,而朱广权作为一名央视媒体主持人,一改以往严肃的风格,与消费者和拍档积极互动。两人联手向消费者推荐了热干面、藕带等 17 种湖北产品,"小朱配琦"这个临时卖货组合登上微博热搜榜第一名。

图 6 - 20　"小朱配琦"直播宣传海报

思考：

直播营销的风生水起，已成为助力公益的一大利器，那么在未来又将"解锁"哪些"直播＋"的新形式？随着政府、企业、平台等多方力量的持续介入，直播带货的健康发展也成为新的问题，请在查阅当下网络直播规范管理指导意见的内容后，思考哪些地方还需要进一步关注。

第七章　市场策略与消费者洞察

本章学习目标

- 了解市场及几种基本的市场类型，掌握市场细分及市场策略的相关理论。
- 了解消费者与市场的关系、其购买行为的决策路径，以及影响消费者行为的因素。
- 了解 B to B 购买行为及其影响因素。

广告是营销的重要因素，其对于商品扩大销售市场至关重要。同时，市场的波动也影响着广告的运营策略。本章将阐述市场的定义、市场的基本类型、市场细分与市场策略，洞悉消费者的消费行为，探讨其与广告之间的关联。

第一节　市场细分与市场策略

市场细分是广告策划必不可少的一步，市场策略同样也会影响广告的运作。

一、什么是市场

（一）市场的定义

市场最早是指起源于古时人类对于固定时段或地点进行交易的场所，狭义上的市场是买卖双方进行商品交换的场所。广义上的市场是指为了买和卖某些商品而与其他厂商和个人相联系的一群厂商和个人。市场的规模，即市场的大小，是指购买者的人数。

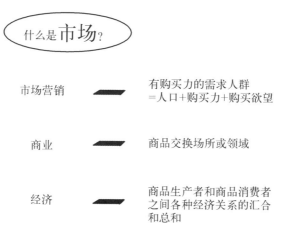

图 7 - 1　市场的概念

根据杰罗姆·麦卡锡《基础营销学》的定义：市场是指一群具有相同需求的潜在顾客，他们愿意以某种有价值的东西来换取卖主所提供的商品或服务，这样的商品或服务是满足需求的方式。

市场的构成要素可以用一个公式来描述：市场＝人口＋购买力＋购买欲望。

1. 人口

这是构成市场的最基本的要素，消费者人口的多少，决定着市场的规模和容量的大小，而人口的构成及其变化则影响着市场需求的构成和变化。因此，人口是市场三要素中最基本的要素。

2. 购买力

购买力是指消费者支付货币以购买商品或服务的能力，是构成现实市场的物质基础。一定时期内，消费者的可支配收入水平决定了购买力水平的高低。购买力是市场三要素中最具有物质性的要素。

3. 购买欲望

购买欲望是指消费者购买商品或服务的动机、愿望和要求，是由消费者心理需求和生理需求引发的。产生购买欲望是消费者将潜在购买力转化为现实购买力的必要条件。

市场的这三个要素是相互制约、缺一不可的，它们共同构成了企业的微观市场，而市场营销学研究的正是这种微观市场的消费需求。

从商业的角度来说,市场就是商品交换的场所或领域。一个城市有多少种行业,就可以有多少个市场,而这些市场可以有也可以没有固定场所。市场的中心是交易所、市集或售卖所,商人们都约定在那里相会和进行交易。

从经济学的视角来看,市场是商品生产者和商品消费者之间各种经济关系的总和。经济学一般是从卖方的角度来划分不同的市场结构的,将市场划分为完全竞争市场、垄断竞争市场、寡头垄断市场和完全垄断市场四种类型。这四种市场类型,从完全竞争到完全垄断,竞争性依次递减,垄断性依次递增。

决定市场划分的主要因素有以下四个。

第一,市场上厂商数目。厂商数目是影响一个市场竞争程度的重要指标。一个市场上厂商数目越多,这个市场的竞争性就越强;相反,市场上厂商数目越少,市场的垄断性就越强。

第二,厂商生产的产品的差别程度。产品差别程度也是决定市场竞争性或垄断性的重要依据。如果不同厂商生产的同种产品差别程度小,则消费者不易辨识或形成偏好,厂商之间就表现出较强的竞争性;相反,如果不同厂商生产的同种产品差别大,则厂商易于控制价格,并对消费者施加影响,市场的垄断性就强。

第三,单个厂商对市场价格的控制程度。对价格的控制程度是指厂商对市场价格的决定权大小。厂商对市场价格的控制程度小,说明他们之间主要是竞争关系;厂商对市场价格的影响力越大,则市场的垄断程度就越高。

第四,厂商进入或退出一个行业的难易程度。这是指生产要素在行业间是否能够自由地流动。如果一个厂商在退出一个行业并进入一个新的行业过程中不需要付出较大的成本,即厂商进入或退出行业比较容易,说明生产要素在行业间的流动比较自由,市场的竞争性就强;相反的情况,厂商难以在行业间进出,说明市场的垄断性强。

一般来讲,以上第一个因素和第二个因素是决定市场类型的最基本因素,第三个因素是第一个和第二个因素的必然结果,而第四个因素是第一个因素的延伸。

(二)消费者、买者与顾客

从法律意义上讲,消费者应该是为个人的目的购买或使用商品和接受服务的社会成员。消费者与生产者及销售者不同,他或她必须是产品和服务的最终使用者而不是生产者、经营者。也就是说,他或她购买商品的目的主要是用于满足个人或家庭需要而不是经营或销售,这是消费者最本质的一个特点。作为消费者,其消费活动的内容不仅包括为满足个人和家庭生活需要而购买和使用产品,而且包括为个人和家庭生活需要而接受他人提供的服务。但无论是购买和使用商品还是接受服务,其目的只是满足个人和家庭的需要,而不是生产和经营的需要。

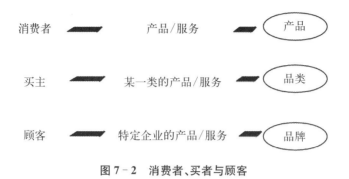

图 7 - 2　消费者、买者与顾客

买主,顾名思义就是已经实际购买了商品或者即将购买某类商品的人。广告中提到的消费者可以是产生消费行为的买者,也可以是产品所针对的目标市场中的目标消费者,也就是潜在购买者。

在《辞海》和《现代汉语词典》中,"顾客"的"顾"是指拜访、光顾,"客"是指来宾、客人,还有以礼相待的意思。"顾客"一词是指商店或服务行业前来购买东西的人或要求服务的对象,包括组织和个人。因此,凡是已经来购买和可能来购买产品或服务的单位和个人都可以算是顾客。顾客是某一特定商业服务或产品的采购者,他们可能是最终的消费者、代理人或供应链内的中间人。在市场学理论中,供应商必须了解顾客及其市场的供求需要,否则事后的"硬销"广告,只是一种资源的浪费。简单来说,消费者是购买或使用具体产品和服务的人群;买主是有可能购买某类产品或服务的人群,针对某一特定品类进行购买;顾客则是针对特定企业的产品或服务进行购买的人群。比如说,当一个人购买矿泉水时,他就成为矿泉水这一品类的买主,若他购买了农夫山泉品牌的矿泉水,则成为农夫山泉的顾客。

在当前的营销策划表述中更多地开始使用"用户"这一表述,"用户"作为使用产品或服务的客户,同时也是互联网营销过程中的参与者。

（三）市场描述与顾客画像

1. 市场描述

目标市场是最有可能对其产品/服务产生积极反应,并可以提供最高的利润水平的一群人。企业在划分好细分市场之后,可以进入既定市场中的一个或多个细分市场。目标市场选择是指估计每个细分市场的吸引力程度,并选择进入一个或多个细分市场。著名的市场营销学者麦卡锡提出了应当把消费者看作一个特定的群体,称为目标市场。市场细分有利于明确目标市场,应用市场营销策略,有利于满足目标市场的需要。即:目标市场就是通过市场细分后,企业准备以相应的产品和服务满足其需要的一个或几个子市场。

目标市场的选择策略,即关于企业为哪个或哪几个细分市场服务的决定,通常有五种模式。

(1) 市场集中化。企业选择一个细分市场,集中力量为之服务。较小的企业一般这样专门填补市场的某一部分。集中营销使企业深刻了解该细分市场的需求特点,采用针对的产品、价格、渠道和促销策略,从而获得较高的市场地位和良好的声誉。但同时隐含较大的经营风险。

(2) 产品专门化。企业集中生产一种产品,并向所有顾客销售这种产品。例如服装厂商向青年、中年和老年消费者销售高档服装,企业为不同的顾客提供不同种类的高档服装产品和服务,而不生产消费者需要的其他档次的服装。这样,企业在高档服装产品方面树立很高的声誉,但一旦出现其他品牌的替代品或消费者流行的偏好转移,企业将面临巨大的威胁。

(3) 市场专门化。企业专门服务于某一特定顾客群,尽力满足他们的各种需求。例如企业专门为老年消费者提供各种档次的服装。企业专门为这个顾客群服务,能建立良好的声誉。但一旦这个顾客群的需求潜力和特点发生突然变化,企业要承担较大风险。

(4) 有选择的专门化。企业选择几个细分市场,每一个细分市场对企业的目标和资源利用都有一定的吸引力。但各个细分市场彼此之间很少或根本没有任何联系。这种策略能分散企业经营风险,即使其中某个细分市场失去了吸引力,企业还能在其他细分市场盈利。

(5) 完全市场覆盖。企业力图用各种产品满足各种顾客群体的需求,即以所有的细分市场作为目标市场,例如上述提到的服装厂商为不同年龄层次的顾客提供各种档次的服装。一般只有实力强大的大企业才能采用这种策略。例如IBM公司在计算机市场、可口可乐公司在饮料市场开发众多的产品,满足各种消费需求。

就营销策划而言,"使用者"往往是用来评定市场规模(market size)的依据,又称为"市场目标"(market target)或"目标市场"(target market)。所以营销企划人员格外重视对"使用者"的研究与探索。

正因为如此,有许多人会很自然而然甚至不假思索地将"目标市场"与"目标受众"之间画上等号,以为产品的营销对象,就是广告的诉求对象,因此,就将产品或服务的"使用者"设定成为广告的"目标受众",而将所有的广告资源投给使用者。

在半数以上的情况下,这样的推断是正确的,因为有超过半数左右的商品或服务的使用者就是该商品的购买者,但是仍然有许多情况并非如此。比如说,感冒药面向的目标市场是感冒人群,而其广告的目标受众会选择医生群体,因此需要借助医生群体提升其产品本身的知名度。

2. 用户画像

"画像并非现实人物,不过他们在设计过程中都代表现实人物。他们是假想中的实际用户的原型。尽管是想象出来的,对他们的特征界定却极其严密、精准。实际上,与其说我们'发明'了我们的用户画像,不如说是在调查过程中将他们作为副产品挖掘出来。不过他们的名字和个人细节确实是我们编的。"[①]书中将用户画像分为"购买前"的用户画像和"购买后"的客户人群画像,同时再具体列出了客户画像的五环模式。

洞察1——优先动力:买家为什么买其他品牌。

洞察2——成功因素:成功因素,相当于买家意图,相当于买家购买产品的核心利益。

洞察3——可知障碍:买家为什么不买你的产品。

洞察4——买家历程:购买决策模型,买家如何来评估各种选项,剔除竞争者,最后决定其选择,不同的角色在决策中的作用。

洞察5——决策标准:买家在做购买决策前会对产品或服务、营销方式、传递的各种信息进行评估,比如,有些买家不喜欢以"利益诉求为导向"的营销传播信息,摆事实的公司更容易获得买家的信任。

用户画像的核心工作是数据标签化。对采集到的各类原始数据进行清洗与整理,提炼出用户属性,最后可从用户属性挖掘出用户标签。用户画像虽是一种数据分析的新方法,但被广泛应用于各个领域。用户画像的模型大体分为四类:

---

① 里弗拉.用户画像:大数据时代的买家思维营销用户画像[M].北京:机械工业出版社,2018:24.

基于社会调查的用户画像模型、基于行为的用户画像模型、基于兴趣的用户画像模型和基于本体的用户画像模型。[①]

一是基于社会调查的用户画像模型采用问卷法、访谈法等调查方式收集用户信息,经过整理、统计、分析之后,构建用户画像。

二是基于行为的用户画像模型通过对用户各类行为进行分析挖掘,构建起符合需求的用户画像。用户行为是用户为满足自身信息需求的一系列动态表现,根据信息需求的不同,用户有着各种行为。

三是基于兴趣的用户画像模型根据用户兴趣显示数据进行分析或通过其他用户隐式数据挖掘出用户兴趣的方式来构建出用户画像模型。用户兴趣是指用户受到实际需求、习惯、心理状态等因素影响对各类信息的偏好表现。

四是基于本体的用户画像模型利用本体中定义的结构化概念及其之间关系来刻画用户,在语义表达和逻辑推理方面具有优势,同时自然标签的不足可以得到本体的结构化和语义性的完善。

二、基本的市场类型

（一）消费者市场（B to C market）

B to C 通常称为 B2C,其中:"B"是 Business,意思是企业;"2"则是 to 的谐音;"C"是 Customer,意思是消费者,企业的产品或服务直接面向消费者。随着互联网的发展,B2C 商务模式扩展至网络。到目前为止,B2C 市场上较为成功的企业有京东、淘宝、美团、拼多多等。采用 B2C 商业模式的企业更多地采用广告手段去占领消费者市场。

（二）企业间市场（B to B market）

B2B(Business to Business)是企业对企业的商务模式,其目标市场不是消费者,是其他企业。

传统的企业间的交易往往要耗费企业的大量的资源和时间,无论是销售和分销,还是采购都要占用大量成本。随着互联网的发展,通过网络上的 B2B 的交易方式,买卖双方能够在网上完成整个业务流程,从建立最初印象,到货比三家,再到讨价还价、签单和交货,最后到客户服务。B2B 使企业之间的交易减少许多事务性的工作流程和管理费用,降低了企业经营成本。网络的便利及延伸

---

① 李锐.用户画像研究述评[J].微计算机信息,2021,000(023):4-9,12.

性使企业扩大了活动范围,企业发展跨地区跨国界更方便,成本更低廉。

（三）机构市场（Institutional market）

机构市场是由学校、医院、疗养院、监狱和其他非营利组织机构构成的市场,是组织市场的一个组成部分。机构市场的购买行为往往会受到其非营利性的机构目标的影响。机构市场的购买行为要比 BTOC 市场的购买行为更加复杂。

（四）渠道市场（B to Channel market）

渠道市场一般指市场营销中的销售渠道,是市场营销 4P 中的 1P。销售渠道（marketing channels）市场是由供应商、生产者、批发商和零售商组成的。

三、市场细分与市场策略

（一）市场细分

"市场细分"（Market Segmentation）的概念是美国营销学家温德尔·史密斯（Wended Smith）在 1956 年最早提出的,是指营销者通过市场调研,依据消费者的需要和欲望、购买行为和购习惯等方面的差异,把某一产品的市场整体划分为若干消费者群的市场分类过程。每一个消费者群就是一个细分市场,每一个细分市场都是由具有类似需求倾向的消费者构成的群体。

1. 细分市场特征

企业进行市场细分的目的是通过顾客需求差异予以定位,以取得较大的经济效益。众所周知,产品的差异化必然导致生产成本和推销费用的相应增长,所以,企业必须在市场细分所得收益与市场细分所增成本之间做权衡。由此,我们得出有效的细分市场必须具备以下特征。

（1）可衡量性。可衡量性是指用来细分市场的标准和变数,即细分后的市场是可以识别和衡量的,即有明显的区别,有合理的范围。如果某些细分变数或购买者的需求和特点很难衡量,细分市场后无法界定,难以描述,那么市场细分就失去了意义。一般来说,对于一些带有客观性的变数,如年龄、性别、收入、地理位置、民族等,都易于确定,并且有关的信息和统计数据,也比较容易获得;而一些带有主观性的变数,如心理和性格方面的变数,就比较难以确定。

（2）可进入性。可进入性是指企业能够进入所选定的市场部分,能进行有效的促销和分销,实际上就是考虑营销活动的可行性。一是企业能够通过一定的广告媒体把产品的信息传播给消费者,二是产品能通过一定的销售渠道抵达该市场。

（3）可盈利性（规模性）。可盈利性是指细分市场的规模要大到能够使企业足够获利的程度，使企业值得为它设计一套营销规划方案，以便顺利地实现其营销目标，并且有可拓展的潜力，以保证按计划获得理想的经济效益和社会服务效益。例如，在一个普通大学，如果专门开设一个西餐馆以满足少数师生酷爱西餐的要求，可能由于这个细分市场太小而得不偿失；但如果开设一个回族饭菜供应部，虽然其市场仍然很窄，但从细微处体现了民族政策，有较大的社会效益，就值得去做。

（4）差异性。差异性指细分市场在观念上能被区别并对不同的营销组合因素和方案有不同的反应。

（5）相对稳定性。相对稳定性指细分后的市场有相对应的时间稳定。细分后的市场能否在一定时间内保持相对稳定，直接关系到企业生产营销的稳定性。特别是大中型企业以及投资周期长、转产慢的企业，更容易出现经营困难的问题，严重影响企业的经营效益。

2. 消费者市场细分标准

此外，市场细分的基础是顾客需求的差异性，所以凡是使顾客需求产生差异的因素都可以作为市场细分的标准。由于各类市场的特点不同，因此市场细分的条件也有所不同。

消费者市场的细分标准可以概括为地理因素、人口统计因素、心理因素和行为因素四个方面，每个方面又包括一系列的细分变量。

（1）按地理因素细分。按地理因素细分，就是按消费者所在的地理位置、地理环境等变数来细分市场。因为处在不同地理环境下的消费者，对于同一类产品往往会有不同的需要与偏好，例如，对于自行车的选购，城市居民可能更喜欢式样新颖的轻便车，而农村的居民可能更偏好坚固耐用的加重车等。因此，对消费品市场进行地理细分是非常必要的。

① 地理位置。可以按照地理区划来进行细分，如在我国，可以划分为东北、华北、西北、西南、华东和华南几个地区；也可以按照行政区域来进行细分，如划分为省、自治区、市、县等，或内地、沿海、城市、农村等。在不同地区，消费者的需求显然存在较大差异。

② 城镇大小。可划分为大城市、中等城市、小城市和乡镇。居住在不同规模城镇的消费者，在消费结构方面存在较大差异。

③ 地形和气候。按地形可划分为平原、丘陵、山区、沙漠地带等;按气候可分为热带、亚热带、温带、寒带等。防暑降温、御寒保暖之类的消费品就可按不同的气候带来划分。如在我国北方,冬天气候寒冷干燥,加湿器很有市场;但在江南,由于空气中湿度大,基本上不存在对加湿器的需求。

(2)按人口统计因素细分。按人口统计因素细分,就是按年龄、性别、职业、收入、家庭人口、家庭生命周期、民族、宗教、国籍等因素,将市场划分为不同的群体。由于人口统计因素比其他因素更容易测量,且适用范围比较广,因而人口因素一直是细分消费者市场的重要依据。

① 年龄。处于不同年龄段的消费者,由于生理、性格、爱好、经济状况的不同,对消费品的需求往往存在很大的差异。因此,可按年龄将市场划分为许多各具特色的消费者群,如儿童市场、青年市场、中年市场、老年市场等。从事服装、食品、保健品、药品、健身器材、书刊等商品生产经营业务的企业,经常采用年龄因素来细分市场。

② 性别。按性别可将市场划分为男性市场和女性市场。不少商品在用途上有明显的性别特征。如男装和女装、男表与女表。在购买行为、购买动机等方面,男女之间也有很大的差异,如妇女是服装、化妆品、节省劳动力的家庭用具、小包装食品等市场的主要购买者,男士则是香烟、饮料、体育用品等市场的主要购买者。美容美发、化妆品、珠宝首饰、服装等许多行业,长期以来按性别来细分市场。

③ 收入。收入的变化将直接影响消费者的需求欲望和支出模式。根据平均收入水平的高低,可将消费者划分为高收入者、次高收入者、中等收入者、次低收入者、低收入者五个群体。收入高的消费者就比收入低的消费者购买更高价的产品,如钢琴、汽车、空调、豪华家具、珠宝首饰等;收入高的消费者一般喜欢到大百货公司或品牌专卖店购物,收入低的消费者则通常在住地附近的商店、仓储超市购物。因此,汽车、旅游、房地产等行业一般按收入因素细分市场。

④ 民族。世界上大部分国家都拥有多种民族,我国更是一个多民族的大家庭,除汉族外,还有 55 个少数民族。这些民族都各有自己的传统习俗、生活方式,从而呈现出各种不同的商品需求。只有按民族不同需求将市场进一步细分,才能满足各族人民的需求,并进一步扩大企业的产品市场。

⑤ 职业。不同职业的消费者,由于知识水平、工作条件和生活方式等不同,其消费需求存在很大的差异,如教师可能比较注重书籍、报刊方面的需求,文艺工作者则可能比较注重美容、服装等方面的需求。

⑥ 教育状况。受教育程度不同的消费者,在兴趣、生活方式、文化素养、价值观念等方面都会有所不同,因而会影响他们的购买种类、购买行为、购买习惯。

⑦ 家庭人口。据此可分为单亲家庭(1 人)、单亲家庭(2 人)、小家庭(2—3 人)、大家庭(4—6 人,或 6 人以上)。家庭人口数量不同,在住宅大小、家具、家用电器乃至日常消费品的包装大小等方面都会出现需求差异。

(3) 按心理因素细分。按心理因素细分,就是将消费者按其生活方式、性格、购买动机、态度等变数细分成不同的群体。

① 生活方式。越来越多的企业,如服装、化妆品、家具、娱乐等,更加重视按人们的生活方式来细分市场。生活方式是人们对工作、消费、娱乐的特定习惯和模式,不同的生活方式会产生不同的需求偏好,如"传统型""新潮型""节俭型""奢侈型"等。这种细分方法能显示出不同群体对同种商品在心理需求方面的差异性,如美国有的服装公司就把妇女划分为"朴素型妇女""时髦型妇女""男子气质型妇女"三种类型,分别为她们设计不同款式、颜色和质料的服装。

② 性格。消费者的性格与产品的喜爱有很大的关系。性格可以用外向与内向、乐观与悲观、自信、顺从、保守、激进、热情、老成等词句来描述。性格外向、容易感情冲动的消费者往往好表现自己,因而他们喜欢购买能表现自己个性的产品;性格内向的消费者则喜欢大众化,往往购买比较平常的产品;富于创造性和冒险心理的消费者,则对新奇、刺激性强的商品特别感兴趣。

③ 购买动机,即按消费者追求的利益来进行细分。消费者对所购产品追求的利益主要有求实、求廉、求新、求美、求名、求安等,这些都可作为细分的变量。例如,有人购买服装为了遮体保暖,有人是为了美的追求,有人则为了体现自身的经济实力等。因此,企业可对市场按利益变数进行细分,确定目标市场。

(4) 按行为因素细分。按行为因素细分,就是按照消费者购买或使用某种商品的时间、购买数量、购买频率、对品牌的忠诚度等变数来细分市场。

① 购买时间。许多产品的消费具有时间性,对于烟花爆竹的消费主要在春节期间,对于月饼的消费主要在中秋节以前,旅游景区在旅游旺季生意最兴隆。因此,企业可以根据消费者产生需要、购买或使用产品的时间进行市场细分,如航空公司、旅行社在寒暑假期间大规模发布广告,推出优惠票价,以吸引师生乘坐飞机外出旅游;商家在酷热的夏季大规模发布空调广告,以有效提升销量;双休日商店的营业额大增,而在元旦、春节期间,销售额则更高。因此,企业可根据购买时间进行细分,在适当的时候加大促销力度,采取优惠价格,以促进产品的销售。

② 购买数量。据此可分为大量用户、中量用户和少量用户。大量用户人数不一定多,但消费量大,许多企业以此为目标,反其道而行之也可取得成功。如文化用品的大量使用者是知识分子和学生,化妆品的大量使用者是青年妇女等。

③ 购买频率。据此可将消费者分为经常购买、一般购买、不常购买(潜在购买者)。如对于铅笔,小学生经常购买,高年级学生按正常方式购买,而工人、农民则不常买。

④ 购买习惯(对品牌忠诚度)。据此可将消费者划分为坚定品牌忠诚者、多品牌忠诚者、转移的忠诚者、无品牌忠诚者等。例如,有的消费者忠诚于某些产品,如柯达胶卷、海尔电器、中华牙膏等;有的消费者忠诚于某些服务,如东方航空公司、某某酒店或饭店等,或忠诚于某一个机构、某一项事业等。为此,企业必须辨别其忠诚顾客及特征,以便更好地满足他们的需求,必要时给忠诚顾客以某种形式的回报或鼓励.如给予一定的折扣。

美国营销学家菲利浦·科特勒在市场细分理论的基础上进一步发展和完善了温德尔·史密斯的理论,并最终形成了成熟的 STP 理论,即市场细分(Segmentation)目标市场选择(Targeting)和市场定位(Positioning)。它是战略营销的核心内容。

STP 理论的根本要义在于选择确定的目标消费者或客户,或称市场定位理论。根据 STP 理论,市场是一个综合体,是多层次、多元化的消费需求集合体,任何企业都无法满足所有的需求,企业应该根据不同的需求、购买力等因素把市场分为由相似需求构成的消费群,即若干子市场,这就是市场细分。企业可以根据自身战略和产品情况从子市场中选取有一定规模和发展前景,并且符合公司的目标和能力的细分市场作为公司的目标市场。随后,企业需要将产品定位在目标消费者所偏好的位置上,并通过一系列营销活动向目标消费者传达这一定位信息,让他们注意到品牌,并感知到这就是他们所需要的。

STP 理论是指企业在一定的市场细分的基础上,确定自己的目标市场,最后把产品或服务定位在目标市场中的确定位置上。具体而言,市场细分是指根据顾客需求上的差异将某个产品或服务的市场逐一细分的过程。

目标市场是指企业从细分后的市场中选择出来的决定进入的细分市场,也是对企业最有利的市场组成部分。

而市场定位就是在营销过程中把其产品或服务确定在目标市场中的一定位置上,即确定自己产品或服务在目标市场上的竞争地位,也叫"竞争性定位"。

（二）市场策略

1. 市场决策内容

通过对 STP 理论（市场细分、目标客户的选择、市场定位）的分析，企业对于产品或服务要做出的决策内容主要有以下几个方面。

（1）应该选择哪个细分市场。最好的办法是，首先将资源投放到少数几个细分市场上，然后随着这些细分市场地位的巩固，再逐渐将范围扩展到其他市场。但是，在做出决策前，应当经过调查选出几种方案，并通过对各个方案的衡量，选出一个最合适的方案。

（2）是否需要一个组织向目标客户提供服务。对于不同的细分市场，进行决策的方式不同，因此要求企业提供服务的团队组织形式和服务方式也有所不同。在市场顶端，需要聘请高级的，有经验的谈判人员；在市场底端，需要专业的、有经验的服务队伍。高级管理团队的个体成员，如 CEO、财务主管等，都可以向客户公司的同等级别人员推销企业的服务。

（3）是否准备进行必要的投资。在进入一个新的细分市场，选定目标客户后，IT 企业将面临一个不可逾越的障碍，那就是需要大量的金钱与时间的投入。这种投资是非常必要的，它能够使企业在新的市场中建立自己的地位，牢牢抓住目标客户，保证整个组织的未来发展。

（4）不同的细分市场是否需要不同的服务。每个细分市场的客户都需要感觉自己能得到最满意的服务，所以需要企业提供的服务不可能完全相同，企业要做的，就是使客户感觉从提供的服务中获得最大收益，而企业获得最大的商业利润。

（5）不同的细分市场能否承受不同的服务价格。不同细分市场，会对同一种服务做出不同判断，不同的细分市场对同一服务的需求出于不同原因，因此对这项服务所提供的价值、竞争的程度以及所面临的机会成本也是各不相同的，这些因素都会对价格产生影响。这需要企业对每个细分市场所承受的价格做出准确判断，以最适当的价格向客户提供最多的产品和服务，并获得最大利润。

2. 对企业服务行为的要求

通过应用 STP 理论对客户进行分析，对企业的服务行为应有以下几个要求。

（1）向客户承诺所提供的服务将给他们带来不同的收益。因为同一服务，不同客户希望得到的收益也是不同的。

（2）在提供服务时，针对不同客户，采取不同的交流沟通形式。对于同一种服务,面对不同客户时,对所提供的服务的信息定位不应完全一样。

(3) 对服务进行广告宣传时,应考虑使用不同的媒体。

(4) 对于不同客户,能够提供不同的服务支持。

不同细分市场所需的服务内容不同,在每个细分市场中与客户亲密互动的能力越强,企业占领细分市场的能力才越强。

四、长尾理论与帕累托分布

（一）长尾理论与利基市场（Niche）

长尾理论是由美国《连线》杂志主编克里斯·安德森（Chris Anderson）在2004 年 10 月提出的,用来描述诸如亚马逊和 Netflix 之类网站的商业模式。他认为:"如果把足够多的非热门产品组合到一起,实际上就可以形成一个堪与热门市场相匹敌的大市场。""长尾"实际上是统计学中幂律（Power Laws）和帕累托分布（Pareto）特征的口语化表达。正态曲线中的突起部分为"头",右边相对平缓的部分为"尾"。人们通常只能关注重要的人或重要的事,即关注曲线的"头部",而忽略曲线的"尾部"。但在网络时代,关注"尾部"产生的总体效益有时甚至会超过"头部"。

这里的"长尾"有两个特点:一是细,这是因为长尾是份额很少的市场,在以前是不被重视的市场;二是长,即市场虽小,但数量众多,所有非流行的市场累加起来,在网络上可以形成比流行市场还大的市场。

克里斯认为,只要存储和流通的渠道足够大,需求不旺或销量不佳的产品共同占据的市场份额就可以和那些数量不多的热卖品所占据的市场份额相匹敌甚至更大。

由此形成的长尾市场,也被称为"利基市场"。"利基"是英文名词"Niche"的音译,被用来形容大市场中的缝隙市场。菲利普·科特勒在《营销管理》中给"利基"下的定义为:利基是更窄地确定某些群体,这是一个小市场并且它的需要没有被服务好,或者说"有获取利益的基础"。通过对市场进行细分,企业集中力量于某个特定的目标市场,或严格针对一个细分市场,或重点经营一个产品和服务,能够形成产品和服务优势。

（二）帕累托分布（pareto distributions）

帕累托分布是以意大利经济学家维弗雷多·帕雷托命名的,是指从大量真实世界的现象中发现的幂次定律分布规律。这个分布在经济学以外,也被称为

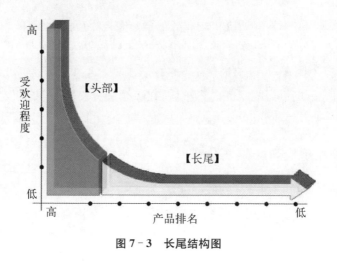

图 7 - 3　长尾结构图

布拉德福分布。帕累托因对意大利 20% 的人口拥有 80% 的财产的观察而著名，后来被约瑟夫·朱兰和其他人概括为帕累托法则（80/20 法则），后来进一步命名为帕累托分布的概念。

19 世纪末期，意大利经济学家维弗雷多·帕累托认为，贫与富的存在，既是经济问题，也是政治问题。帕累托在研究英国人的收入分配问题时发现，绝大部分的社会财富最终总会流向少数人群；他还发现，某一部分人口占总人口的比例，与这一部分人所拥有的财富的份额具有比较确定的计量经济关系；进一步的研究证实，这种不平衡模式可以重复出现，甚至可以预测。经济学把这一社会财富的分布状态，称为"帕累托分布"。

可以将帕累托分布归纳为一个非常简洁的表述：通过市场交易，20% 的人将占有 80% 的社会财富，如果交易可以不断进行下去，那么，"在因和果、努力和收获之间，普遍存在着不平衡关系，典型的情况是：80% 的收获来自 20% 的努力；其他 80% 的努力只带来 20% 的结果"。

第二节　消费行为与消费者决策过程

一、消费者行为

（一）消费行为的定义（心理、需求、动机、购买）

消费行为，亦称消费者行为（consumer behavior），是指人们为了满足其需求和欲望而选择、购买、使用及处置产品或服务时介入的过程和活动,包括与购买决策相关的心理活动和实体活动。

消费行为包含以下三方面的内容:

第一,消费行为可以表述为寻找、选择、购买、使用、评价商品和劳务的活动。这些活动的本身都是手段,满足消费者的需求才是它们的目的。

第二,消费行为是一种复杂的过程。无论在什么情况下,任何一个阶段即便是最重要的购买阶段,也不能等于消费行为的全过程。消费行为必须包括购买前、购买中和购买后的心路历程。

第三,消费者扮演着不同的角色。在某种情况下,一个人可能只扮演一种角色;在另一种情形下,一个人则可能扮演多种角色。

(二)消费行为与消费文化

消费文化是指在一定的历史阶段中,人们在物质生产与精神生产、社会生活以及消费活动中所表现出来的消费理念、消费方式、消费行为和消费环境的总和。

文化是人类社会的创造性的并经过实践检验的优秀成果的结晶,是社会文明的内在本质。然而很多人把一些非文化、反文化的东西归结为文化,这是非常荒谬的。消费文化包括物质消费文化、精神消费文化和生态消费文化,它是社会文化一个为极重要的组成部分,是人类在消费领域所创造的优秀成果的结晶,是社会文明的重要内容。政治制度、经济体制、经济发展水平、人们的价值观念、风俗习惯,居民的整体素质等都对消费文化有着重要的影响。消费文化与消费主义是有根本区别的。消费主义是在西方国家曾经出现过的一种消费思潮,它极力追求炫耀性、奢侈性消费,追求无节制的物质享受,并以此作为生活的目的和人生的价值所在。这与消费文化恰好是背道而驰的,是反文化的东西,是"文化垃圾"。因此,尹世杰教授专门撰文指出:"要为消费文化正名,要弘扬消费文化,反对消费主义,要充分发挥消费文化的作用。"

随着我国经济的发展,买方市场的出现、消费领域出现了不少问题,其中一个重要的问题是畸形消费的出现,消费领域中出现了许多不健康、不文明的东西,这对于建设一个成熟的市场经济,对于我国经济的可持续发展,对于个人的全面发展都是十分不利的。发展消费文化,发挥先进文化对经济的引导作用,对于提高消费层次和质量,促进国民经济的良性循环,具有十分重要的作用。此外,发展消费文化,也能满足人们高层次的物质文化需要,培养人们高尚的品德,高雅的情操,高层次的精神境界,从而促进人的身心健康和全面发展。

当代居民消费发展的趋势是智能化、健康化、个性化、世界化。这种消费发展的趋势也反映了消费文化的发展趋势。但消费文化不只是简单地反映消费生活、反映消费的发展趋势,而是渗透于消费领域,渗透于人们的消费生活之中,渗透于消费主体、消费客体、消费环境之中,渗透于消费的各个方面,赋予它以文化的内涵,提高它的文化品位,从而提高消费质量。消费文化源于消费、高于消费。因此,必须用先进文化来引导消费生活,并渗透消费领域的各个方面。端正消费生活发展的航向,唱响文化的主旋律,提高消费的层次与质量,从而体现人的本质要求,体现消费的客观趋势。因此,必须大力发展消费文化,充分发挥消费文化的导向作用。

在研究广告传播表现对消费文化作用的过程中,存在这样一个问题,消费文化的形成以及变化是建立在广告发挥说服作用,促使消费者产生购买行为的基础上的,从很多成功的广告传播案例中,我们可以看出,作为消费文化主要影像符号的广告表现,也就是能够使消费者产生购买行为的广告诉求对消费文化的形成是有着显著影响的。

(1) 它会影响消费文化中的话语再生方式。广告语言的模式影响了消费文化中的话语再生方式。文化和语言相伴而生,一个社会的话语系统不但是特定文化的产物,而且在很大程度上靠这套话语系统来维持社会的发展。一个社会的话语系统发生了变化,人们的思维方式、选择方式也会相应地发生变化。日本富士复印机公司 1973 年以 1 336 名青年男女作为对象,调查当年日本十大流行语的形成来源,结果发现,该年十种流行的口头语均来自广告。广告对儿童语言的影响更为明显,据说有些小孩学会说话以后的第一句话不是"爸爸""妈妈",而是广告语。毋庸置疑,广告语已影响了话语的再生方式,这与大众传媒普及和广告出现的频率有关。当广告语成为一个区域年轻人的权威话语时,就会对不了解这些话语的人产生一种压力,迫使他们去接受和了解这些话语,以便跻身于"符号名流"之列而不被时代抛弃。

(2) 广告传播表现能培育特定的消费阶层。一般来说,消费文化中包括各种产品和服务。事实上,各种商品在媒介上推出的广告,必定具有两个特征:一是它所针对的宣传对象一定要有相应的经济消费能力;二是这种大众性又决定了广告商品不可能是特别昂贵的。在这两方面条件的制约下,广告由此表现出了极强的中产阶层意识倾向。虽然很多广告表现具有中产阶级意识倾向,但广告渗透给大众的生活方式意识和消费欲望,对于不同的阶层则有着不同的含义。如果说广告所提供给有钱阶层的是如何以有钱人的身份去消费、享乐的话,那么对于大众来讲,则是向他们描述有钱人的生活状况,告诉他们如何识别富有阶层,并且给出成为下一个有钱人的鼓励和诱惑。前者是教会有钱人如何穿着打扮,如何适应新地位的生活指南;后者则是如何仿效、追随的入门手册。广告为中产阶层提供了生活方式的指引,并在大众中塑造出"中产阶层崇拜"的情结。大众不仅羡慕中产阶层的购买能力,而且还在乎他们拥有商品时的气度和豪爽。他们在广告的宣传和引领下,已开始不仅仅满足于商品实用价值所带来的舒适和方便,而是越过它们,直指商品背后的符号意义和象征价值。与其说他们是在消费商品,不如说是在消费商品的符号意义,满足他们的欲望,期盼成为一个真正的有钱人。

消费者的消费行为受到消费文化的影响,消费文化的兴起是社会工业化、商业化发展的必然产物,也是提升人们生活质量和增强幸福感的必然道路。

（三）消费行为的跟踪与预测

对消费行为的系统论述,形成于二战以后。为了开拓消费市场和创造有竞争优势的经营机会,西方各国企业界加强了对市场预测与投资前景的研究,消费行为作为一门新兴学科也就应运而生。由于消费是生产过程的最终目的,又是由众多的消费者个人行为构成的,而消费者的购买行为又是一切市场活动的中心问题,因此消费行为问题,也就成为西方消费经济学的理论基础和行为科学的重要研究内容。

消费行为的核心问题是消费者的购买动机的形成问题。按照行为学派的传统解释,一定的"看得见的行动"来自一定的刺激。一般用"S→R"表示某一行为。S代表一定的刺激,R表示一定的反应。然而这种传统解释被认为过于简单化。很多学者强调,消费者的行为趋向,是决定和影响消费者的各种内在因素和外部环境共同作用的结果,因此,应对相关的所有内在因素和外部条件的作用进行系统分析。

消费者自身的欲望是驱使消费者去购买的主因。它既产生于消费者的内在需要,又来自外部环境的刺激。强烈的需要会成为决定某一时期的消费行为的支配力量。但是,某一需要还要取决于消费者个人的习惯、个性和家庭的收入总水平与财产额的高低,以及家庭规模与结构的特点等。

外界环境是制约消费者行为的影响性因素,它包括社会因素和企业因素两个方面。

社会因素主要有：① 社会交往。每个消费者都有自己的"社交圈"，他会购买与"社交圈"里的人大致相仿的消费品，如服装、住宅、耐用消费品、餐饮费等等。② 某种社会舆论和社会运动的影响（例如购买国货产品）。

企业因素主要有：① 企业产品更新换代情况和质量、性能、包装所具备的吸引力；② 名牌产品的商标给予消费者的信任；③ 企业的广告和推销员的"劝说"所形成的"拉力"；④ 企业位置与服务态度；⑤ 商品价格及与它相联系的服务费用的高低；等等。

此外，促成消费者购买的重要条件还有：消费者对某种消费对象的认识与理解；对购买该商品或劳务的经验与知识；通过对各种商品的比较和判断所形成的态度。

二、消费者信息接收过程

（一）消费者信息接收模式

一般而言，消费者接收信息是为了更好地辅助其购买决策过程。消费者信息接收是其购买决策路径中的重要环节。

信息收集分为内部信息收集和外部信息收集。消费者内部信息，即贮存在记忆中的信息，可能通过以前的收集或个人经验积极获得的，也可能是经低介入度学习被动获得的。内部信息收集指消费者将过去储存在记忆中的有关产品、服务和购买信息提取出来，以解决当前面临的消费或购买问题。内部信息收集一般先于外部信息收集。

除了从自己的记忆中获得信息，消费者主要可以从四种来源获得外部信息：① 个人来源，如朋友和家庭；② 独立或大众来源，如消费者组织、政府机构；③ 营销来源或商业来源，如销售人员与广告；④ 经验来源，如产品的直接观测与试用。外部信息收集指从以上外部来源来获取与某一特定购买决策相关的数据和信息。消费者可能进行广泛的内部与外部信息收集，有限的内、外部信息收集或仅仅是内部信息收集。

很多人认为，消费者在购买某一商品前，应进行较为广泛的外部信息收集，然而也应看到信息获取是需要成本的。问题认识之后，显性的外部信息收集是较为有限的。影响外部信息收集的因素可以从经济的角度和决策的角度进行分析。从经济的角度而言，当边际成本等于边际收益时，消费者会停止搜索。影响边际成本的因素包括购物距离及交通费用、时间的机会成本。收集信息除了花费时间、精力和金钱外,通常还要放弃一些为消费者所欲求的活动。所以,消费者进行外部信息收集应止于这样一个水平,此时,预期的收益,如价格的降低将超过信息收集所产生的成本。从决策的角度而言,主要考虑三种因素:① 购买产品(服务)的风险,具体包括知识的不确定性与选择的不确定性;② 与消费者特征相关的因素,例如,个性、人口特征、消费者知识水平等;③ 情境因素,如时间、购买任务和性质、消费者情绪等。有效的营销战略应考虑目标消费者从事的信息收集的性质。信息收集水平与企业品牌是否处于激活域以及位置如何是两个非常重要的考虑层面。

消费者信息接收的过程包括感知、认知、劝服、行动四个步骤,如图 7 – 4 所示。这四个步骤是消费者在信息收集的过程中产生的,与其获取信息的各个环节息息相关。消费者从感知到认知的过程跟消费者接收信息时的情感、情绪有关。同时,消费者的联想和信息的关联性也会影响消费者的认知和劝服。

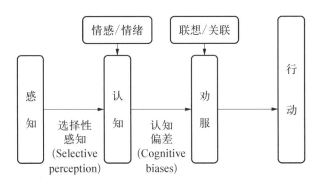

图 7 – 4　消费者信息接收过程

(二)数字环境下消费者信息接收模式

在数字媒体时代,消费者的信息接收部分遵循着传统的模式,在人际沟通、大众传播等外部信息中进行信息获取。但随着网络电商平台的兴起以及社交媒体铺天盖地式地占据人们的生活,消费者在信息接收时有时会面临病毒式传播的状况。

媒体数字化对消费者信息接收最为本质的影响就是消费者身份的改变,即在数字化环境下,每一个消费者不再只是听众或观众,消费者既是信息的接收者,又可能是新信息的制作者和传播者。传受身份的这种本质变化,又导致了消费者信息接收模式的变化。互联网信息的控制由传统的媒体控制中心模式转向了以大众为中心，消费者可以接触到来自其他消费者的不同声音与态度，打破了传统媒体对信息的控制。消费者借助数字媒体加入了信息传播的队伍，影响着其他消费者的信息接收。

同时，数字媒体时代的信息传播即时性大大增强，任何网络信息都可以在24小时内不间断地进行传播。网络广告还可以通过点击次数、显示次数等量化指标跟踪广告效果，并深度了解关于产品的各类信息。

病毒式营销就是数字媒体时代消费者信息接收的代表性产物。病毒式营销（viral marketing）是一种常用的网络营销方法，常用于网站推广、品牌推广等。病毒式营销利用的是用户口碑传播的原理，在互联网上，这种"口碑传播"更为方便，可以像病毒一样迅速蔓延，因此病毒式营销成为一种高效的信息传播方式。而且，由于这种传播是用户之间自发进行的，因此几乎是一种不需要费用的网络营销手段。

病毒式营销并非真的以传播病毒的方式开展营销，而是通过用户的口碑宣传网络，信息像病毒一样传播和扩散，利用快速复制的方式传向数以千计、数以百万计的受众[1]。病毒式营销通过提供有价值的信息和服务，利用用户之间的主动传播来实现网络营销、信息传递的目的。

三、消费者购买决策路径

消费者决策是指消费者谨慎地评价产品、品牌或服务的属性，并进行理性选择，用最少的付出获得能满足某一特定需要的产品或服务的过程。

消费者决策过程模式，简称 CPD(Consumer Decision Process)，最早是由俄州州立大学的恩格尔(Engel)、科特拉(Kollat)及布莱克威尔(Blackwell)三位教授所制定。这套模式的目标是分析个人如何从事实与影响力中去汇总分类，做出对自身和逻辑一致的决策。这套模式显示，消费者在决策时是经历七个主要阶段：① 需求确认；② 资讯检索；③ 购前评估；④ 购买；⑤ 消费；⑥ 消费后评估；⑦ 弃除七个步骤。其中资讯检索正是商人利用广告提供资讯以吸引消费者的重要一环。

消费者的购买决策过程也是其接收信息后的行动过程，包括认知需求、信息收集、方案评估、购买决策、购后评价五个环节。在广告传播的过程中，必须明确消费

---

① 冯英健.网络营销基础与实践[M].北京：清华大学出版社,2020.

者购买决策过程中的几个角色,即提议者、影响者、决策者、购买者、使用者,他们分别会是什么样的人,谁才是真正的目标受众。广告应该明确针对消费者的需求传播信息,提高消费者对产品的认知程度,最大限度地吸引消费者进行购买。

（一）产品涉入程度与消费者购买决策路径

产品涉入度是指消费者对产品的重视程度或者是产品对于个人的重要性,主要分为两种类别：情境涉入和长期涉入。前者指的是在特殊环境内的短时间的涉入(如购买的时候),后者指的是在长期的使用过程中的涉入。产品涉入度越高,消费者的信息收集对产品各种属性的关注就会越多。弗林(Flynn)等的实证研究发现消费者购物乐趣的多少取决于对相关产品知识整体把握的多少,尤其是对新产品的了解。所以,当合伙品牌被认为能为新生的联合品牌产品的评估提供补充信息时,涉入度高的消费者要比涉入度低的消费者更愿意尝试购买新产品,同时他们也愿意通过了解更多的产品来扩大自己可供购买的选择范围,从而提高他们的购买满意度。[①]

不同的产品会产生不同的涉入度,这是受到消费者对产品的重要性认知、风险性认知,以及消费者个人因素、产品属性等因素影响的。

高产品涉入度的消费者会花费更多的时间来考虑他们的产品选择,他们会主动而且积极地搜寻产品的相关信息,认真地思考并比较品牌间的差异,以做出最符合需要的决策,当他们对产品的熟悉度达到一定的程度时,就会出现品牌忠诚行为。低涉入者在信息搜寻上消极被动,不愿花太多的时间去思考信息内容和比较品牌的差异,信息评估简单,态度的形成经常落后于购买行为,在购买决策上并不追求最佳的购买决策,只要产品达到一定标准就可以接受,因此他们经常重复上一次的购买决策。虽然他们经常重复购买同一品牌,但仅是出于习惯性的购买,并不具品牌忠诚度。所有关于商品涉入度的定义都提到了"消费者拥有的有关特定产品类别的兴趣、热情和兴奋感觉"。有学者预计涉入度高的消费者会花费更多的时间考虑商品选择;相反地,涉入度低的消费者可能限制了商品选择的范围以控制时间。

综上可知,对于不同涉入度的产品,消费者愿意花费时间和精力去搜寻信息的意愿是不同的。信息的搜集能够让消费者更加深入地了解自己的购买行为,在各种购买方案之间进行评估,在所有的备选方案中选择感知风险最小的方案,

---

① 刘洋.联合品牌消费行为意向的影响因素研究[J].中国高新技术企业杂志,2009,(09)：87+202.

或者实行有效的降低感知风险的策略。[①]

（二）商品品类与消费者购买决策路径

按照国际知名的 AC 尼尔森调查公司的定义，品类，即"确定什么产品组成小组和类别，与消费者的感知有关，应基于对消费者需求驱动和购买行为的理解"，而家乐福则认为"品类，即商品的分类，一个小分类就代表了一种消费者的需求"。

品类度（brand category degree），是指某个具体商标具有单一利益点的程度，或指消费者在心理上，将某个具体商标当作某个品类的心理认知程度。一般通过测试分析，可以获得品类度。品牌的品类度是指消费者在心理上把某个现实品牌当作某个品类的心理认知程度。也就是说品牌品类度是一个品牌所代表的该产品的单一利益点的程度。

比较早或比较系统研究和应用品类的领域是零售管理，在零售管理中，品类是商品的分类概念，即研究消费者购买商品类别之间的关联性，以此作为零售终端定位。在品牌经济学中，我们将品类进行进一步抽象，将其作为理解品牌的核心概念，即为什么在一个商品类别中，在存在多个商标产品时，顾客会选择某个商标的产品，而不是随意或随机选择？例如，一个不到六岁的小男孩，当他母亲接他出了幼儿园，问他想吃什么时，他不假思索地说去吃麦当劳。为了掌握品类分析，需要掌握以下三个要点。

第一，目标顾客角度，即品类是从消费者的利益角度考虑的，不是从厂商的角度考虑的。换言之，厂商自己不能简单地从产品角度来开发所谓的新产品。在企业实践中，很多新产品的失败不是因为技术原因，而是因为没有得到目标顾客的选择。

第二，单一利益点，即目标顾客对所选购商品所带来的最敏感的一个利益。从经验来看，女士的鞋、包越来越多，不是为了发挥其简单的物质功能，而是因场合和服装匹配而定；轿车种类越来越多，也是为了适应各自的单一用途，如越野、运动等；即使是军队的同一种武器，功能也是越来越单一专用，如冲锋枪、狙击枪等。为什么强调单一利益点？因为单一利益点能够显著地降低目标顾客的选择成本。

第三，利益的双面性，即每个单一利益点是由情感和物质两个方面以不同比

---

① 李阳.不同产品涉入度的网上购物消费者感知风险研究[D].西南科技大学,2007.

例组成的。例如,小说传达的是情感利益,但小说是印刷在纸张上或电脑显示屏上的,纸张和电脑显示屏就是物质利益;再如,动画片带来的也是情感利益,但也是一定要通过电视、电脑或纸张等物质来得以体现的。又如在有自来水的家庭,为何还要购买价格更高的矿泉水? 不仅仅是为了得到"解渴"这个物质利益,还是为了得到矿泉水有利于身体的情感利益。

由于单一利益点有物质利益和情感利益之分,因此,品类也有物质品类、情感品类、物质—情感品类之分,所以,品牌也可以分为物质型品牌、情感型品牌、物质—情感型品牌三类。[①]

(三)商业模式与购买决策路径

"商业模式"是一个比较新的名词。尽管它第一次出现是在 20 世纪 50 年代,但直到 90 年代才开始被广泛使用和传播。今天,虽然这一名词出现的频度极高,但关于它的定义仍然没有一个权威的版本。目前相对比较贴切的说法是:商业模式是一种包含了一系列要素及其关系的概念性工具,用以阐明某个特定实体的商业逻辑。它描述了公司所能为客户提供的价值以及公司的内部结构、合作伙伴网络和关系资本(relationship capital)等借以实现(创造、推销和交付)这一价值并产生可持续盈利收入的要素。

泰莫斯将"商业模式"定义为:一个完整的产品、服务和信息流体系,包括每一个参与者和其在其中起到的作用,以及每一个参与者的潜在利益和相应的收益来源和方式。在分析商业模式的过程中,主要关注一类企业在市场中与用户、供应商、其他合作方的关系,尤其是彼此间的物流、信息流和资金流。

商业模式的设计是商业策略的一个组成部分。而将商业模式放到公司的组织结构(包括机构设置、工作流和人力资源等)及系统(包括 IT 架构和生产线等)中去实施则是商业运作的一部分。

"客户价值最大化""整合""高效率""系统""盈利""实现形式""核心竞争力""整体解决"这八个关键词也就构成了成功商业模式的八个要素,缺一不可。其中,"整合""高效率""系统"是基础或先决条件,"核心竞争力"是手段,"客户价值最大化"是主观追求目标,"持续盈利"是客观结果。

商业模式对消费者购买决策而言也是一个十分重要的考量因素。以盒马鲜生为例,盒马鲜生是阿里巴巴对线下超市完全重构的新零售业态。盒马是超市,

---

① 孙日瑶,曹越,刘华军.BCSOK:品牌建设体系[M].北京:经济科学出版社,2009:7.

是餐饮店,也是菜市场,但这样的描述似乎又都不准确。消费者可到店购买,也可以在移动端下单。而盒马最大的特点之一就是快速配送:门店附近3公里范围内,30分钟送货上门。

实际上,在强烈推荐支付宝进行支付的背后,是盒马将对用户消费行为大数据挖掘。阿里巴巴为盒马鲜生的消费者提供会员服务,用户可以使用淘宝或支付宝账户注册,以便消费者从最近的商店查看和购买商品。盒马可以跟踪消费者购买行为,借助大数据提出个性化的建议。

盒马鲜生的商业模式有四点。

一是门店的定位。传统卖场、社区超市等,以门店的规模、人群的划分来定位。而盒马模式是基于场景定位,围绕"吃"这个场景定位。

二是商品结构方面。盒马模式改变了传统超市、卖场的品类组合原则,盒马追求的经营理念是不仅为顾客提供简单的商品,而是提供一种生活方式。把更多以往家庭完成的事情放到店里完成,为顾客提供的是可以直接食用的成品、半成品。因此,可以说盒马改变了传统超市的商品结构。

三是餐饮与超市的融合。盒马鲜生颠覆了传统餐饮业、零售业。餐饮不单单是体验中心,是流量中心,增强了消费者的黏性。

四是强大的复合功能。超市功能+餐饮功能+物流功能+企业与粉丝互动的运营功能,颠覆了传统的简单买卖的零售模式。盒马强大的物流功能指盒马鲜生的特点是快速配送,门店附近5公里范围内,最快30分钟送达。

传统的零售理念是:销售=来客数×客单价。盒马模式放弃了客单价理论,意味着零售店的业绩主要依靠提升来客数一端。它所表现的是零售店由以自我为中心的经营理念,转向以消费者为中心的经营理念,这是一种重大的经营理念变革。

从定位、商品结构来看,盒马已彻底改变了传统零售以商品为中心的经营模式,转向以场景为中心的商品组织模式。盒马已打破传统零售的品类概念,实行的是以场景为中心的商品组织。由于其追求的是为消费者提供有品质的生活方式,超市的许多品类发生了重构,品类管理的模式发生改变,具有强大的复合功能,特别是突出了餐饮功能、物流功能、粉丝运营功能,这必将会冲击目前零售单一的买卖功能。盒马真正体现了互联网环境下零售商业模式生态化重构。

第三节　影响消费者行为的因素

一、社会

（一）人口统计因素

人口统计因素一般指的是人口总数、性别、年龄、健康状况、职业、婚姻、文化水平、收入等对消费者行为的影响，不同的人口特征可能会形成不同的消费风格。热带地区对于棉毛制品的购买较其他地区要少得多，女性购买衣物、化妆品一般来说远远多于男性群体，已经结婚生子的家庭和单身的年轻人购买商品的类型也是截然不同的……这些都证实了社会中的人口统计因素对于消费者是否产生消费行为影响重大。

这里还要提到的是 VALS(Values and Lifestyles)系统，全称为"价值观和生活方式系统"，这个系统的创建基于对人们生活方式的深入研究。根据 20 世纪 80 年代对大约 1 600 个美国家庭进行的全面调查，研究者阿诺德·米歇尔(Arndd Mithchell)设计出了一个将消费者划分为九个不同生活方式群体的 VALS 系统，包括成就者、奋斗者、制造者、经验者、理性者、传统者、怀疑论者、随和者和依赖者。梅里尔·林奇公司(Merrill Lynch)设计的广告创意是运用 VALS 数据去瞄准有此需要的生活方式的细分市场。广告是由一群牛狂野地冲过平原这样一组画面组成的。一方面，一项 VALS 分析揭示了这一广告形态主要对 VALS 类型中"归属者"这类占据大量市场的、只想适应而不想突出的消费者群有吸引力；另一方面，奇林公司的目标顾客是"成就者"，即那些富裕的商界和政界的领袖人物，他们具有领导才能和自信心。广告代理商就改换了画面，只出现一头牛（象征强烈的个性特征），主题也变为"一头离群的牛"。

（二）社会阶层

社会阶层，是指一个社会按其社会准则将其成员划分为相对稳定的不同类别（层次），每个类别的成员都有类似的价值观、兴趣及行为。不同社会层次反映了人们的社会地位、经济实力、受人尊敬的程度及行为特征。这也是影响人们购买行为的重要因素，从而影响到企业的营销决策。

作为社会成员，消费者均处于一定的社会阶层，同一阶层的消费者在价值观念、态度和行为等方面具有同质性，不同阶层的消费者在这些方面存在较大的差异。因此,研究社会阶层对于深入了解消费者行为具有非常重要的意义。比如,学生人群与白领人群在消费上必然有很大的差别。

（三）家庭

家庭是由婚姻、血缘或收养关系构成的社会组织的基本单位。"家庭"有广义和狭义之分。狭义的家庭是指一夫一妻制构成的单元;广义的家庭则泛指人类进化的不同阶段的各种家庭利益集团,即家族。从社会设置来说,家庭是最基本的社会设置之一,是人类最基本、最重要的一种制度和群体形式。从关系来说,家庭是具有婚姻、血缘和收养关系的人们长期居住的共同群体。家庭是最重要的相关群体,对消费者个人的价值观念、审美意识、生活方式及消费观念的形成影响最大。家庭成员在购买过程中扮演的角色各不相同。在消费者购买过程中,每个家庭成员可能扮演五种不同的角色,即发起者、影响者、决策者、购买者和使用者。家庭对购买决策的影响主要表现为四种情况:① 丈夫做主型:传统男权主义家庭。② 妻子做主型:女权主义家庭。③ 共同做主型:民主式家庭。④ 各自做主型:现代白领女性家庭或者夫妻有矛盾时期。

家庭的构成大致可以总结为四种。

（1）主干家庭,也称"直系家庭",是以父母为主干的家庭形式,通常包括祖父母、父母和未婚子女等直系亲属三代人。法国社会学家 F·勒普累首先提出了"主干家庭"的概念。主干家庭仅留一个继承人,其余则分门别居,以老家作为联络中心。主干家庭是由扩大家庭向核心家庭过渡的模式,有一定的生命力。现代社会主干家庭在全部家庭中所占比例已经不断减小。

（2）联合家庭是指由有血缘关系的两个或多个性别相同的人及其配偶和子女,或者两个以上同辈姐妹结婚后组成的家庭类型,或有父母长辈,或没有。联合家庭也分为两种结构,一是异代联合家庭,即两对以上同代夫妇及其未婚子女与父母所组成的家庭;二是同代联合家庭,即两对或两对以上同代夫妇及其未婚子女所组成的家庭。联合家庭一般是兄弟结婚后不分家形成的,大多是出于共同继承财产的需要。我国联合家庭大多是由于经济上的原因而形成的,仅仅以感情为基础形成的联合家庭很少。

（3）核心家庭是指由一对夫妇及未婚子女（无论有无血缘关系）组成的家庭。通常称"小家庭"。人类学家默多克通过对 250 个家庭进行研究,在《社会结构》(1949)中依其亲属关系进行分类提出"小家庭"这种家庭形态,以区别于多偶家庭和大家庭。

（4）单亲家庭,顾名思义也就是由父母其中之一与其子女所组成的小家庭。现代社会的离婚率上升,因此单亲家庭在所有家庭中的比例也有所扩大。

（四）群体

罗伯特·默顿在《社会理论和社会结构》中说:"人们判断自己生活的好坏不是依据客观的环境,而是要和周围的人做比较,这些人就是参考群体。"影响消费行为的群体一般被称为参考群体、参照群体。参考群体(reference group)是指对其成员的看法和行为存在直接(面对面)或间接影响的所有群体。存在直接影响的群体被称为成员群体(membership group)。某些成员群体是主要群体(primary group),如家庭、朋友、邻居和同事,其成员之间会进行较持续的且非正式的互动。人们还从属于次要群体(secondary group),如宗教、职业和工会群体,其成员之间的关系一般更正式且互动的持续性较弱。

参考群体至少会在三方面影响其成员。参考群体将个人置身于新行为和新的生活方式之中,影响个人的态度和自我概念;还会制造从众压力,这可能会影响个人对产品和品牌的选择。此外,人们还会受到非隶属群体的影响。一个人希望加入的群体被称为渴望群体(aspirational group);而一个人反对其价值观或行为的群体则被叫作疏离群体(dissociative group)。

参考团体一般可以分为三种类型:

一是成员资格型参考团体。人们从事各种职业,具有不同的信仰和兴趣爱好,因此他们都分属于不同的社会团体。由于社会团体需要协同行为,作为团体的成员的行为就必须同团体的行为目标相一致。各种团体具有不同的性质,因此它们对其成员行为的影响程度也是不同的。军人必须穿着军装,严肃风纪,带有强制性的纪律。文艺工作者穿着打扮比较浪漫,比一般人更丰富多彩,这并不是由于文艺团体对其成员硬性规定,而是一种职业特征的体现;国外有各种球迷协会,其成员佩戴共同的标志,经常在某一个咖啡馆聚会,甚至购买某一种共同牌号的商品,这种行为显然也是出于自愿。

二是接触型参考团体。人们能够参加的团体数目是有限的,但是人们接触各种团体的机会却是很多的,人们都有自己的父母、兄弟、亲戚、朋友、同事、老师、邻居,这些人分属于各种社会团体,人们可以通过他们接触各种团体。接触型参考团体对消费者行为同样会产生一定的影响。例如,如果父母从事文艺工作或教育工作,那么子女从小耳闻目睹,对商品选择也会具有一定的艺术鉴赏能力,或穿着注意仪表,酷爱读书。如果某人的亲戚或朋友是医生,受他们的影响,此人会比较注重健康,对于食物更注重其所提供的营养;如果某人的伴侣是一位体育工作者,他就有机会更多地了解国内体育市场的发展状态,观看各种体育比赛,甚至受伴侣的影响而参加各种体育活动。

三是向往型的参考团体。除了参与和接触之外,人们还可以通过各种大众媒介了解各种社会团体。所谓向往型的参考团体是指那些与消费者没有任何联系,但对消费者又有很大吸引力的团体。人们通常会向往某一种业务,羡慕某一种生活方式,甚至崇拜某一团体的杰出人物。对于那些对未来充满理想憧憬的青年人,这种向往的心理就显得尤为明显。当这种向往不能成为现实的时候,人们往往会通过模仿来满足这种向往心理要求。女孩子会模仿歌星、影星;男孩子会模仿著名的运动员;成年人也会模仿某些有影响人物的发型、服饰和生活方式。向往型团体对消费者的行为影响也是间接的,但由于这种影响与消费者的内在渴望相一致,因此效果往往是很明显的。

当参考群体的影响较强时,营销人员就必须去接近和影响群体中的意见领袖。意见领袖是指对一个特定的产品或产品种类提供非正式建议或信息的人,例如哪个品牌最好,或如何使用某个产品等。意见领袖通常高度自信并善于社交,而且经常使用该产品种类。为了接近意见领袖,营销人员通过他们的人口统计信息与心理统计特征来识别,确定他们经常使用的媒体,并将信息直接传向他们。

人们总希望自己富有个性和与众不同,然而群体的影响又无处不在。不管是否愿意承认,每个人都有与各种群体保持一致的倾向。看一看班上的同学,你会惊奇地发现,除了男女性别及其在穿着上的差异外,大部分人衣着十分相似。尽管我们时常要有意识地决定是否遵从群体,但在通常情况下,我们是无意识地和群体保持一致的。参照群体对消费者的影响,通常表现为三种形式,即行为规范上的影响、信息方面的影响、价值表现上的影响。

一是规范性影响。规范性影响是指由于群体规范的作用而对消费者的行为产生影响。规范是指在一定社会背景下,群体对其所属成员行为合适性的期待,它是群体为其成员确定的行为标准。无论何时,只要有群体存在,无须经过任何语言沟通和直接思考,规范就会迅速发挥作用。规范性影响之所以发生和起作用,是由于奖励和惩罚的存在。为了获得赞赏和避免惩罚,个体会按群体的期待行事。广告商声称,如果使用某种商品,就能得到社会的接受和赞许,利用的就是群体对个体的规范性影响。同样,宣称不使用某种产品就得不到群体的认可,也是运用了规范性影响。

二是信息性影响。信息性影响是指参照群体成员的行为、观念、意见被个体作为有用的信息予以参考，由此对其行为产生影响。当消费者对所购产品缺乏了解，凭眼看、手摸又难以对产品品质做出判断时，别人的使用和推荐将被视为非常有用的依据。群体在这一方面对个体的影响，取决于被影响者与群体成员的相似性，以及施加影响的群体成员的专长性。例如，某人发现好几位朋友都在使用某种品牌的护肤品，于是她决定试用一下，因为这么多朋友使用它，意味着该品牌一定有其优点和特色。

三是价值表现上的影响。价值表现上的影响是指个体自觉遵循或内化参照群体所具有的信念和价值观，从而在行为上与之保持一致。例如，某位消费者感到那些有艺术气质和素养的人，通常是留长发、蓄络腮胡、不修边幅，于是他也留起了长发，穿着打扮也不拘一格，以反映他所理解的那种艺术家的形象。此时，该消费者就是在价值表现上受到参照群体的影响。个体之所以在无须外在奖惩的情况下自觉依群体的规范和信念行事，主要是基于两方面力量的驱动。一方面，个体可能利用参照群体来表现自我，来提升自我形象；另一方面，个体可能特别喜欢该参照群体，或对该群体非常忠诚，并希望与之建立和保持长期的联系，从而视群体价值观为自身的价值观。

二、文化因素

（一）文化的定义

文化是人们在长期的社会实践中形成的历史现象的沉淀，同时它又处于不断变化之中。它既包括全体社会成员共同的基本核心文化，同时也包括不同风俗习惯和宗教文化等亚文化。

文化是生物在其发展过程中逐步积累起来的与自身生活相关的知识或经验，是其适应自然或周围环境的体现。文化有着多样性、时限性、区域性和流动性等特点。就文化对个人的影响来看，它为人们提供了看待事物、解决问题的基本观点、标准和方法，规范着群体成员的行为。文化能以多种方式作用于消费者购买决策，能影响消费者进行信息搜集和价值判断，也能左右消费者对特定商品的购买决策。文化虽然无法支配人们的需要，但可以支配人们满足需要的方式。

（二）亚文化

亚文化属于局部的文化现象，一个大的文化范围内可能包含若干个不同的亚文化群。

（1）民族亚文化。全世界不少国家都是由不同民族构成的。不同的民族，都可能各有其独特的风俗习惯和文化传统。民族文化在研究消费者购买行为时就是一个重要依据。

（2）宗教亚文化。不同的宗教群体，有着不同的文化倾向、习俗和禁忌。宗教能影响人们的行为，也能影响人们的消费观。基督教、伊斯兰教和佛教是世界三大宗教，这些宗教的信仰者都有各自的信仰、生活方式和消费习惯，从而形成对不同商品的偏好和禁忌，如：基督教教徒过圣诞节；伊斯兰教一般禁止食用猪肉及其有关的制品等；虔诚的佛教徒不食用肉类食品，提倡素食，也不饮酒。

（3）种族亚文化。白种人、黄种人、黑种人都各有其独特的文化传统和文化风格。比如美国和南非就存在不同的人种，他们即使生活在同一城市，也会有自己特殊的需求、爱好和消费习惯。

（4）地域亚文化。地理环境上存在着差异，比如一个国家不同的省份、县市之间由于长期形成的地域习惯，也会导致人们在消费习俗和消费特点上的不同。自然地理环境不仅能决定一个地区的产业格局，也能影响一个地区消费者的生活方式、生活水平、购买力和消费结构，从而在不同的地域可能形成不同的商业文化。

三、个人因素

（一）心理因素

人的行为是受其心理活动支配和控制的。在市场营销活动中，虽然消费者的需求千变万化，购买行为千差万别，但都建立在心理活动过程的基础上。消费者心理活动过程，是指消费者在消费决策中支配购买行为的心理活动的整个过程。影响消费者心理活动过程的主要因素有动机、知觉、学习和态度等。

1. 动机

人的行为是由动机支配的，而动机是由需要引起的。需要是人们对于某种事物的要求或欲望。就消费者而言，需要表现为获取各种物质需要和精神需要。由于需要是抽象的，本身不一定能够引起个体行为，所以"动机"成为解释人类行为的最重要的概念。动机是驱使人们满足需要、达到目的的内在驱动力，它能够引导人们去探究满足需要的目标。

美国社会心理学家亚伯拉罕·马斯洛(A. H. Maslow)在 1943 年出版的《人的动机理论》一书中首次提出了人类的需求层次理论。他对人类行为的动机进行了概括,提出了迄今为止最具影响力的社会行为理论。

图 7-5　马斯洛需求层次

生理需要,是指人类生存最基本的需要,如衣、食、住、行等。

安全需要,是指保护自己身体和情感免受伤害的需要,包括对现在和将来的安全需要。出于这种需要,人们就会对安防设备、人寿保险和财产保险产生一定的市场需求。

社交需要,包括友谊、爱情、归属及接纳等方面的需要,这必然推动对参加社交场合的服饰、馈赠的礼品等方面的消费需求的增加。

尊重需要,包括自尊、自主等内部尊重和地位、认可、关注等外部尊重。这容易产生对能象征自己身份与地位的高档消费品等方面的需要。

自我实现需要,是指成长与发展、发挥自身潜能、实现理想的需要,是一种追求个人能力极限的内驱力,包括胜任感和成就感等。这容易产生继续提升学历等方面的需要。

人的需要可以分为两级,生理的需要和安全的需要属于低级需要,注重的是物质层面的满足,而社交的需要、尊重的需要和自我实现的需要属于高级需要,注重的是情感、精神层面的满足。一般而言,对于需要的满足是按照从低到高的层次依次实现的,但也有跨越层次实现的情况。总之,需要的层次性由人的需要的迫切性来决定其高低顺序排列。

消费者购买动机是指消费者为了满足某种需要,产生购买商品的欲望和意念。购买动机可分为两类:

一是生理性购买动机。生理性购买动机指人们因生理需要而产生的购买动机,如饥思食、渴思饮、寒思衣,又称本能动机,包括:① 维持生命动机;② 保护生命动机;③ 延续和发展生命动机。生理动机具有经常性、习惯性和稳定性的特点。

二是心理性购买动机。心理性购买动机是指人们由于心理需要而产生的购买动机。根据对人们心理活动的认识,以及对情感、意志等心理活动过程的研究,可将心理动机归纳为以下三类:① 感情动机,指由于个人的情绪和情感心理方面的因素而引起的购买动机。根据感情不同的侧重点,可以将其分为三种消费心理倾向,即求新、求美、求荣。② 理智动机,指建立在对商品的客观认识的基础上,经过充分的分析比较后产生的购买动机。理智动机具有客观性、周密性的特点,在购买中表现为求实、求廉、求安全的心理。③ 惠顾动机,指对特定的商品或特定的商店产生特殊的信任和偏好而形成的习惯重复光顾的购买动机。这种动机具有经常性和习惯性等特点,表现为嗜好心理。

人们的购买动机不同,购买行为必然是多样的、多变的。这就要求企业营销人员深入细致地分析消费者的各种需求和动机,针对不同的需求层次和购买动机设计不同的产品和服务,制定有效的营销策略,这样才能获得营销成功。

2. 感觉和知觉

感觉是人们通过各种感官对外界刺激的反应,是个体对外在刺激的最简单、最初的理解。一个物体有它的光线、声音、温度、气味等属性,我们的每个感觉器官只能反映物体的一个属性,眼睛看到光线,耳朵听到声音,鼻子闻到气味,舌头尝到滋味,皮肤感知到温度和光滑的程度,等等。每个感觉器官对直接作用于它的事物的个别属性的反映就是一种感觉。

知觉是客观事物直接作用于人的感觉器官,是人脑对客观事物整体的反映,是人对感觉信息的组织和解释的过程。当我们行走在林荫道上,不仅能看到各种颜色,听到各种声音,闻到各种气味,而且认识到这是美丽的街心花园,那是汽车在行驶,人群川流不息,即在我们头脑中产生了花园、汽车、人群的整体形象。

知觉和感觉一样,都是刺激物直接作用于感觉器官而产生的,都是我们对现实的感性反映形式。一个人的行动会受其对事物情况的知觉的影响。由于每个人吸取、组织和解释知觉信息的方式不尽相同,其行为也就不同。感觉、知觉的差异可能是由于每个人先天禀赋不同,或者是个人的后天经验不同,或者是接受理解的(刺激)角度不同而造成的。

3. 学习

学习是指在相似的情况下,由过去的行为所引发的行为改变,即由于经验而引起的个人行为的改变。如通过试用,对产品有了亲身体验,就会形成某种观念或态度,即学习过程完成,这也为下次购买奠定了基础。消费者在其购买活动中不断实践,不断积累各种经验,并影响其下一步的购买行为,甚至形成购买习惯。

所以,企业可以通过营销不断刺激+反应,强化人们的某种反应和行为,以培养消费者有利于企业的购买习惯,帮助消费者学习,即消费者教育,改变消费者观念,以打开市场。这也是为什么企业会对同一个产品进行反复宣传的原因。

4. 态度

态度是指一个人对某个客观事物或观念的相对稳定的评价及倾向。态度是经验的升华,如多次购买上海货都不错,这种经验就易升华为"上海货不错"的态度。态度是人们产生喜欢或不喜欢某些事情、接受或拒绝某些事情的固定想法和习惯。

营销者需要特别关注的是消费者的态度一旦形成,很难改变。也就是心理学里所讲的"首因效应"。

(二)行为因素

关于消费者行为对其消费决策的影响研究在数字媒体时代比较多,主要是利用大数据刻画用户画像,将消费者群体进行标签化归类。通过算法对消费者日常行为的分析,可以更清晰地了解其行为因素对消费行为的影响。

比较有代表性的是微盟智营销(weimob)这款大数据用户行为分析产品。微盟智营销以聚类、行为、漏斗、模拟、交叉五大数据智能分析模型,借助 AI 技术,对企业数据仓和业务系统中的数据进行实时计算。让企业从宏观的角度掌握客群分布特征,对客户行为进行深度分析,理解客户诉求。同时,借助多种数据分析工具,精细化把控营销流程,并以数据反馈优化营销策略。让企业持续提升对市场和客户的感知敏锐度,真正做到"运筹帷幄之中,决胜于千里之外"。

　　在智营销后台，企业可以借助饼状图、柱形图等各类可视化图表工具快速查看基于客户集群特征的属性分布情况，包括客户性别以及年龄等身份分布、客户访问以及注册等行为分布、客户访问来源、渠道等营销等整体分布情况。如此，企业可以快速识别自己目前的客户集群的关键特征，从而构建精准的用户画像，真正了解和把握客户。同时根据目标客群所呈现出的细颗粒度属性与行为表现，丰富了企业构建客户画像的数据维度，让企业可以更加精准地识别目标客群，并且根据不同细分客群所占比重，合理配置营销资源，提升整体营销效率。

　　微盟智营销通过聚类算法模型、行为算法模型、漏斗算法模型、模拟算法模型和交叉算法模型五种 AI 算法模型，可以帮助企业更好地实现智能化分析，更加精准地洞察市场。其中，行为算法模型更着重以精细化埋点技术实现对企业客户浏览官网、在线咨询、试用产品等行为进行全流程追踪，分析客户行为发生与相应营销策略的关联程度与交互影响。企业可以借助行为轨迹记录系统在后台完整看到企业任一用户的行为始末，同时以页面热力图、营销事件数据看板等多类型精细化的数据图表，高效进行客户行为的下单和关联分析，论证企业对客群行为的猜想，并就某一类客群出现的"大量涌入""高频咨询""集中于某时段流失"等行为给出合理化解释，为企业实现产品细节与营销策略的优化提供支持。在后台数据分析中，根据用户在某页面、广告中的停留时长或点击量，企业可以更好地做出回应。

　　（三）生命周期

　　家庭生命周期是反映一个家庭从形成到解体呈循环运动过程的范畴。由于消费者的家庭状况因为年龄、婚姻状况、子女状况不同，可以将其划分为不同的生命周期阶段。在生命周期的不同阶段，消费者的行为呈现出不同的特性。

　　（1）单身阶段：处于单身阶段的消费者一般比较年轻，几乎没有经济负担，消费观念紧跟潮流，注重娱乐产品和基本的生活必需品的消费。

　　（2）新婚夫妇：经济状况较好，具有比较大的需求量和比较强的购买力，耐用消费品的购买量高于处于家庭生命周期其他阶段的消费者。

　　（3）满巢期（Ⅰ）：指最小的孩子在 6 岁以下的家庭。处于这一阶段的消费者往往需要购买住房和大量的生活必需品，常常感到购买力不足，对新产品感兴趣并且倾向于购买做广告的产品。

　　（4）满巢期（Ⅱ）：指最小的孩子在 6 岁以上的家庭。处于这一阶段的消费者一般经济状况较好但消费慎重，已经形成了比较稳定的购买习惯，极少受广告的影响，倾向于购买大规格包装的产品。

（5）满巢期（Ⅲ）：指夫妇已经上了年纪，但是有未成年的子女需要抚养的家庭。处于这一阶段的消费者经济状况尚可，消费习惯稳定，可能购买富余的耐用消费品。

（6）空巢期（Ⅰ）：指子女已经成年并且独立生活，但是家长还在工作的家庭。处于这一阶段的消费者经济状况最好，可能购买娱乐品和奢侈品，对新产品不感兴趣，也很少受到广告的影响。

（7）空巢期（Ⅱ）：指子女独立生活，家长退休的家庭。处于这一阶段的消费者收入大幅度减少，消费更趋谨慎，倾向于购买有益健康的产品。

（8）鳏寡就业期：尚有收入，但是经济状况不好，消费量减少，集中于生活必需品的消费。

（9）鳏寡退休期：收入少，消费量很小，主要需要医疗产品。

由于消费者在家庭生命周期的不同阶段的欲望和购买行为有一定的差别，企业可以制定专门的市场营销计划来满足处于某一或者某些阶段的消费者的需要。

第四节　B to B 的购买行为

一、B to B 的购买决策路径

传统线下的购买行为，主要是通过人员促销的方式，随着互联网的发展，越来越多的企业采用线上购买的形式，从技术发展角度来看，企业间电子商务的发展要经历三个阶段。第一阶段，企业内部的互联（Intranet）。在此阶段，企业首先要建立内部的局域网，实现企业内部的信息、设备等资源的共享，并利用局域网实现企业员工之间及职能部门之间真正的协同工作。此阶段主要是控制企业内部成本，提高管理生产效率。第二阶段，企业与企业的互联（extranet）。随着企业内部网络不断向外延伸，企业将自己的局域网与那些与自己有密切业务关系的企业的网络进行相互相连，企业可以与自己的业务伙伴（包括供货商、经销商、服务商等）随时保持联系与沟通，不断拓展自己的业务范围。此阶段的目标主要是降低销售成本，提高交易效率。企业常常通过防火墙（firewall）隔开与企业无关的互联网络用户，这一阶段的商务软件主要是基于 EDI 的解决方案。第三阶段，电子商贸（e-Commerce）。这是一个战略性的转变，企业开始在网上进行电子交易，并通过整合企业内部业务来推动企业实现网上交易方式的转变。

这一阶段的商务软件主要是基于 Web 的解决方案,如 IBM 的 E-business 和 HP 的 E-services,它涉及相关行业和关联业务的电子商务处理。此阶段的目标主要是拓展市场范围和寻求更多商机,从而增加销售收入。

B to B 涉及的要素有:① 商业客户:B2B 中的"B",即电子交易的购买商家。② 销售商:B2B 中的另一个"B",即为电子交易的销售商家。③ 运输商:运送货物的商家,即物流配送必不可少的一环。④ 供货商:生产产品的企业。⑤ 支付网关(Payment Gateway):连接银行网络与 Internet 的一组服务器,主要作用是完成两者之间的通信、协议转换和进行数据加密、解密,以保护银行内部的安全。⑥ 银行,即网上银行。

B2B 电子商务的基本流程有八个步骤。

第一步,商业客户向销售商订货,首先要发出"用户订单",该订单应包括产品名称、数量等一系列有关产品的问题。

第二步,销售商收到"用户订单"后,根据"用户订单"的要求向供货商查询产品情况,发出"订单查询"。

第三步,供货商在收到并审核完"订单查询"后,给销售商返回"订单查询"的回答。基本上是关于有无货物等情况。

第四步,销售商在确认供货商能够满足商业客户"用户订单"要求的情况下,向运输商发出有关货物运输情况的"运输查询"。

第五步,运输商在收到"运输查询"后,给销售商返回"运输查询"的回答,例如有无能力完成运输,及有关运输的日期、线路、方式等要求。

第六步,在确认运输无问题后,销售商会即刻给商业客户的"用户订单"一个满意的回答,同时要给供货商发出"发货通知",并通知运输商运输。

第七步,运输商接到"运输通知"后开始发货,接着商业客户向支付网关发出"付款通知",支付网关和银行结算票据。

第八步,支付网关向销售商发出交易成功的"转账通知"。

研究发现,B2B 购买行为一般需要完成六个环节,买家必须经历这些环节才能完成购买:

图 7－6　B2B 购买过程

① 问题识别："我们需要做点什么"。② 解决方案探索"有什么可以解决我们的问题"。③ 需求构建："我们到底需要购买什么"。④ 供应商选择："这是我们想要的吗"。⑤ 问题验证："我们认为我们知道正确的答案,但我们需要确定"。⑥ 创造共识："我们需要让每个人都参与其中"。

值得关注的是,这六个环节的内容并不会以任何可预测的线性顺序进行展开。相反,在典型的 B2B 买家购买过程中进行的是一种可被称为"循环"的路径。过程中会至少对这六个购买环节中的每一个环节进行一次回顾,且每个环节的推进不是按顺序进行的,而是或多或少同时进行的。

二、B to B 购买决策的影响因素

（一）环境因素

B to B 的购买决策过程比消费者决策过程更为复杂,是需要在一个正式组织现有预算、成本和利润考虑范围内进行的,这一决策过程涉及的人数众多,其中的相互作用也非常复杂。影响 B to B 购买决策的环境因素包括经济、政治、监管、竞争和技术因素以及自然灾害等。

所谓经济环境,是指构成企业生存和发展的社会经济状况和国家经济政策,是影响消费者购买能力和支出模式的因素,它包括收入的变化、消费者支出模式的变化等。社会经济状况包括经济要素的性质、水平、结构、变动趋势等多方面的内容,涉及国家、社会、市场及自然等多个领域。国家经济政策是国家履行经济管理职能,调控国家宏观经济水平、结构,实施国家经济发展战略的指导方针,对优化企业经济环境有着重要的影响。

政治环境,是指企业市场营销活动的外部政治形势。一个国家的政局稳定与否,会给企业营销活动带来重大的影响。如果政局稳定,人民安居乐业,就会给企业营销创造良好的环境。相反,政局不稳、社会矛盾尖锐、秩序混乱,就会影响经济发展和市场的稳定。企业在市场营销中,特别是在对外贸易活动中,一定要考虑东道国政局变动和社会稳定情况可能造成的影响。政治环境对企业营销活动的影响主要表现为国家政府所制定的方针政策,如人口政策、能源政策、物价政策、财政政策、货币政策等,都会对企业营销活动带来影响。例如,国家通过降低利率来刺激消费的增长;通过征收个人收入所得税调节消费者收入的差距,从而影响人们的购买;通过增加产品税,对香烟、酒等商品进行征税来抑制人们的消费需求。

　　企业的科技环境是指企业所处的社会环境中的科技要素及与该要素直接相关的各种社会现象的集合。粗略地划分企业的科技环境,大体包括四个基本要素:社会科技水平、社会科技力量、国家科技体制、国家科技政策和科技立法。社会科技水平是构成科技环境的首要因素,它包括科技研究的领域、科技研究成果门类分布及先进程度和科技成果的推广和应用三个方面。社会科技力量是指一个国家或地区的科技研究与开发的实力。科技体制指一个国家社会科技系统的结构、运行方式及其与国民经济其他部门的关系状态的总称,主要包括科技事业与科技人员的社会地位、科技机构的设置原则与运行方式、科技管理制度、科技推广渠道等。国家的科技政策与科技立法指的是国家凭借行政权力与立法权力,对科技事业履行管理、指导职能的途径。

　　如今,变革性的技术正对企业的经营活动产生着巨大的影响。企业要密切关注与本企业的产品有关的科学技术的现有水平、发展趋势及发展速度,对于新的"硬技术",如新材料、新工艺、新设备,企业必须随时跟踪掌握,对于新的"软技术",如现代管理思想、管理方法、管理技术等,企业要特别重视。

　　在 B to B 的购买决策过程中,以上所提到的宏观因素都会影响购买决策的过程及结果。

　　(二)组织因素

　　在 B to B 的购买决策过程中,组织的作用非常重要,该购买行为是发生在组织内部的,同时也需要买方组织对卖方组织充分了解。营销人员必须了解客户的组织结构、政策和购买系统。

　　组织因素是指与购买者自身有关的因素,包括采购组织的经营目标、战略、政策、程序、组织结构和制度等。供应商的营销人员必须尽量了解这些因素:采购组织的经营目标和战略是什么;他们需要采购什么;他们采购的方式和程序是什么;有哪些人参与采购或对采购产生影响;他们评价采购的标准是什么;该组织对采购人员有哪些政策和限制等。

　　各组织的经营目标和战略的差异,会使其对采购产品的款式、功效、质量和价格等因素的重视程度、衡量标准不同,从而导致他们的采购方案呈现差异化。组织采购包括:集中采购或分散采购,是否利用互联网采购等方式,供应商销售的模式应随之出现变化,以及销售人员队伍的组成结构也必须与之相对应。例如,采购组织若集中采购,供应商则必然会与人数较少但素质较高的采购人员打交道,这就意味着其可能要用大客户销售队伍的销售模式。如果采购组织升格其采购部门,这意味着供应商必须相对应地升级其销售人员,以便与买方的采购人员相称。若采购组织建立了有效的采购激励制度,奖励那些工作业绩突出的采购人员,将导致采购人员为争取最佳交易条件而给供应商增加压力。

（三）人际因素

在 B to B 的购买过程中,个人和决策委员会都会影响到购买决策的进度,营销人员必须足够了解影响者,了解他们在购买过程中的一些优先事项。销售人员则必须做到对产品有深入的技术理解。人际因素是指购买中心的各种角色间的不同利益、职权、地位、态度和相互关系。这些因素间关系的变化,会对组织购买决策产生影响。供应商的营销人员应尽量地了解购买中心的每个人在购买决策过程中所扮演的角色,以及他们的相互关系,充分地利用这些因素促成与采购组织的合作。

（四）个人因素

个人因素是指购买决策中的每个参与者都有个人动机、直觉和偏好。受年龄、收入、教育、专业、个性、偏好、风险意识等因素的影响,采购中心的相关人员明显表现出其不同的购买特点。有些是"简练"型购买者;有些是"外向"型购买者;有些是"完美"型购买者;有些是"理智"型购买者;有些是"强硬"型购买者。

在 B to B 的购买决策过程中,采购员、类别顾问等都会在其中起到一定的作用。采购员的角色是以最好的价格购买到所需产品的贸易部门的买家,其背后的采购部门则需要共同确定需求、寻找并评估不同的供应商并做出购买决定。类别顾问则是作为品类顾问或品类向导,是为零售买家指定全面采购计划的贸易业者。

 思考题

1. 市场的定义是什么?

2. 市场定位和市场细分有何区别?

3. 随着媒体数字化的发展,消费者信息接收过程发生了怎样的变革? 广告行业应如何适应和利用这些变化来更有效地传达信息?

4. 什么是消费者洞察? 有哪些方法来进行消费者洞察?

5. B to B 购买决策的复杂性体现在何处?

【案例讨论】

宜家的"印刷目录"

宜家的印刷目录营销是该品牌长期以来的一个重要营销工具。每年宜家会发布一个精心设计的产品目录,展示其家具和家居装饰品的最新系列。这个印刷目录不仅是一个产品展示工具,也是宜家与消费者沟通品牌理念、设计理念和可持续生活方式建议的重要方式。

1. 广告市场策略角度

品牌一致性:宜家的目录贯彻了品牌的社会主义核心价值观——提供质量好、设计优良且价格合理的家具,以及推广简单、实用的生活方式。通过目录,宜家能够在全球范围内维持品牌信息的一致性。

多渠道整合:尽管"印刷目录"是一个传统的印刷产品,宜家的目录被巧妙地整合到了数字营销策略中。例如,通过扫描目录中的二维码,消费者可以访问在线内容,包括产品视频、设计灵感和增强现实(AR)功能,使产品在家中"试摆"。这种多渠道整合策略加深了消费者的互动体验,提高了参与度。

目标市场适应性:宜家通过对不同市场的消费者偏好和需求进行研究,对其目录进行地区化调整。这不仅体现在语言的本地化,还包括产品选择、设计风格和生活方式的展示,以符合当地文化和消费者的期待。

2. 消费者洞察角度

深入了解消费者需求:宜家目录的设计和内容基于对目标消费者深入的理解——从家具需求到生活方式的灵感。宜家利用目录来展示如何解决实际的家居问题,如空间利用、储物解决方案等,直接回应了消费者的需求。

创造灵感和可实现的理想:宜家目录不仅仅是一个产品目录,更是一个灵感来源。它展示了各种房间布局和装饰风格,激发了消费者的想象力,同时传达了一个理念:无论预算大小,都可以创造出既美观又实用的家居空间。这种策略有效地与消费者建立了情感联系,提升了用户的品牌忠诚度。

强调可持续性和品牌责任:通过目录,宜家强调其对可持续生产和环保的承诺,这响应了消费者日益增长的环保意识。展示其产品如何采用可持续材料及其生产过程,宜家与哪些价值观相契合的消费者之间建立了联系。

宜家的印刷目录营销不仅提升了消费者的购买体验,也加深了品牌与消费者之间的情感联系。这一策略展示了如何通过理解并满足消费者的需求和期望,来维护和提升强大的品牌忠诚度。宜家通过其印刷目录成功地传达了其设计哲学和价值观,同时激发了消费者对家居改造的兴趣和灵感。

3. 结合线上线下体验

宜家的策略还展示了如何有效地结合线上和线下体验来提升消费者的参与度。通过将印刷目录与数字工具(如 AR 应用)结合,宜家不仅增加了消费者与品牌互动的机会,还增强了购物体验的便利性和趣味性。这种融合策略符合了当代消费者对无缝购物体验的期待。

4. 社区和内容营销

宜家印刷目录的发布常常伴随着内容营销和社区建设的努力,如在社交媒体上分享目录中的设计灵感,或是通过博客和在线平台提供家居装饰建议。这些内容不仅增加了与消费者的触点,也促进了消费者之间进行互动和分享,进一步扩大了宜家品牌的影响力。

5. 策略调整

值得注意的是,尽管宜家的印刷目录营销非常成功,但随着消费者行为和偏好的变化,宜家也在不断评估和调整其营销策略。例如,宜家宣布在 2021 年停止发布其印刷版目录,这标志着宜家在适应数字化趋势和消费者需求方面向前迈出了一大步。宜家的这一决策凸显了品牌在持续评估市场趋势和消费者行为变化方面的敏锐性,以及在必要时进行策略调整的能力。

宜家的印刷目录营销是一个典型的案例,展示了如何通过深入的市场策略和对消费者洞察的理解来建立强大的品牌形象和提升消费者忠诚度。它也提醒了品牌在面对市场和技术变化时需要保持灵活性,不断创新和适应,以满足消费者的新需求和期望。

思考：

1. 宜家在从印刷目录过渡到完全的数字化营销过程中可能会遇到哪些挑战？如何应对这些挑战以保持与消费者的紧密联系？

2. 宜家可以采用哪些创新的方式来提升消费者参与度，并通过数字化平台维持或提升品牌忠诚度？请说说你的想法。

第八章　广告调查

 本章学习目标

- 熟悉广告调查的方法、工具。
- 了解广告战略决策过程中所涉及的调查内容。
- 了解广告的信息开发性调查和评估性调查。
- 了解新媒体环境下,广告调查面临的新变化。

现代广告运动已经演变成一场复杂的战役和系统工程,不能靠单纯主观臆想或经验推断来实现,必须依靠科学的广告调查。广告调查是指围绕广告运动而展开调查活动,将获取的数据化与非数据化资料用专业的方法加以解析,为科学制定广告战略和策略提供依据,因而它成为现代广告运动中至关重要、不可或缺的部分。在实际工作过程中,广告调查要从战略、内容和效果等进行全方位的预判,即广告的战略性研究、信息开发研究以及评估性研究。其中,战略性调查涉及所有制定讯息策略和媒介计划所需要的信息和步骤,信息开发研究要对广告"说什么""如何说"的问题负责,而评估性研究是要解决广告"结果如何"的问题。随着人们对调查工作的逐渐重视,调查技术、调查手段也在进一步升级,广告调查的精准度在逐步提高。

第一节　战略决策性调查

在策划工作开展之前,要先收集营销和营销传播中战略计划决策所需要的关键信息,用来帮助确定产品概念或品牌定位,帮助选择目标市场、广告诉求或媒介载体,帮助确定广告活动的目标。这也就是本节要展开介绍的战略决策性调查,即决定广告"对谁说""说什么"的决策前提。

一、战略思考

广告策划需要经历调查分析、目标制定、战略思考、战术分析、计划制定、方案执行、活动评估六个环节,其中广告目标、战略部署、战术制定都属于战略思考的内容。战略决策为什么要做调查?广告调查中最重要的是发现问题,营销人员基于此找到问题的解决方案,做出决策。

广告的三个核心战略:"找对人""说对话""传达到"。"找对人",就是通过市场细分来确定目标受众,明确此次营销活动的消费者人群。"说对话"是在清楚目标受众的信息偏好的基础上,确定信息战略,即"说什么""怎样说",用于广告或其他营销传播信息的制作。"传达到"是基于目标消费者的媒介接触习惯,制定详尽的媒介战略,将信息传达至目标受众这一终端。因此在这个过程中,会涉及市场调查、消费者调查、产品调查和媒介调查等。

二、宏观调查

(一)调查方法

根据调查人员与受试者之间的接触方式划分,广告调查的常用方法分为两大类。

1. 定量调查法

定量调查法,其核心在于对一定数量的有代表性的样本进行封闭式(结构性的)问卷访问。这种方法的关键步骤包括问卷的设计、样本的选择、数据的收集、录入、整理和分析,并最终形成调查报告。问卷调查法是常见的一种定量调查法,以结构化采访的形式询问许多人相同的问题,这些问题涉及个人信息、态度、行为等多个方面。进行问卷调查的方式有:入户调查、电话调查、邮件问卷调查和网络问卷调查。随着网络的普及以及消费者隐私意识的提升,前三种调查方式逐步被网络问卷调查所取代。

2. 定性调查法

定性调查法,即调查消费者如何做以及为何这样做的根本原因。常见的定性调查方法有观察法、深度访谈法、民族志调查法、文献法等。

（1）观察法。调查人员在生活、工作、娱乐等多个场景中,调查消费者的实际生活。它分为直接观察法和参与式观察法,前者后者是让自己沉浸在活动之中,在现场对被调查的情况进行观察和记录以获取市场信息。

（2）深度访谈法。这种一对一的开放性问题访谈,要求采访者掌握一定访谈技巧,由受访者自己作出回答。

（3）小组访谈法。6～10 位产品使用者与潜在使用者聚集在一起,在一位专业主持人的引导下对某个主题或概念进行深入讨论。

（4）友好小组访谈法。与小组访谈法相比,友好小组访谈是在一种舒适的环境中(通常在家里)进行,参与者受主持人邀请而来,能打破隔阂,能得到诚实、坦诚的回答。

（5）建议与评论。通过意见箱和网络评价,商家获得信息反馈。

（6）文案法。收集、整理和分析二手资料的方法。

（7）民族志调查法。研究者亲身体验被研究者的生活,并将自己融入当地的文化。

（8）日记法。消费者被要求用日记记录自己的生活。

其他定性调查方法,如投射法,即调查人员使用图片以及其他工具来揭示指引消费者行为的心理过程,拉里·索利(Larry Soley)教授把这种方法叫作投射技术。[①]

3. 实验调查法

实验调查法,使用正规的假设检验技术来比较不同的信息加工以及人们对此所产生的反应,即把被测试的因素以外的所有因素都加以控制,如果结果变量有变化,那么调查者可以得出结论——自变量导致了差异的产生。实验调查的应用范围非常广,如用于测试某一种商品的销量和该商品的包装、价格、地区和广告策略的关系。

比如"咖啡杯的颜色会影响咖啡浓度"案例。一位咖啡店老板发现不同的颜色能使人产生不同的感觉,于是他做了一个实验调查。他请来 30 位试验者,让他们每人喝四杯浓度完全相同的咖啡,但盛咖啡的杯子颜色不同,分为红色、黄色、青色和咖啡色。试饮之后,咖啡店老板询问试验者:"哪种杯子的咖啡浓度正

---

① 维尔斯,莫利亚提,米切尔.广告学原理与实务[M].9 版.桂世河,汤梅译.北京:中国人民大学出版社,2017:139.

好?"使用红色杯子的人都说咖啡"太浓了",青色杯子的咖啡浓度太低,黄色杯子的咖啡浓度正好,还有一部分人认为:咖啡色杯子的咖啡"太浓了"。根据这一调查,老板把咖啡店的杯子一律改用了红色,这样既可以节约咖啡原料,又能使绝大多数顾客感到满意。

（二）调查类型

有两种最基本的调查类型：第一手资料调查和第二手资料调查。

第一次通过原始数据渠道收集信息,叫作第一手资料调查。它需要通过调查来获取。为了追求便利和专业,一些企业及其代理商会聘请一手资料调查供应商来调研,它们是专门从事访问、观察、记录和分析特定产品或服务以及消费者的调查公司,如盖洛普、AC尼尔森等。也可以通过在线调查工具进行,比如Survey Gizmo、Poll daddy、Survey Monkey 或者是 Google Forms；在线问卷调查工具有问卷星(https://www.wjx.cn/)。

第二手资料调查,是利用某一主题可以得到的、已公开发表的信息开展背景调查,政府机构、行业协会、第二手资料调查供应商、网上的二手信息,都是获取二手资料的渠道。

（三）调查内容

一般情况下,客户或代理公司用以战略决策的调查内容,主要是由独立调查公司和客户的内部调查部门负责提供的。他们在调查过程中,主要围绕这七个方面的内容展开：市场信息、品牌信息、消费者内在需求调查、媒介调查、讯息开发调查、广告或整合营销传播计划、评估性调查。

一是市场信息。调查人员要挖掘有关该产品品类、品牌和竞争者的所有感知内容,包括产品评价、消费者态度、营销活动反馈等。

二是品牌信息。主要调查品牌在市场上的地位与表现,如品牌定位、品牌个性、品牌形象。

三是消费者内在需求调查。有效的营销传播取决于对消费者的真正理解。在战略性调查中,消费者调查是基础,更是核心,要弄清楚消费者购买和不购买商品的原因,思考如何建立品牌关系。

四是媒介调查。对于广告来说,广告媒介是检验营销传播效果真正的"战场"。基于调查人员的媒介建议计划书,媒介计划人员会多次与客户代表商讨,一起决定哪种媒介形式最适合达成目标。

五是讯息开发调查。在创意探讨过程中,营销策划团队会开展多次正式或非正式的讯息开发调查,或阅读搜集的二手资料,或去现场实地考察等。

六是广告或整合营销传播计划。要制定全方位、多元化的营销活动,必须要先掌握最新的营销手段和营销动态,选择与战略目标相匹配的营销方式。

七是评估性调查。当广告或其他营销资讯制作完成之后,要对其投入市场之前及之后的效果进行评估,可应用事前评估、文案测试等调查方法。

(四)新媒体环境下消费者研究方式与工具

在新媒体环境下,消费者研究可以通过关注他们的"收听"和"互动"来进行。

收听,即 RSS(Really Simple Syndication,简易信息聚合)。面对海量的信息,用户会下载或订阅一些小程序,也就是 RSS 技术。RSS 会主动收集和传输用户订阅的内容,节省大量个体筛选信息的时间。邮件订阅、整合阅读器、腾讯微博快速收听、公众号关注、微博标签订阅都是常见的订阅形式,可以从用户订阅内容和偏好方面对其进行分析。

另外,调查人员还会通过爬虫技术,抓取网站上的信息,分析消费者行为。网络爬虫是采用网络拓扑、基于网页内容和基于用户访问行为的一种算法,按照一定的规则,自动地抓取万维网信息的程序或者脚本。面对庞杂的数据,爬虫技术逐步成为信息筛选的优选方式。

互动,即用户在社交媒体上的实时操作。如微博上 RSS 的设置,微博上的"原创""转发"和"评论",微信上的"关注"、朋友圈设置、评论和点赞。这些数据都能直观反映出消费者的喜好特征。下面列举了一些微博和微信的分析工具。

知微(www.weiboreach.com)、微信公众平台的数据、微信指数、百度指数、百度统计(https://mtj.baidu.com/web/welcome/login)等。

三、消费者调查

杰出的广告必定源于一个清楚的消费者洞察而生。进行消费者调查,目的是找到消费者的关键的内在需要,以期目标受众对广告信息能做出更好的反馈。

(一)购买诱因

调查消费者购买诱因就是了解影响消费者的购买动机和行为的因素及类型,从而有助于开展有效的市场营销活动。此次研究的中心问题,是消费者行为的"为什么"的问题。例如,消费者为什么需要某种商品或服务? 为什么从众多商品中选购了某一品牌的商品?

消费者购买诱因是指购买行为发生的原因,它的构成有生理的、心理的、经济的和社会的几种因素。

1. 生理诱因

生理诱因是指由于生理上的需要而产生的购买动机,具有经常性、重复性和习惯性的特点。所购买的商品大都是供求弹性较小的日用必需品。例如,人们为了解决饥渴问题而购买食品、饮料,为抵御寒冷而购买服装鞋帽。

2. 心理诱因

心理诱因是由于人们的心理活动而引起购买行动因素。消费者受情感、意志和认知等因素的影响,能产生感情动机、理智动机和惠顾动机。

(1) 感情动机。感情动机可以分为求美动机(追求商品欣赏价值和艺术价值)、嗜好动机(满足特殊爱好)、攀比动机(对地位的要求、争强好胜心理)。在感情动机下,消费者购买商品易受情感或情绪的影响,有时会因售货人员的热情接待而产生购买行为。而且消费者需求是否得到满足,直接影响到他们对商品或营销者的态度,以及自身的情绪体验。

(2) 理智动机。理智动机建立在消费者对商品的客观认识之上,是经过多番比较分析后而产生的,具有客观性、周密性、控制性的特点。理智动机可以分为求实动机(商品或服务的实用价值)、求新动机(商品或服务的时尚、新潮、奇异)、求优动机(产品的质量性能优良)、求廉动机(价格是选购的第一要素)、求便动机(追求商品购买和使用过程中的省时、便利)。

(3) 惠顾动机。消费者基于感情和理智的经验,对特定的商店、产品或品牌产生特殊的信任和偏好,重复地、习惯性地进行购买的一种行为动机。惠顾动机要求企业决策者不仅要注重产品品牌的塑造,更应该注重产品服务的提升,从而吸引广大消费者。①

3. 经济诱因

经济诱因是指消费者在购买商品中对经济因素的考虑,主要有商品价格、收入水平、经济负担等。消费者从经济方面考虑,充分参考产品的价格而产生购买行为。

4. 社会诱因

社会因素是指消费者受社会风尚、消费趋势的影响而产生的购买动机。这种动机源于社会性需要,特别是马斯洛需求层次理论中的"尊重需要":获得尊

---

① 冯宇.市场调查与预测分析[M].北京:北京理工大学出版社,2018:19.

重和获取荣誉、威望等,如为显示或提高自己的身份、地位,而跟随潮流、赶时髦,追求名牌、高档商品产生的求名动机。①

（二）购买阻碍

调查者通常想探寻消费者的购买原因,但是消费者内在需要调查揭示的是人们为什么不去尝试或购买一种产品的原因。

1.时空阻碍

消费者购买产品受时间和地点的影响。产品性质、季节、节假日等是消费者购买的主要时间阻碍。产品的性质不同,购买的时间就不一样。某些产品带有明显的节日性质,正月十五购买元宵、每逢中秋节买月饼,这些商品在节日前后极受欢迎,但在其他时段销量则直线下降。排除商品反季大促销的情况,很少有顾客在夏季买羽绒服,冬季买短袖、裙子等衣物。

消费者购买产品也会受地点的影响。对于日常生活用品（粮食、蔬菜、调味品等）,消费者通常在住所附近的商店、菜市场购买;而对于服装、家庭装饰类消费品,则会到品种较多的大中型商店去购买。

因而,企业应该调查和掌握消费者购物的时间和地点,以便选取适当的时机、合理的销售渠道和服务网点,将产品推向市场。

2.消费者个人阻碍

消费者是购买、使用产品或接受服务的社会成员,有些时候连他们自己都很难判断、分析清楚自己的决策过程。在对消费者进行个体分析时,发现其个性、自我意识以及生活方式等其他的一些个人因素可能会对其购买行为产生影响。例如,有些消费者喜欢网购,有些消费者喜欢实地采购;有些消费者喜欢一次性付清货款,而有些消费者喜欢分期付款。这些细节都是导致购买行为出现差异的因素。另外,部分消费者还会受到地域限制、风俗习惯的影响,不购买特定商品。

因此,企业可以根据消费者的购买方式、行为特征、价值观等,调整经营方式,不但要生产能满足消费者欲望的商品,还要通过易于融入消费者生活方式的广告来传达商品信息。

3.家庭阻碍

家庭是人类最基本、最核心参与的一种制度和群体形式,也是消费者最重要

① 王绍飞.市场调查与分析[M].北京：中国农业大学出版社,2013：12.

的相关群体,对消费者的购买行为影响甚大。家庭构成类型、家庭文化素养与社会地位、家庭购买决策方式、家庭生命周期都对受众购买决策产生影响,其中一个家庭如何进行购买决策直接决定着购买行为是否产生。

在家庭购买决策过程中,消费者一般扮演着发起者、信息提供者、影响者、决策制定者、购买者等角色。虽然许多购买活动实际上并不是由某一个固定的家庭成员决定的,但起决策作用的家庭成员通常是广告客户最为关心的角色,因为他们是实际做购物决策的人。例如,孩子作为购买发起者提议周末去吃一餐肯德基,但被妈妈这位最终决策者以不健康为由回绝了。因此,对于家庭购买的调查可从三个方面入手:一是家庭中由谁做出购买决定;二是谁去购买;三是和谁一起去购买。经过调查可以针对商品的主要决策者和购买者,确定促销对象及促销手段。

4. 社会群体阻碍

每个消费者都是独特的个体,但因其庞大的数量以及千差万别的特征,在消费者调查过程中,必须以牺牲个体和个体特征的绝大多数细节为代价,对消费者进行"群体特征"的分类处理。为辨识各个消费群体,将消费者转变为由各种标签所描述的概念,并最终将其变为一种符号。

对群体特征进行分类的做法虽然忽略消费者的个性,但事实证明,人们在做购买决策时,会受到参照群体和所处社会群体的影响。人类需要"意识群居",消费者可能会受所处社会地位、倾慕榜样的影响,而改变个人的态度和自我概念以迎合群体。另外,群体内部也会产生某种趋于一致的压力,它会直接影响个人对实际产品和品牌的选择。例如,著名足球明星C罗在"欧洲杯"新闻发布会上拒绝与可口可乐同框并将其移出直播画面,次日致使可口可乐股市市值下跌40亿美元,这一行为会对品牌产生直接影响。

调查过程中要尽量识别消费者归属群体及其所倾慕和向往的榜样群体,研究越精细越好。[1]

(三)消费者品牌信息接触

消费者研究除了要充分理解市场、理解消费者群体外,还要了解消费者的媒体沟通习惯,了解消费者接触品牌信息的途径与反应,保持与消费者的良好沟通。

[1] 黄升民,段静静.广告策划[M].3 版.北京:中国传媒大学出版社,2018:61-62.

1. 跨媒体信息接触

在数字媒体背景下，信息的传播渠道呈现碎片化特征，受众也不再专注于某一信息渠道，而是在不同媒体形态之间来回切换以获取更多元的资讯来源。这种跨媒体接触行为需要探究目标消费群体的媒介接触偏好，即经常接触什么媒体、什么时间和地点接触媒体，以制定跨媒体传播策略。

2. 信息接触偏好

消费者信息接触偏好，即消费者接触媒体时喜好哪些媒体内容。不同的消费者与消费群体出于生活背景、文化水平和价值观、兴趣爱好等方面的差异，对于媒体内容的偏好有所差异，有的受众比较喜爱新闻资讯、有的受众喜欢八卦娱乐。消费者研究可以通过调查了解他们的偏好。

3. 用户自创内容

当前用户自创内容（UGC，User Generated Content）已充分参与信息媒体的平台搭建中，其发布的互动讯息，会协助其他受众接触、选择相关产品或品牌，尤其是一些 KOL、KOC 的建议会直接影响到受众对品牌的态度及其购买行为。因此，研究受众的用户自创内容行为、观点表达倾向、内容展示时间规律等，是制定有效的媒体策略的重要前提条件之一。

4. 场景化关联

所谓场景化关联，是指在营销中，广告策略制定者针对消费者在具体某现实场景中的实际心理状态或需求，对消费者的信息体验行为进行规划设计和管控，以适当的场景唤醒消费者特定的心理状态或需求。[①]

当下场景化思维对于消费者的刺激，不再局限于场景记忆，而是通过场景识别与消费者的日常行为和潜在需求密切联结。调查过程要进行场景化的用户洞察，以便后续引导消费者真正进入某个场景中，与品牌进行深度捆绑，更有效地引导消费者行为。

四、产品调查

（一）产品的背景

产品背景是指广告产品的开发典故、产品生产历史、生产过程、生产设施、生

---

① 黄升民，段静静.广告策划［M］.3 版.北京：中国传媒大学出版社，2018：91.

产技术及革新史、原材料特色与运用、资金状况和人员素质等信息。[①] 对产品生产能力和生产背景有所把握,可以了解企业的生产规模及未来的发展潜力。

(二)产品特色与利益点分析

1. *产品个性信息*

这可以从产品的实体、包装、价格、品牌四个方面入手,了解广告产品与同类产品相比具有的突出优势。

(1)产品实体调查包括产品的规格、颜色、图案、味道、式样等方面,掌握商品本身各种性能的好坏程度,搞清楚广告产品是属于生产资料还是生活消费品,又对应着其中的哪一具体类别。

(2)产品包装调查包括包装设计理念、成本、样式、规格以及包装是否传递出所表达的信息,了解消费者对包装的不同要求,从而改善产品包装设计。

(3)产品价格调查包括消费者价格预期、国家对商品价格上的控制和具体规定、行业定价均值、企业最大盈利价格等。

(4)产品品牌调查包括企业和品牌的知名度、美誉度,企业和品牌的认知度和认知途径,评价企业和品牌的各项指标,对新品牌和新企业的名称、商标相关设计的评价和喜好,品牌的管理和品牌力的测试;有时还可能涉及品牌形象。[②]

2. *产品生命周期调查*

产品的生命周期指产品从开始试制、进入市场到被市场淘汰,都经历了引入期、成长期、成熟期和衰退期这四个阶段。不同行业和不同产品的生命周期不同,产品的生产工艺、消费者需求、市场竞争等都会发生规律性的变化,因此需要在不同的时期采取有针对性的营销策略。

3. *服务调查*

在现代商业市场中,产品服务是影响销售的重要内容,耐用消费品和重要生产设备更是如此。企业可以通过优质的服务提升消费者的满意度和忠诚度来销售产品,具体包括产品销售服务(代办运输、送货上门、代为安装调试、培训操作人员等)和售后服务(如维修、定期保养等)。服务调查主要包括三方面的内容。

(1)调查消费者的服务需求及对服务的满意度。

---

① 姚慧丽,杨再雄,张海燕.现代广告理论与策划[M].哈尔滨:哈尔滨工程大学出版社,2010:54.
② 冯宇.市场调查与预测分析[M].北京:北京理工大学出版社,2018:21.

（2）调查服务的质量。包括服务标准的设立、服务内容的制定、服务结果的反馈和服务质量的评估等。

（3）调查企业对服务人员的管理。服务人员的素质、技能及工作态度会影响消费者对整个企业的印象，因此应严格挑选、培训和激励服务人员并加强管理。[①]

（三）产品的使用

产品的使用是指产品在一定条件下，实现预定目的或者规定用途的程度。任何产品都具有其特定的使用目的或者用途，要调查产品在实际运用过程中，消费者的使用状况和使用反馈，为产品升级提供依据和方向。

五、竞品调查

现代商品的市场竞争愈演愈烈，任何产品在市场上都会遇到竞争者，对竞争者进行调查，才能确定企业的竞争策略。要重点查明市场竞争的结构和变化趋势，主要竞争对手的情况以及企业产品竞争成功的可能性。

（一）竞品的特色与利益点分析

这主要是调查竞品的核心竞争力，寻求个体间的竞争优势。分析竞争对手的产品特性和服务特色以及消费者对竞品的综合评价；针对竞品的市场占有率，获悉产品的销售地区的分布情况、消费者的构成，以及竞争对手的销售网络、营销策略和市场优势等。

（二）产品与竞品的比较分析

（1）掌握竞争对手的基本情况。列举现实的和潜在的竞争对手，按目标市场的占有份额、交叉覆盖率以及消费者在不同品牌之间的流向情况，确立竞争等级和重点竞争对手；调查竞争对手的地区分布，社会知名度、美誉度、认可度的情况等；分析竞争对手的生产能力、经营管理水平，尤其是销售的组织状况、规模和销售渠道的选择。

（2）了解市场营销的状况，包括各种广告手段与策略分析。① 调查竞争者的终端管理情况，了解竞争者的终端陈列、促销、促销人员素质等相关信息；② 分析竞争对手在不同地区、不同季节、不同媒体的广告投放情况以及广告类

---

① 冯宇.市场调查与预测分析［M］.北京：北京理工大学出版社，2018：23.

型和广告效果,了解竞争者的广告发布策略、广告诉求等相关信息。[1]

(3)关注新兴替代品。值得注意的是,有些行业新技术不断涌现,产品更新换代快,替代品的威胁愈加严重,因此替代品生产企业也应列为竞争者调查的重点。

第二节 信息开发调查

信息开发调查(message development research)是指策划人员、客户经理以及创意团队的成员在着手制定讯息策略时,开展的各种正式或非正式的调查工作。决定在营销传播中传递什么事实,从来都不是件容易的事情,需要进行调查去开发和测试可选择的讯息策略。讯息策略计划人员将调查与目标受众整合起来,以开发讯息策略和测试多种销售主张(如硬销售或软销售、信息性广告或感性广告等)的相关效果。洞察消费者的动机以及购买决策有助于解决在选择最相关的讯息、最具有刺激性的销售主张、最能吸引受众的感性诉求之时出现的常令人困惑的问题。[2]

广告信息的调查内容主要是广告主题(广告概念)、广告构思、内容创意以及文案检测,其目的是预测创意是否能解决企业的问题并达到目标。

一、主题开发调查

主题开发调查也称概念测试(concept testing),用于比较不同信息策略和创意主题效果。它属于一种事中评估,旨在测试讯息(或者说概念表达的各种类型)背后的那些表达战略的大创意,即一个可以获得注意力并令人难忘的创意概念。这种测试通常要依靠关键概念卡,正如用一个名字代表艺术作品的思想精髓一样。调查人员可能会使用3个、5个或更多的关键概念卡,了解商场消费者的反应,或通过小组访谈法进行讨论。

当撰稿人员和创意总监开始具体广告策划前,总是先做一些非正式的调查。他们可能亲自进行实地考察,拜访零售店,与推销员聊天以及观察人们的购买行为;也可能会到广告主的信息中心或图书馆翻阅由客户、调查人员、策划人员提

---

① 姚慧丽,杨再雄,张海燕.现代广告理论与策划[M].哈尔滨:哈尔滨工程大学出版社,2010:55.

② 维尔斯,莫利亚提,米切尔.广告学原理与实务[M].9版.桂世河,汤梅译.北京:中国人民大学出版社,2017:531.

供的所有二手信息,以便更好地掌握品牌、公司、竞争者、媒介和产品品类方面的情况。他们会关注以前的广告营销方案(尤其是竞争对手的),分析他人的做法,并在此基础上,坚信能设计出与以往不同的、更好的广告。这种非正式的亲自调查会对以后的讯息开发过程产生非常大的影响。

另一种分析传播意义的技术是符号分析(semiotic analysis)。这种方法通过剖析讯息中的符号、象征来揭示意义的层次和种类。符号分析的目的是找到象征符号对于不同消费群的深层意义,其重点是确定与消费者动机相关的意义。

举例来说,2020 年毕业季天猫以"加油白衬衫"为主题,从符号、象征方面看,白衬衫代表全新的开始,将应届毕业生比作一件棉质的白衬衫,他们虽然稚嫩,但遭遇挫折也不会轻言放弃。天猫与毕业生们的对话,是一次鼓励,帮助他们度过因为疫情而不太美好的毕业季。品牌方更是借此机会建立与 Z 世代的情感链接,培养其品牌忠诚度。

二、内容创意调查

创意设计调查优先于制作,并集中提炼讯息。它使用定性调查来预测创意能否解决企业的问题并达到目标。[①] 这些采访经常在购物中心和人流量较大的街区进行,也可以通过电话、邮件或互联网,通常要求人们阅读创意或广告草稿并回答问题。

概念测试也可以进行内容创意调查。沃尔沃汽车的男女同性恋、双性恋、变性群体(GLBT)的传播活动是使用概念测试的成功案例,也是第一个获得广告研究基金会(Advertising Research Foundation,ARF)奥格威奖的活动。卫特康 Witeck-Combs Communications 公司和 Prime Access 公司合作开发了一系列代表 GLBT 独特意向的概念和粗略广告布局。沃尔沃公司的经理从广告创意推荐方案中挑选出了三个最佳的方案,讯息测试的内容包括:品牌、传播和说服的结构,以及消费者关联,即消费者是否因为广告而产生品牌亲近感。每项评估又用认知、行为、情感和渴望这四个维度加以测量。[②]

---

① Jackie Boulter "Creative Development Research," Chap.6 in How to Plan Advertising, 2nd ed., ed. Alan Cooper, London: Thomson Learning and Continuum, 2004: 81.

② 维尔斯,莫利亚提,米切尔.广告学原理与实务[M].9 版.桂世河,汤梅译.北京:中国人民大学出版社,2017: 531.

三、广告文案调查

广告文案发布前要进行文本测试，以评估广告文案的吸引力。典型的测试方式有如下几种。

（一）文案测试服务机构

各文案测试机构公司有着不同的专长，从而关注不同的效果维度。大多数公司开展了众多测试服务，形成了可以确定广告优势和劣势的诊断方法。还有的公司为一般产品品类建立了评估标准。

（二）使用广告公司内部的文案检测表

广告公司内部制定一个完整而有效的文案检测表，进行自我和多人评价。并安排内部测试，按照广告公司的一套问题来进行提问作答。台湾的樊志育先生，曾拟定过广告公司内部文案检测表，其主要内容如下。

（1）是否充分了解商品及其哲学？

（2）是否了解竞争商品正在做的是什么广告？

（3）是否彻底了解广告商品的分配状况及其销售方法等市场营销情况？

（4）在战术方面是使用热烈的调子还是柔和的手法？

（5）是否充分了解广告主题？

（6）是否考虑了消费者的利益问题？

（7）是否考虑了广告的目的？

（8）标题是否有吸引受众注意的力量？

（9）标题是否有引入正文的力量？

（10）引人注意的文句是否使受众能够在顷刻之间了解广告信息？

（11）引人注意的文句与画面之间有无矛盾？

（12）字数是否过多？

（13）句号逗号等是否正确？

（14）另起一行是否难念？

（15）第一行是否有引起受众关注的力量？

（16）是否有加副标题的必要？

（17）是否使用直接的现代时态？

（18）是否使用了受众的语汇？

（19）是否简洁、自然、亲切？

（20）从头到尾是否流畅？

（21）是否有未删除的冗赘的文字？①

（三）受众访问检测法

受众访问检测法,是受众测试的一种方式,可以在购物中心和人流量较大的商区进行面对面的现场访问,通常不分年龄,但主要针对目标受众进行。让调查者就文案检测表中的一些问题,作出回答,并对文案的效果做出评定。这个评定可以是五级评定标准,也可以是其他更细致的标准。可以通过电话、在线访问或邮寄访问等方式进行。不过文本邮寄访问方式效果明显,但执行难度较大。

第三节　评估性调查

在广告实践中,有时是为了了解广告活动的效果,需要在广告或者其他营销传播讯息经开发并制作之后,要对其投入市场之前及之后的效果进行客观评估;有时则是为了评价一个品牌、一个企业的形象而开展调查研究。这些调查研究活动,就称为评估性调研(evaluative research)。通过阶段性的评估性调查研究,可以及时了解广告活动执行过程中存在的问题,准确判断产生问题的原因,以便对广告计划进行必要的调整和修订。通过总体性评估,广告活动各有关主体可以判断广告活动是否达成了目标,并总结经验和教训,以改进后续的广告活动;而通过品牌形象评价、企业形象评价,可以判断品牌的价值和企业形象的好坏。这些都对提高和改进广告活动效果有积极的影响。因此,评估性调研在当前的广告实践中就显得越来越重要。②

一、评估性调查涉及范围

广告与营销传播活动需要评估以下几个方面:讯息执行、媒介效果、营销传播工具、传播活动与传播计划、其他营销传播领域及其作为整合营销传播一部分的协同效果问题。

讯息评估,包含讯息设计调查、执行中和执行后的调查。

---

① 郑建鹏,李建萍.广告文案写作[M].北京:中国传媒大学出版社,2017:13.

② 星亮.广告学概论[M].上海:上海古籍出版社,2003:112.

媒介效果评估,关键是信息到达率和广告频次情况,还有就是投资回报率与媒介效益。

营销传播工具评估,包括销售促进、公共关系、直接营销、事件与赞助、人员推销、包装、售点和特制品等方式调查。其中大多数的传播工具都有各自的效果评估标准。

传播活动与传播计划评估,要根据营销目标确定是评估短期销售效果,还是评估长期的品牌建设效果。

协同效果问题评估,传播计划是否给予最佳组合,在总体上产生协同效应。评估传播活动,特别是整合营销传播活动面临的第一个问题就是测试协同效应。

二、评估性调查的方法

效果评估包括测试、监控和测量。测试是用来预测结果的,监控要随时追踪效果,测量则要对结果进行评估。根据调研的时限特征进行划分,可将效果评估分为以下三种类型:

1. 事前调查

(1)事前调查,是指通过事前测试评估广告创意成功的可能性或比较哪一种广告创意更好。这一阶段主要有概念测试、文案测试和事前测试等调查方法。

(2)概念测试,在第二节有过相应介绍,用于评估各种创意方案效果。

(3)事前测试,就是对广告即将或已经完成,但未投放于媒介之前的表现进行研究,帮助营销者做出是否投放的决策。事前测试不同于概念测试或讯息策略调查,概念测试或讯息策略调查是指在创意人员在策划初始阶段用于比较不同概念或方法的优势与劣势。事前测试也可用于对广告创意的效果提出质疑,促使创意团队重新进行战略思考。

(4)文案测试(copy testing)是在活动开始之前预估广告文案效果,并调整广告以使其威力强大。文案测试也可在事后进行,事后该调查侧重于确定广告或活动的效果。

2. 事中调查

(1)事中调查是指利用跟踪调查和市场测试来监控活动的开展情况以及讯息和媒介效果。它是在广告正在刊播的过程中进行的,有三种基本方法:一致性调查、态度测试和跟踪调查。前两种方法用于评估传播的反应,跟踪调查则用于评估实际的行为。

（2）跟踪调查，是指定期测量品牌知名度的第一提及率的一种方法。周期一般为3—6个月，有时也对竞品进行类似的调查。其中对品牌的跟踪调查是事后评估调查中测量传播活动整体效果的最常用方法。

3. 事后评估调查

事后评估调查是指在传播活动结束或广告播出后对其影响进行评估。为了让事后调查有效果，有必要进行基准分析，以评估传播活动效果。这些基准可以是调查公司的准则，或基于品牌以前的传播活动总结出的行为规范。最普遍的评估调查方法包括：记忆测试、劝服测试、直接反应计数、逐帧测试、测试市场、品牌跟踪。

（1）记忆测试，可以用提示再认法和辅助回忆法进行测试。前者是将广告展示给被测者看，然后提问是否记得以前曾看过，无提示再认法或无提示回忆法是直接问被测者记得什么；后者是要求观看系列广告作品后的受访者说出他们从这些广告中看到的广告内容或品牌。

（2）劝服测试有时也被称为购买意愿测试。其基本形式是先询问消费者购买某一特定品牌的可能性，接着将一些不同品牌广告播放给消费者看，消费者观看过后，调查人员再次询问受试者打算购买的品牌。

另外，在传播活动的三个阶段中会运用诊断性研究（diagnostic research），以便通过解构广告来探究广告讯息问题。诊断性研究，是指通过对广告进行解析来了解哪些因素在起作用，而哪些没有起作用。调查人员使用逐帧分析对广告进行评估，并找出其在广告中的优势和劣势。[①]

三、评估性调查的数字化与敏捷营销

在数字浪潮的推动下，企业、组织的管理与营销开始重视数字化转型这一变革行动。随着愈加激烈的市场竞争，企业为制定更精准的营销战略，对调查的科学性与准确性提出了新的要求，外加消费者生活各方面的可数据化，评估调查也走向了数字化的道路。数字技术在颠覆众多行业的同时，也给调查研究带来了许多机会。大数据监控、精准营销、广告的程序化购买等。

---

① 维尔斯，莫利亚提，米切尔.广告学原理与实务［M］.9版.桂世河，汤梅译.北京：中国人民大学出版社，2017：523－548.

1. 调查方法数字化

目前以电子问卷为代表的在线调查方式已成为各类大小型调研活动必不可少的选择。许多问卷调查平台,后台数据可视化、一键导出、全面呈现、操作便捷等特点,既极大方便了调研人员的后续分析工作,还使调研结论更加科学、严谨。不仅如此,借助于一些在线数据分析工具,操作者可以在较短的时间内处理完庞杂的数据样本,使数字技术简化了操作流程。线下调研法或定性调研法所收集的数据,也可以通过一套科学的编码流程,将调查结果进行数据呈现。从线下调研到线上分析,数字革命正在为提供科学便利的调研方法而前进着。

2. 大数据跟踪与监测

大数据对创意及效果跟踪。商品愈加琳琅满目,消费者的心思愈加难猜,广告或者其他营销传播讯息在正式投入市场之前及之后,要进行精密的效果评估,明确创意是否具有很大的吸引力,目标受众接触讯息后作何反应。这些都可以通过大数据采集的目标受众的个人偏好及日常生活习惯提前预测,进而决定是否继续使用广告作品。另外,投放过程中大数据对广告效果的实时跟踪与监测,可用于反馈传播活动各个环节所达到的传播效果,媒介策略、投放手法中存在的问题及可取之优势。对超出方案预料的情况及时进行修正。

大数据还可以进行舆情监测,通过搜索引擎、综合门户网站、垂直门户网站、论坛、博客、微博、新闻跟帖转帖、社交网络、视频、图片分享网站、资源聚合网站等监测网络广告所引发的用户反应和网络舆论。广告、品牌、产品、服务、客户关系、生产线、企业领导人及其他公司的相关信息等都是监测的重点内容,特别是监测消费者的舆论动向。大型企业一般会委托公关或舆情监测专业公司监测与分析某个命题或日常的舆情。

3. 数据监控指标

网络情况复杂,监控指标多。尤其是网络渠道的广告效果监测,如果仅局限于对网络广告流量本身的监测统计,如点击量、播放率、受众地域分布等一些简单的统计数据,便无法对传播活动的互动效果进行把握,更无法在广告与销售之间建立起动态的关系。目前比较有效的网络广告效果监测指标主要有三种:广告的播放量和点击率(PV、UV、千人成本、单位成本、唯一点击率、完播率等)、广告后续行为(网站访问时长、访问深度及广度、目标转化率、访问轨迹等)以及广告持续效果(显示到达率、广告重合度、绝对唯一访问)。鉴于数据监测的内容,结果呈现一般都是通过定量分析方法来完成的。[①]

4. 企业的敏捷营销

敏捷营销就是营销人使用适当的技术和流程,基于数据构建能够根据客户的实际行为、兴趣和需求而即时调整的客户体验,它支持客户自己控制购买过程。营销系统必须能够跨渠道、实时、快速、智能、情境化地响应客户,满足客户的个性化要求。

对于大多数企业来说,凭借一己之力构建网络评估系统难度较大。但是,企业可以另辟蹊径,术业有专攻(如在生产或物流方面),以此创造价值。大规模地推广边测试边学习的企业文化。现代化的敏捷营销必须建立在开放的平台上,并且能够确保营销人不受特定供应商系统、数据孤岛和专有数据源的限制,随时为客户提供最佳体验。相较于坐以待毙、不听取市场反馈、被动等待热门产品诞生的状态,数字领先企业选择不断学习、不断追踪,并迅速地在市场中投放新产品。之后,它们会分析消费者兴趣,收集消费者的反馈,并不断改进产品。严格的数据监控可以帮助团队快速决定是完善还是放弃新举措。如此这般,失败固然常见,但成功的概率也大为上升。

除了战略、能力和文化之外,要想在数字战役中取得领先,要在吸纳和管理人才方面也采取相应的举措。努力吸引和培养数字化人才。争取在管理团队里推选一位主管数字化的领导,将业务、营销与技术专长方面结合起来。要在一线骨干成员中逐步培养数字化人才,因为他们才是最终将产品和服务推向市场的中坚力量。处于数字化转型的企业,要认识到数字能力往往比行业知识更重要,积极寻找人才才会不至于在数字浪潮中败下阵来。

思考题

1. 广告调查在策划过程中发挥何种作用？当下的消费者调查要完成企业哪些计划？

2. 某著名彩妆品牌准备推出一款新型粉底液,但不知道其主要竞争者会作何反应。如何展开对竞争者的调查？

3. 如何运用调查检测工具,对广告计划进行评估？

---

① 黄升民,段静静.广告策划[M].3版.北京:中国传媒大学出版社,2018：223－224.

4. 评估性调查数字化过程中要注意哪些问题？

【案例讨论】

2021年双十一营销节点前夕，天猫小黑盒联合DT财经发布了一份《2021新品消费调查报告》。它们围绕：谁最喜欢购买新品；在日常消费中，大家愿意买什么新品；大家想买新品的原因；影响消费者是否购买的新品因素；大家认为什么在定义新品；大家是如何获取新品信息的；影响消费者购买新品的内容这七个问题展开调查，推出了"新、火、好、值"四大关键词，重新定义新品选购标准，旨在在"双11"这一节点，为消费者挑选符合天猫小黑盒质量标准的优质新品。基于此，2021年10月20日，天猫小黑盒发布"年度百大新品榜"；11月4日，天猫小黑盒也针对三大垂直圈层人群，发布年度趋势新品榜单，将潮流新品、设计新品和趋势新品多个维度的TOP100好物带给消费者。这场新消费时代的消费者新品洞察，让BC两端用户与小黑盒的连接更为紧密，更将消费者"双11"必买的新品一网打尽。

思考：

参考天猫小黑盒的调查报告，思考在新媒体（数字媒介）环境下，广告调查面临的挑战是什么？

第九章 广告创意

 本章要点

- 掌握如何评判好创意的原则。
- 了解广告创意的一般流程。
- 掌握广告创意策略的制定方法。
- 了解广告创作的表现方法。

广告创意是将抽象的广告诉求转化为具象化广告表现的艺术构思,它是广告成败的关键。创意并不神秘,它的生成有章可循。USP 理论、BI 理论、ROI 理论、定位理论等都是著名广告大师在实践中总结出具有指导性的创意经验,首先需要学习这些基本理论。创意的出现要经历多次的孕育、努力和培养,才能最终获得。因此,要掌握创造性思维和创作技法。这些是创意人的工具,甚至是创意加速器,可以让有天赋的人走得更远,可以让普通人跟上天才的步伐。

第一节 评判好创意的原则

一、什么是好创意

（一）什么是创意

创意既是一个静态的概念,又是一个动态的流程。《现代汉语词典》有两种解释:第一,作为名词,是指有创造性的想法、构思等。第二,作为动词,是提出有创造性的想法、构思等。简单来说,创意若作为一种思维动态,就是人们有目的地进行的创造性思维活动。它是产生、形成新思想和新观点的能力,这种能力特质被称为创造性特质。

菲利普·米歇尔(Philippe Michel)曾说:"创意是人们强烈渴望去记住的东西。"它的成品是新颖的、前所未有的,不带有重复性的,需要创意思维来推动整个思维过程。

(二) 什么是广告创意

在广告领域中,广告创意有狭义和广义之分。广义的广告创意是渗透于广告活动一切领域的"大创意",如广告调查、广告策略创意、广告主题创意、文稿创意、图像创意等。狭义的广告创意主要指广告画面和文稿的创意设计。其中,以大卫·奥格威为代表的"科学派"认为广告是一门科学,广告创意应该科学地引发消费者的购买欲望,也就是"大创意"的观点;而以威廉·伯恩巴克为代表的"艺术派"则认为,广告创意要强调"怎么说",传达创新想法和表现力,也就是"小创意"的观点。现代的广告创意过程,离不开"大创意"的科学来源,也逃不掉"小创意"的艺术吸引力,而是结合两学派核心要素和创意来源,重新定义创意的本质。

本章所阐释的广告创意,是指广告人员通过一定的艺术构思,把广告主题准确、充分、集中地表现出来的创造性思维活动,即运用独特的视角和独具一格的情节设计,运用联想、夸张、移植等具有创造性的思维方法,对广告主题进行诠释和演绎,使广告受众在广告的创造性表达中对广告产品带来的功能利益和情感价值形成深刻的认知,并因此激起对广告商品的强烈欲望,进而产生相应的消费行为。[①]

(三) 什么是好的广告创意

在广告活动的诸多环节中,提出广告创意是难度最大,最富挑战性、创造性和艺术性的一环。创意是广告活动成败的关键,是现代广告创作的核心。

著名广告学家威廉·伯恩巴克说过:"一个广告如果没有创意,就不能称其为广告,只有创意,才能赋予广告以精神和生命力。""除非你的广告中有了不起的大创意,不然它就像黑夜中行驶的船只一样,无声无息,不留痕迹。"[②]成功的广告首先决定于其卓尔不群的创意,创意是吸引客户注意并激发起购物欲望的

---

① 曾凡海.广告理论与实务[M].北京:清华大学出版社,2020:152.
② 奥格威.大卫·奥格威自传[M].高志宏,徐智明译.长沙:湖南出版社,1988:157.

驱动力。从创意具备的基本条件上看,创意要符合总体战略的主题,并且主题集中突出,能塑造商品鲜明的形象和性格,更重要的是应当构思新颖独特。

除了要符合上述标准外,好的广告创意还应在文化意蕴、借鉴创新上有所体现。优秀的广告创意必须能对产品的文化内涵进行深层开发,从文化内涵的边际效应中寻找创意的切入点,使消费者得到最大的购物满足感。创意以满足人的各种需求为基础,通常情况下,具有民族文化特色的创意会产生意想不到的感染力。

"创造活动的衡量标准是由一个活动或事物(包含思想上的活动和事物)按照社会价值衡量其是否有创造性来决定的。"[1]广告创意文化还必须传播产品的独特精神价值,这种价值观不仅是精神追求的反映,同时也是一种社会导向。广告具有引领社会风潮,展现社会责任,鼓励人们奋发向上的作用。[2] 巧克力广告一般都带有浪漫温馨的气息,而士力架却用"横扫饥饿,做回自己"这种充满能量的宣传口号,体现着开拓进取、不惧艰难的精神,一下在同类产品中脱颖而出。近年来,广告创意文化还深入到企业文化建设中,许多企业借此树立独特的企业价值与形象。例如,美的集团的广告语"原来生活可以更美的",不仅表达了企业的承诺与美好愿景,还给了人们要对未来抱有期望的心理暗示。

另外,基于现代人碎片化阅读的习惯,广告的内容与形式要符合目标受众快速认知的习惯。广告信息越单纯化、清晰化、戏剧化,它在消费者脑海里越容易留下深刻而难以磨灭的记忆。所以好的创意特性必须具备易懂特性。

二、评判好创意的原则

(一) 什么是"创意为王"

1. 创意的黄金时代

20 世纪 50—70 年代早期是广告界公认的创意黄金时代,麦迪逊大道(Madsion Avenue)上广告公司林立,一个好的创意便能帮助一家公司起死回生。那时著名广告大师们开始把目光从产品转向品牌。他们为品牌建立一种形象,在长期运作的广告宣传中保持一个连续的主题,集合所有因素提升了品牌知名度和欢迎度。他们还扭转了传统观念,选用大胆的创意。当汽车制造商们都

① 汪伟.创意设计应用研究[M].研究出版社,2019:28.
② 刘刚田,田园.广告策划与创意[M].北京:北京大学出版社,2019:133.

在吹捧挡泥板和铬合金时,大众公司告诉我们"想想还是小的好";当哈兹汽车租赁公司在吹嘘自己是领头羊时,艾维斯公司却说正因为是第二所以才更努力。另外,在平面设计上,它们创造了新的面貌,采用空白、非对称分布、极小的篇幅和独特的版式。这些在现代广告创意和作品中都极为常见。

这场革命的广告先驱包括李奥·贝纳、大卫·奥格威、威廉·伯恩巴克、玛莉·韦尔斯·劳伦斯、罗瑟·瑞夫斯等。[①]

2. 杰出创意人及其创意理念

自20世纪50年代以来,现代广告迅猛发展,诸多世界上杰出的创意人,在广告实践中总结出指导广告活动的创意理论,经过不断发展,形成了众多各具特色的创意流派。

(1)威廉·伯恩巴克与ROI理论。广告大师威廉·伯恩巴克认为广告的本质是艺术,他的创意观集中体现在ROI理论中,其基本主张是,好的广告必须具备三个基本特征,即关联性(relevance)、原创性(originality)、震撼性(impact)。

相关性是指广告必须与商品、消费者、竞争者相关。伯恩巴克说:"如果我要给谁忠告的话,那就是在他开始工作之前彻底地了解他要做广告的商品。"广告并不能改变产品的本质,只能将其优势传达出来。

原创性是指广告创意应与众不同,突破常规。其创意思维特征是求"异",突破常规的禁锢方能让人耳目一新。原创力是广告的灵魂。富于原创力的广告,才能够直达目标受众心灵,为消费者带来了惊喜。

震撼力是与相关性、原创性密切关联、相互贯通的。震撼力,即广告产生的冲击、震撼消费者心灵的魅力。伯恩巴克说:"法则是由艺术家打造的,令人难忘的作品永远不可能脱胎于一种模式。"具有冲击力的广告佳作必然是出人意料、原创力强与目标受众利益相关、容易激发共鸣的作品。

(2)李奥·贝纳与"戏剧性"理论。李奥·贝纳被誉为美国20世纪60年代广告创意革命的旗手和代表人物之一,芝加哥广告学派的创始人及领袖,著有《写广告的艺术》。他所代表的芝加哥学派在广告创意上的特征是强调"与生俱来的戏剧"(inherent drama),他说:"我们的基本观念之一,是每一商品中的所谓'与生俱来的戏剧性',我们最重要的任务是把它发掘出来加以利用。"秉持此种

---

① 阿尔茨蒂尔,格罗.广告创意强化教程:广告的战略文案与设计[M].上海:上海人民美术出版社,2013:2.

原则,李奥·贝纳在长达半个多世纪的广告生涯中,创作出一个又一个传世的广告杰作。

要发现商品"与生俱来的戏剧性",关键是需要深切了解该商品,深刻把握消费者的消费动机。所谓商品的戏剧性,是指商品恰好能满足人们某些欲望的特性,"能够使人们发生兴趣的魔力"。李奥·贝纳对万宝路香烟的"变性手术",便是在对产品进行的周密调查和深思熟虑之后,再进行重新定位的。万宝路牛仔这一极具戏剧性的独特的香烟品牌形象,象征着男人渴望追求的一种生活方式,这一品牌形象能激起男人情感、意识乃至潜意识的认同,因而成为世界广告历史上的经典杰作。

(3)大卫·奥格威与品牌形象论。大卫·奥格威是20世纪60年代美国广告"创意革命"的三大旗手之一,是全球广告界负有盛名的"广告怪杰"。1963年,奥格威在其著作《一个广告人的自白》中提出品牌形象理论,之后的几十年内得到不断的发展和完善。

奥格威的品牌形象论的基本要点有以下五方面内容:

一是为塑造品牌服务是广告最主要的目标,品牌形象是创作具有销售力广告的一个必要手段。同品类品牌间的产品之间没有什么显著差别,这时,为品牌树立一种突出的形象就可为厂商争取较高的市场占有率和利润。品牌间的同质性增强,消费者选择时的理性就会减少。广告就是要力图使品牌具有并且维持一个高知名度的品牌形象。

二是形象指的是品牌个性。最终决定品牌市场地位的是品牌总体上的性格,而不是产品间微不足道的差异。个性鲜明的品牌形象才能让目标消费者心动和行动。如"哈撒韦"衬衫广告中那位戴眼罩的英俊男士给人以浪漫、独特的感觉,所以"哈撒韦"品牌的与众不同的个性自然走进了消费者的心中。

三是品牌形象要反映购买者的自我意象。如香水、汽车、配饰等用来表现自我的产品,如果广告做得低俗便会影响销售,因为谁也不想让别人看到自己使用低格调的产品。消费者购买时追求的是物质利益和心理利益。

四是每一则广告都是对品牌的长期投资,品牌形象是一种长期的战略。因此,广告应保持一贯的风格与形象,尽力去维护一个好的品牌形象,并使之不断地成长、丰满。这反映出品牌资产累积的思想。

五是影响品牌形象的因素有很多,如品牌的名称、包装、价格、广告的风格、赞助、投放市场的时间长短等。这已反映出了在20世纪80年代末才正式提出的"整合传播"思想。

(4)罗瑟·瑞夫斯与 USP 理论。瑞夫斯是世界十大广告公司之一的达彼斯广告公司的老板,是科学派的代表人物,其著作《实效的广告——USP》产生的影响巨大。他针对当时广告界过分迷信"原创性"和排斥法则的弊病,尖锐地批评广告缺乏理论基础,倡导"广告迈向专业化",强调科学原则和"实效"。他创造的 USP 理论建立在长期深入的科学调查基础之上,对广告实践具有重大指导意义。

USP(unique selling proposition)理论,又称独特的销售主张,它是有关理想销售概念的一个理论,包括以下三个方面。

一是每个广告都必须向消费者陈述一个销售主张,强调产品具体的特殊功效和利益

二是该主张必须是竞争者所不能或不会提出的,须是具有独特性的。

三是这一主张必须具有很强的说服力,足以影响成千上万人,也就是吸引新的顾客使用你的产品。

(5)里斯、特劳特与定位理论。定位理论是由美国著名营销专家里斯和特劳特在 20 世纪 70 年代提出的,并集中反映在他们的著作《定位》中。

里斯和特劳特认为:"定位是在我们传播信息过多的社会中,认真处理怎样使他人听到信息等种种问题的主要思考部分。"他们对"定位"下的定义是:"定位并不是要你对产品做什么事,定位是你对未来的潜在顾客心中所下的功夫,也就是把产品定位在你未来潜在顾客的心中。"定位就是让产品占领消费者心中的空隙。

在里斯和特劳特看来,定位的基本原则并不是去塑造新奇的东西,而是去操纵人类心中原来的想法,打开联想之结,目的是要在顾客心目中占据有利的位置。定位的重点不在于产品,而是洞悉消费者内心的想法。[①]

1996 年,杰克·特劳特(Jack Trout)和史蒂夫·瑞维金(Steve Rivkin)共同撰写了《新定位》一书,这本书整理了杰克·特劳特 25 年来的工作经验,并将"消费者请注意"的定位理念转变为"请注意消费者",提出了重新定位的问题。这本书是定位理论的进一步深化和阐述,对营销界产生了广泛的影响。

(二)广告创意的根本目的是什么

广告创意的根本目的是实现与消费者的有效沟通。广告为广告主服务,但

---

① 姚慧丽,杨再雄,张海燕.现代广告理论与策划[M].哈尔滨:哈尔滨工程大学出版社,2010:160.

广告最终效果的实现由受众决定,创意是否能"虏获"消费者的心是广告成败的关键。因此,广告创意应该以有效地实现与受众的沟通为根本目标。为实现这一目标,创意人员需要不断丰富专业知识和素材的储备库,提升创意性思维。毕竟创意的本质是创新的、艺术的构思,要想给予受众感官冲击与心灵触动,广告作品还需要艺术性的表达。

三、AI 对广告创意的影响

（一）AI 对广告创意的积极影响

广告人约翰·沃纳梅克在 20 世纪初曾说:"我知道我的广告费有一半是浪费的,但我不知道浪费的是哪一半。"

高质量的千人千面广告策划、创作、投放与效果的精准匹配一直是无数广告人的追求。[①] 随着时代的发展,AI 技术的不断崛起为广告领域带来了新的可能性。广告产业的智能化始于 2012 年,表现为大量的程序化购买公司的涌现。[②] 广告行业开始积极与 AI 技术互动融合,越来越多的广告公司将 AI 技术融入广告创意的各个环节,为自己的作品注入更多创新力。

1. 创意生产

对于广告的创意生产来说,AI 技术无疑提高了广告的制作效率,无数创意可以被 AI 合成并提供给广告主进行选择。蔚迈(Wavemaker),是 WPP 群邑集团旗下一家集媒介传播、内容营销和科技革新于一身的新型传播机构。它的《沙克鲁·汗:我为每一家小店代言》在 2022 年和 2023 年的戛纳国际创意节都取得了巨大的成功。蔚迈通过签约印度知名电影明星沙克鲁·汗为当地每一家商店的品牌形象大使,利用 AI 创造出了 130 000 个不同的小商贩广告,正是因为此举,吉百利的商贩多了 7.8 万家,实现了 30％的收入增长和超过 53％的渗透率,全印度贸易商联合会(CAIT)报告称,排灯节销售增长 74％,达 10 年来最高水平。[③]

2. 创意优化

AI 技术使广告公司能够更智能地分析广告创意的表现数据,了解用户响应和互动情况。通过机器自动学习,广告的创意可以得到实时的优化建议,从而提

---

① 秦雪冰.人工智能驱动下广告产业的三大变革[J].中国广告,2020(11):76-78.
② 秦雪冰.人工智能驱动下广告产业的三大变革[J].中国广告,2020(11):76-78.
③ Altman A.当 AI 被应用于 50％以上的广告活动[J].中国广告,2023(11):59-60.

高广告的效果和吸引力。全球营销衡量与体验管理平台 AppFlyer 在 2024 年 1 月 10 日发布了全新 AI 素材优化产品，在 AI 技术的支持下，素材优化产品可以在最短的时间内识别出最具吸引力的样式、趋势和功能，帮助营销人员充分利用广告预算，提高广告内容和活动的影响力。利用这种创意优化可以通过实验和数据分析，不断改进广告的元素和呈现场景，确保更好地吸引目标受众。

3. 目标定位

利用 AI 技术，广告公司能够更精准地定位目标受众。通过分析大数据、社交媒体行为和用户特征，AI 可以帮助广告主确保广告投放到最有可能产生效果的受众群体中。这有助于提高广告的投放效率，降低广告费用。讯广点通的 DMP 平台称为"广点通 DMP"，它是腾讯广点通推出的数据管理平台。腾讯广点通 DMP 依托其强大的社交属性获取大量用户数据，结合智能技术把用户数据变成一个拥有高智能的分析源[①]，对用户人群进行应用用户、目标用户性别、目标用户年龄、目标用户场景、目标用户学历六个维度的标签化设置，从而为广告主和代理商提供更加精准的广告投放服务。

4. 自动化广告购买

AI 技术使得广告购买变得更加智能化和自动化。广告公司可以利用机器学习算法自动决策广告购买时机、方式和渠道，以最大程度地提高广告主的 ROI。实时数据分析和自动化决策帮助广告公司更好地适应市场变化，提高广告投放的精准性和效率。目前，腾讯、百度、阿里巴巴企业都在利用机器学习和人工智能来进行广告的自动化决策。

5. 个性化推荐

随着 AI 技术的发展，广告公司可以更精准地分析用户的行为、喜好和历史数据，为用户提供个性化的广告推荐。通过深度学习和算法优化，个性化推荐不仅提高了用户体验，也提升了广告的点击率和转化率。目前日常使用的社交媒体软件现在基本上都存在个性化推送的功能，比如抖音、快手、小红书等，当获得用户数据并进行分析后，会根据用户的喜好来决定推送什么和不推送什么。

6. 情感分析

AI 在情感分析方面的应用为广告带来了更深层次的人性化特点。通过自然语言和处理技术，AI 可以分析用户在社交媒体上的言论，了解其情感和态度。

---

① 崔安琪.我国程序化购买广告平台研究[J].广告大观(理论版),2016(03)：34-44.

广告主体可以据此调整广告的语调、情感表达方式，以更好地引起用户共鸣，增强广告的影响力。例如，IBM Watson 的情感分析工具是情感分析的典型代表。广告公司可以利用这一工具来了解用户在社交媒体上对其品牌或产品的情感反馈，从而调整广告的语调和内容，更好地与用户建立情感联系。

AI 和广告产业的多模态融合，在广告创意层面给广告产业链的各个环节带来了提升效率的机会，也给他们的终极目标——用户，带来了更有吸引力和创新力的用户体验。

（二）AI 对广告创意的消极影响

AI 技术对广告创意的影响是多方面的，虽然 AI 的出现在一定程度上提高了广告的针对性、效果和创新力，使得广告公司通过充分利用 AI 技术，更好地满足用户需求，提高广告 ROI，推动整个广告行业朝着更智能、更创新的方向发展。但随着 AI 技术在广告行业越来越成熟，也存在一些潜在的负面影响。

（1）创意单一性：部分广告创意使用 AI 生成，导致出现相似或模板化的内容，缺乏独特性。使一些广告失去吸引力，因为用户可能对看到过的相似创意感到审美疲劳。

（2）隐私问题：利用 AI 分析用户数据以提供个性化广告引发的隐私担忧。用户对于广告公司如何使用其个人信息感到担忧，会导致一些负面的公关效应出现。

（3）误导性广告：AI 生成的内容可能存在误导性，因为有些状态下 AI 会过于优化以达到更高的点击率或转化率而忽略了广告内容的真实性。这可能使用户不信任广告内容，影响品牌声誉。

（4）算法偏见：如果训练 AI 的数据存在偏见，生成的广告创意也可能带有偏见。这可能导致某些人群歧视性地被定位，引发社会问题和争议。

（5）过度依赖技术：过度依赖 AI 技术可能导致广告从业者丧失对于人工创意的判断和直觉。在某些情况下，过度依赖算法和数据会阻碍创意的真正创新和想象力。

所以，AI 给广告行业注入活力的同时，我们也应该警惕 AI 带来的负面影响，AI 的世界充满了数字和算法，即使时刻在线也不见得十分准确。好的广告创意不仅仅能够带来成功的商业结果，更应该带有一些人文主义色彩，能够对社会做出一些贡献，对人们多加一丝关怀。

以人为本、对人性有所关怀、人与自然的和谐从来都不是广告能够回避的话题,无节制的广告投放会让广告行业逐渐成为一个病毒式的信息传播机器。天与空创始人兼董事长杨烨炘在 2023 年第五届天与空创意节的演讲中提道:"人文主义广告把商业广告和公益广告、社会价值结合起来,把科学性和艺术性完美融合在一起,进而从改变人的思想开始,对这个世界进行一点小小的改变。"[①]每个人的改变的确是微不足道的,但是广告人如果都能够秉持着这种心愿,这个世界一定会变成一个拥有着无数充满希望的广告的世界。而 AI 也会作为一种广告工具被更加恰当地使用下去。

第二节　广告创意策略

一、创意策略与创意洞察

(一)创意策略与创意简报

策划部的策划人员在综合客户和市场信息的基础上,进行策略性思考,提出广告创意策略,一般用创意简报的形式呈现,包含目标、目标受众、信息主题、支持信息和限制条件五个部分。创意简报是对客户、品牌、产品和市场、消费者充分了解后的结果,它为创意工作提供了背景信息。策划人员以书面形式与创意部进行沟通,能够使创意人员思路更清晰、目的更明确。好的创意简报是成功创意的必备元素。

创意简报包括以下内容:① 资料分析,归纳产品突出特性与战略定位;② 确定目标消费群体及其消费需求;③ 分析目标对象该如何建立与品牌的联系;④ 明确广告目的以及要解决的问题;⑤ 预期消费者接触广告后的反应;⑥ 确定广告提供的利益点(如何满足消费者以达成上述效果);⑦ 确定广告成立的事实依据;⑧ 确定创意的调性,是幽默的还是时尚的,是有科技感的还是有人情味的,是强调冲击力的还是亲和力的;⑨ 创意过程中可能遇到的限制条件。[②]

(二)创意洞察及其方法

1. 何为创意洞察

广告的本质是给消费者提供一个购买理由,创意洞察也就是找到消费者的

---

① 杨烨炘."数字时代的创意思想."《中国广告》,[2024－01－11],https://mp.weixin.qq.com/s/Yw9u8EqfiGZfGZzSDooIAw.

② 曾凡海.广告理论与实务[M].北京:清华大学出版社,2020:165.

购买理由。洞察最大的意义在于连接产品和消费者,将产品的营销战略转化为能被消费者接受的沟通策略,所以洞察是介于产品卖点和创意表现中间一层的思考层。很多时候产品的卖点,并不一定等同于消费者的"买点"。所以直接在产品"卖点"上提炼创意可能会引发沟通的断层,我们应该在消费者的"买点"上提炼创意。

创意洞察对于产品的营销推广有着指导性意义。作为创意人应当首先对客户所提供的卖点进行判断,产品卖点是否等于消费者买点,并在后者的基础上进行创意表现。而如何判断卖点,考验我们对于消费人群的理解,消费心理的感知。所以好的广告人,一定会经常洞察人心。但在消费者注意力如此稀缺的时代,要如何进行洞察呢? 这需要借助一定的工具。

2. 创意洞察工具

(1) 事实与意见。广告是一门科学,几乎全部从调查研究得来而非个人的主观意见。事实是客观存在的,比如市场情报、信息、消费者资料及有关本商品或劳务的各种真实情况等,都是创意所必须尊重的事实。离开事实虚谈广告创意,要么是主观臆想,无的放矢,要么是凭空捏造,损害广告的真实性。

(2) 删除策略法。在策划过程中,创意人员广开思路,一般会产生多个创意提案,但都各有利弊,身处其中难以决策。此时,可以将每个创意方案的优缺点一一列出,运用排除法,将最不符合此次广告战略的策略优先剔除,再进行下一步的创意优化。

(3) 重新定位。当企业发展战略发生改变,或原有产品/品牌定位存在错误,无法实现既定目标时,营销策划要进行重新定位。营销者要重新审视市场环境与产品销售现状及自身特点,找准重新定位的原因,锁定目标消费群体后,制定好新的定位策略,并据此展开一系列的传播活动。当然,这一过程也为创意找准了方向。围绕全新定位,通过广告的形式为产品创造一些便于记忆、新颖别致的特点,以期让品牌在消费者心里站稳脚跟。

创意的重新定位不仅是营销传播策略的定位,有时更是自身形象的定位,两者可以相互关联。例如人们谈到去屑洗发水,就会立即想到海飞丝。企业能在营销领域内确立属于自己的专属市场,是定位想要达到的最佳效果。

(4) 重组考虑问题。广告创意是旧元素的新组合,因此广告创意的思维,即思考如何将已有的元素重新组合得出新的观念的过程。组合不是简单的元素叠加,而是在产生"新的元素"。如果有目的地改变事物内部结构要素的次序,并按照新的方式进行重新组合,以促使事物的性能发生变化,这就是重组组合。

二、创意性思维

创意性思维是思维主体在抽象思维和形象思维相互作用的基础上,对现有客观材料进行抽象处理,通过多角度、多层次、有创见性的思考,寻找解决当前问题的答案的思维过程。创意思维和人们的生活经验以及社会文化息息相关,并为了满足人们的需求而不断发挥功效。如此理解,"广告创意思维就是广告人为了解决广告营销或宣传问题,实现与受众的有效沟通,而提出创新解决方案的思维活动"。[①] 在创意过程中,主要有以下四种方式思维方式。

(一)头脑风暴

头脑风暴法(Brainstorming)由美国创造学家,BBDO广告公司的 A.F.奥斯本首创,指集众人之智开发创造性思维。组织一批专家、学者、创意人员一同参加创意会议,围绕一个创意议题,各抒己见,共同思考,相互鼓励,引发创意思维的连锁反应,获取更多的创意思路。该方法成本低,见效快,是广告创意最常用的一种技法,大致具有以下流程:

(1)明确议题。每次头脑风暴都针对一个具体问题而展开,议题越具体,越明确越好。比较具体的议题能使与会者较快产生设想。问题的准确阐述,也是创意洞察的一个重要体现。

(2)确定人员。参会人员不宜过多,每组以 5~12 人为宜。

(3)明确分工。明确参会人员的角色,负责人、主持人、记录员、创意人等。主持人要掌控全局,把握会议节奏、方向与时间,营造轻松的会议氛围以促进思考。会议时间最好安排在 30~45 分钟。

(4)畅谈与思想碰撞。会议规则:要求与会者自由畅谈,任意想象,尽情发挥;主张独立思考,不允许私下交流,以免干扰别人的思维;不妨碍他人发言,禁止批评与评论他人想法;相互启迪,互为补充;与会人员一律平等,各种设想全部记录。

(5)方案评估。修正与会者的设想,经过补充完善之后择优选用。

(二)框架思维

框架是人们处理信息的认知结构,运用何种框架处理信息,会影响到我们对

---

① 潘军,冯娟.广告创意与策划[M].武汉:中国地质出版社,2018:123.

信息的处理结果，对事物价值的判断、态度，及行为反应，这种影响，被称为框架效果。

创意过程中的框架思维是由广告策划总体规划确定的，诸如广告对象的确定、广告战略的总体思路、产品的定位及广告预算方案，构成了总的框架。广告创意只能依照框架的限定，沿着战略大方向进行。单凭主观臆想，或许可能产生新奇的念头，但那是无缰的野马，任意狂奔，不可能成为某一特定广告活动的创意环节。

在实践过程中应用框架思维，需要不断地学习，广泛地阅读，将所学习的许多东西融会贯通，让他们在头脑中形成一个初始的框架，在大脑中将许多对立的知识分析形成一套完整的理论。其次是验证，如何验证框架是否完整，逻辑是否严密，需要在多次探讨中反复验证实践才能检验它是否有效，并不断修正。

任何自身知识体系的构建都是一种螺旋式递进的关系，要经历一个"建立—检验—修正—重新建立"的过程。建立适合自己的思维框架并不容易，可能需要长年的知识积累和不断的实践，并修正。但是在这个过程中，将受益匪浅。

（三）思维导图

思维导图是表达发散思维方式的有效图示形式，是由被誉为英国的"记忆之父"的著名大脑潜能和学习方法研究专家、"世界记忆冠军协会"创始人托尼·巴赞（Tony Buzan）发明的一种思维工具。思维导图是指大脑在思考时呈现的一种扩散状态的思维模式，用画图的方法记录下来。它表现为思维视野广阔，呈现多维发散状，能锻炼人们的发散性思维能力，开发大脑潜能，提高工作效率。[①]

思维导图运用在广告创意领域，可以多项、多维、多层次、多角度、立体化、形象化、视觉化表现自己的各种想法，把创意性词语和记忆性词语与图像、色彩进行链接，产生鲜活的创意。在广告创意中绘制思维导图的步骤如下。

首先，寻找一个中心词。整个思维导图都是围绕这个关键词而展开，它通常由广告策略阶段的产品或品牌定位来确定，比如某种新功能、卓越的品质、周到的服务等等。也可以将眼光放宽泛一点，以产品所属门类为中心词，比如洗衣机、钟表、男装等。

其次，绘制思维导图。托尼·巴赞在其著作《思维导图放射性思维》中，对思维导图的绘制规则进行了详细的归纳和总结：思维导图强调融图像与文字的功

---

① 陈慧君.如何提升营销创新思维能力[M].长春：吉林出版集团股份有限公司,2019：17.

能于一体,中心概念图或主体概念应画在图纸中央,从这个中央开始把想到的所有点子都沿着它放射出来,字体、线条、图形和颜色应尽量多一些变化,做到视觉上清晰、明了。①

最后,审视思维导图并寻找灵感。思维导图的绘制其实是梳理自己思路的过程,根据完成的思维导图反复审视上面的每一个词条,寻找灵感。②

（四）属性列表

属性列表法又称特性列举法,是美国布拉斯加大学教授罗伯特·克劳福特(Robert Crowford)总结出来的一种创意思维策略。"此法强调使用者在创造的过程中观察和分析事物或问题的特性或属性,然后针对每项特性提出改良或改变的构想。"③实践证明,需要解决的问题越少,越简单直观,运用属性列举法就越容易获得成功。

将产品的主要属性、特征分别排出,然后逐一考察,寻求最佳改革方案。在创意过程中应用此方法:

首先,分门别类地将改进对象的特征或属性全部列出来:① 名词特性——整体、部分、材料、制造方法。② 形容词特性——性质、状态、颜色、形状、感觉。③ 动词特性——功能、作用;然后,对其特性或属性加以置换,使用可替代的其他各种属性来进行设计;当引出有独特性的方案后,再通过评价和研讨,这样可以找出可行性的最佳方案。④

第三节　广告创作

一、主题

广告主题是广告的中心思想和核心所在,具有概括广告信息、传达广告创意、塑造品牌形象与企业形象、限定广告画面的作用。它是广告为达到某种目的而要说明的基本观念,在广告的整个运作过程中处于统率和主导地位,是广告成

---

① 凌雁.产品创新设计思维与表达[M].长春:吉林美术出版社,2019:72.
② 胡凡.互动广告创意设计[M].长春:吉林美术出版社,2018:111.
③ 张蓓蓓,李建民,李存.现代产品设计创意与快速表现[M].南京:东华大学出版社,2014:15.
④ 吕丽,流海平,顾永静.创新思维:原理·技法·实训[M].2版.北京:北京理工大学出版社,2017:177.

功的基础和前提。没有一个科学的主题,广告便失去了前进的方向。广告设计、广告创意、广告策划、广告文案、广告表达均要围绕广告主题展开,广告主题使广告的各种要素有机地组合成一则完整的广告作品。

在广告主题制定上,不同的产品和品牌在不同的发展阶段会有较大区别,应具体问题具体分析,但大体上可从以下两个方面进行思考。

（一）产品价值因素

广告主题的确定要先从产品入手,无论是产品本身具备的客观内容,还是能被赋予的主观价值。

从产品客观因素出发,发掘消费者的关注点。产品本身的特点可以成为消费者购买的一个重要理由,但是建立在消费者关注价值之上的。对于同一产品,消费者有不同的关注点,每个关注点都可以作为广告主题的立意点。商品的价值、档次、品位等方面都是影响因素。产品实体是产品价值的载体,是消费者利益实现的基础,实体价值可以充当广告主题的立意点。奥格威的许多广告都侧重于产品描绘,通过展现产品实体从而告知消费者其能获得某种利益。例如,奥格威为劳斯莱斯汽车所做的经典广告:"在时速 60 英里时,最大的噪音却来自驾驶室内的电子钟。"全文用了 700 多个英文单词,充分表达了"精工制造"这一广告主题.并取得了极大的成功。

从产品的主观因素出发,创造产品的主观或社会价值。广告主题策划可以从产品及相关因素的某一点出发,发挥想象的作用,赋予产品某种主观价值。产品的主观价值是一种主观性的想象,这些主观价值,是人们对产品的感受、联想或象征意义的挖掘,它不是商品中物质实在性的存在,但它可能在人的心里存在,它存在于商品与人的心理和文化之间的一种精神性联系中。当然产品也可以通过亲情、友情、爱情这类社会属性建立消费者在社会关系中扩散的内容,体现其社会价值。

总之,无论是以产品的客观价值作为广告主题,还是以产品的主观价值作为广告主题,产品分析是必要和不可缺少的步骤。产品分析是确定广告主题的前提和基础,必须客观、准确。

（二）企业形象和品牌形象

企业形象和品牌形象分析也是确定广告主题的关键步骤。广告可以宣传企业形象,良好的企业形象又可以促进产品的销售。如果一个企业拥有良好的形象基础,那么以这种形象为主题的广告,也可以有效地实现促销的目的。通过不断强化形象特征,在消费者心中形成概念和视觉上的差异化,有利于消费者进行识别。

不过,以企业或品牌形象为主题的广告,不会像商品广告那样产生直接性效果,毕竟形象的树立本身是个系统工程,需要长期构建与维护。企业形象与品牌形象有同等的重要性,两者必须保持一致。[①]

二、品牌故事叙述

（一）广告策略与品牌故事

品牌故事是指在品牌创立和发展过程中,体现品牌精神的传奇性故事。叙事学研究表明,故事,即叙事,是能产生意义的工具,围绕品牌向消费者讲述符合其世界观、价值观、人生观的品牌故事,能更容易引发消费者的情感共鸣。消费者在接受这些故事的过程中也会不自觉地与品牌建立起一种联系,品牌故事能最大限度地让消费者接受和认同品牌理念,感受品牌文化。在广告策略的制定过程中,会充分参考品牌故事传达的主旨,为长期塑造品牌形象做出一定的调整。

品牌故事需要保持一致性,一般不会轻易更改。如果品牌的定位出现改变或存在偏差,广告策略也会及时更换方向,配合企业或品牌完成转型。

（二）品牌故事构思

从写作的角度看,品牌故事构思与新闻的逻辑相似,新闻有六要素（5W＋1H）：Who（何人）、What（何事）、When（何时）、Where（何地）、Why（何故）、How（如何）,即时间、地点、人物、事件的起因、经过、结果。在品牌故事领域,大致有以下五个方面。

1. 时间维度

时间维度就是把时间作为故事的实写主线,最常见的便是那些百年老店和中华老字号了。在人们的认知中,一个品牌时间越久远,就越正宗,所以很多企业开口就说"我们要做百年老店"。比如,北京的"全聚德"烤鸭品牌,讲的就是时间维度上的百年老店故事,消费者也纷纷表示认同。如果一个企业没有在行业内较高的资历时,最好不要在时间维度上去讲故事,因为根本无法打动消费者。

2. 人物维度

人物维度就是以人物为故事主线来写故事,比如创始人的创业经历、产品的

---

① 刚强.现代广告设计的理论与思维[M].北京：北京理工大学出版社,2019：113.

发明过程。创业的过程往往是成就品牌的关键,创业者的个性和创业时期的故事,很大程度上决定了品牌基因。比如,苹果的主线是乔布斯,阿里巴巴的主线就是马云,华为的故事主线是任正非,老干妈的故事主线是陶华碧。当然也有一些品牌将虚构的人物来作为故事主线,比如米老鼠和唐老鸭之于迪斯尼乐园。

把人物维度的故事作为品牌故事的最优选择,是因为一个人物有血有肉的历程,在消费者看来是十分生动而令人感兴趣的。例如,麦克斯·贺伯博士与海蓝之谜的故事。品牌的诞生,始于麦克斯·贺伯博士在实验室遭遇的意外,唤起他对修护容颜的探索之旅。白天,他仍是一名太空物理学家,而夜幕降临,则化身逐梦者。怀着破解修护能量的愿望,他将目光投向挚爱的海洋。历经 12 载,6 000 次试验,博士终获令其受益终身的顿悟,从深海巨藻和其他精纯成分中发酵淬炼出海蓝之谜品牌的灵魂成分、修护秘方——神奇性精粹 Miracke BrothTM 最终焕变他的肌肤。这是一个关于希冀、修护和一个人对生生不息海洋致以深深敬意的故事。因一场实验室意外的事故冲突,从而塑造一个钻研主义、永不气馁的精神。

3. 工艺维度

如果一个产品,存在某种工艺或者技术,那么可以考虑讲工艺方面的故事。比如金龙鱼的"1∶1∶1"、鲁花的"5S 压榨",再比如乐百氏纯净水的"27 层净化"、华为的 7 nm 芯片、爱马仕的"坚持手工"制作,等等。

这种故事一般的逻辑是:找到一个核心的技术点,然后提炼出来,告诉消费者——这类产品的优劣主要取决于这个技术点。

4. 情感维度

情感维度就是把情感作为品牌故事的主线,最常见的便是品牌的创立发展过程。在这方面奢侈品品牌绝对算是高手。例如 Gucci,从一家意大利的高级皮革店到引领全球时尚的超级品牌,从家庭纠纷声势一落千丈到由 Tom Ford 接手后的再生崛起,Gucci 从云端到谷底,再从谷底到云端的故事,着实是一个传奇。这跌宕起伏的过程,更是奠定了其不断追求完美的调性,这是一种情感。再比如可口可乐,宣传其代表了美国的文化和精神,这也是一种情感。

5. 地域维度

地域维度就是将地域作为品牌故事的主线,讲述产品的产地故事。可以以当地的风土人情、文化特征作为切入点。这样的品牌故事对于本地人来讲会有认同感和共鸣,对于外地人来说,会感到好奇,比如峨眉竹叶青茶、祁门红茶、西湖龙井茶等。

（三）品牌故事叙述

品牌故事具有两大核心要素：品牌精神的传达和传奇性故事的描述。品牌精神的传达是将品牌理念融入品牌故事中，传奇性故事是塑造故事的情节。

一个卓越品牌的塑造首先从规划清晰的品牌理念开始。如内衣品牌内外（NEIWAI），以无钢圈文胸切入市场，强调内衣要以舒适为本。伴随着"我的内外，你都了解"的品牌标语，品牌从"做一件让人身心自由的内衣"的品牌理念出发，发展成为一个专注于舒适内衣、家居服、运动服饰等品类的生活方式品牌。一个动人的品牌故事可以赋予品牌以性格、态度、灵性，进而传递企业文化，传达品牌精神。当然，若想要让理念深入人心甚至口口相传，需要有不同寻常、吸引人的情节。这也可以说是创意的逻辑。

传奇故事的塑造可以从追溯品牌的起源开始。任何品牌的诞生都有其独特之处，追溯品牌的缘起，同时也是为消费者带来一种情景还原的体验，尤其是一些具有历史积淀的品牌，更能激发消费者的情怀。例如德芙巧克力背后凄美的爱情故事就是品牌故事的经典。德芙讲述了一个希腊宫廷的厨师与公主相爱，却因地位悬殊不能在一起的故事。他们谁都没有对谁说出自己的心意，只能把感情默默地放在心底。后来，公主必须与其他国家的王子联姻，厨师可以送给她一盒巧克力，这盒巧克力是厨师表达自己心声的唯一一机会，他用热巧克力写出了"DO YOU LOVE ME"的简写，也就是"Dove"，结果待巧克力送到公主手中时，字已经融化了，厨师的心也凉了。两人最终因为未能互诉心肠而相互错过，抱憾终身。不论故事真假，消费者都愿意相信这个苦涩而甜蜜的爱情故事。因为这个故事讲得漂亮唯美，令人感动，容易将消费者带入其塑造的情景中。而这也恰恰是德芙巧克力的味道，故事将"德芙"这一品牌注入了永恒不变的主题——爱，一个为爱而生的品牌。

另外，无论品牌故事如何讲述，所有的故事都要传达一个理念，故事必须承载传达品牌精神的作用。应该从品牌战略的维度出发，做对的逻辑，也可以说是策略的逻辑，以品牌故事的形式展现品牌的内在灵魂。

（四）动态化故事叙述的原则

任何一个成功的品牌，背后都有一个足以抢占消费者心智资源的定位，之后再不断以这个品牌定位为基点去讲述品牌的故事并发掘品牌的文化，最终完成品牌在消费者心智中的"注册"。品牌的故事既是企业要走的方向，也是外界对该企业的表面认知，一个企业的形象便是从品牌故事开始的。一个好的品牌故事可以使企业走得更加顺畅,所以品牌的故事性显得极其重要。总之,一个品牌故事奠定了一个企业的形象,一个品牌故事也意味着企业在网络上将以怎样的口碑进行传播。

品牌故事是企业最好的广告,如果说营销的核心是占领消费者的脑袋和口袋,那么,品牌故事便是唯一能占领消费者心智的途径。没有品牌故事,品牌会走得比较艰难,因为没有故事的品牌终将是平庸的品牌,也无法成为品牌,它只能是代表一种标识、一种符号、一个名词……很难从激烈的市场竞争中脱颖而出。一旦消费者对企业没有了遐想,就无从知道企业的与众不同,所以,一定要将企业和产品品牌化。①

三、视觉化表达

（一）符号的运用

视觉设计主要是运用造型要素,如形状、色彩、纹理等构成视觉图像,并作为传达各种信息的语言或符号。从形象的直观性上说,它与艺术语言是相同的,属于一种表象符号,具有表象符号的特性。但是艺术设计是实用和审美的统一体。视觉传达设计的目的是通过造型手段构成视觉语言来传达信息,它的主要实用功能是信息传达。

审美效应的发挥,是在形象传达的意义的过程中完成的。这就要求视觉传达所使用的视觉语言要具备一定的认知性和可解读性。每一项造型要素,如形状、线条、色彩、质感等都必须要与所传达的内容相一致,必须统一在一定的含义之中,各种造型要素之间的组合应构成相互联系的符号序列。只有这样才能使视觉符号意义相对稳定,便于人们的读解和记忆。所以,根据视觉传达设计的特点和功能要求,在视觉传达设计中运用的视觉符号,不仅具备表象符号的一些特征,并且也应具备普通符号的认知功能,特别是语言符号的阐述功能。因此,视觉传达设计中的视觉符号应具有推理符号和表象符号双重特征。视觉传达设计就是利用视觉符号,通过各种形式的视觉媒介,向受众传递信息。要想通过造型语言来表达自己的意图,达到传达信息的目的,首先要使受众能够理解和接受。所以,造型语言首先要发挥符号的认知功能,使受众通过视觉形象在一定程度上接受相关的信息,理解其意义。同时,造型要素所构成的视觉语言是以一种表象符号的形态出现的,在形

---

① 吴大有.互联网时代的商业变革[M].天津:天津人民出版社,2018:62.

象的直观性上与艺术语言相同,所以在发挥符号的认知功能的同时,也能直接产生审美意识,唤起一定的感情体验,给受众以审美享受。①

（二）视觉设计

1. 构图

视觉艺术的构图,指视觉形象要素在画面中的统一安排布局。需要确定文字、图画、标志等要素在广告中的位置及其大小,使色彩等多要素进行有机组合,构成一个上下左右和谐统一的广告版面,以有效地突出广告的主题,吸引目标受众的注意力,并创造愉悦的审美体验。②

构图是视觉艺术创作的重要一环,应遵循以下几个原则。

（1）将重点要素布局在最佳视域。最佳视域指在限定的距离内,画面上最引人注目的那些方位。心理学研究表明,画面的视觉诉求力,上侧强于下侧,左侧强于右侧。因此,画面的左上部和中上部被称为"最佳视域",是最优秀的方位。广告中突出的信息、标题和商品名称等,一般应该编排在这些方位上。

（2）注意构图的和谐性。中外艺术都崇尚和谐美。构图和谐一致,才能产生美好的形象。和谐就是将文字图形按照其形态的大小、多少,色调与肌理的明暗、轻重等关系在平面上均衡地进行布局。各审美要素要相互配合,互为补充,如虚实结合的原则。画面有显有隐,有逼真有模糊,有实笔有空白,有密有疏。另外,无论最终画面是繁是简,都要做到简而不空,繁而不乱,这样才能使人获得和谐的视觉享受。③

（3）动静相宜。在广告构图中要理解"动静是一种互补现象,动者要动中传神,静者要静中寓情"。动、光、色是影响视觉注意的最活跃的三大因素,其中动的影响力最大。心理学实验表明,活动的对象比静止的对象更容易引起受众的视觉注意,也更容易留下深刻的印象。但当画面中的物象皆为可动的形象时,也就变动为静了,毕竟无静便没有动,因此只有互为依存,才能呈现视网膜中要求获得的动静感生理平衡。例如,当色彩、图像等因素热烈、奔放,具有快感,文字舒缓、安宁,两相搭配即可达到动静结合。

（4）巧妙使用对比与协调。在广告构图中,对比是将相同或相异的视觉要素进行强弱对照所运用的形式手法,也是广告画面获得强烈的注目效果所运用

---

① 杜士英.视觉传达设计原理(升级版)[M].上海:上海人民美术出版社,2018:49-50.

② 曾凡海.广告理论与实务[M].北京:清华大学出版社,2020:237.

③ 张利平.广告美学[M].汕头:汕头大学出版社,2019:61.

的手法,包括如形态对比、大小对比、动势对比、色调对比、肌理对比、疏密对比、虚实对比等。在广告构图设计中,要注意对各个要素之间对比关系的处理,以便有效地突出广告对象的特性,产生多姿多彩的视觉表现效果。

调和就是两个或两个以上的对比物通过某种方式呈现彼此感觉上的联系,是在各视觉要素之间寻找相互协调的因素,其意义在于使各种构图要素以和谐统一的面貌同时出现在广告画面中。

对比与调和是辩证的、对立的统一。对比表现为较强的差异性,使画面产生冲突;调和通过寻求统一性来缓和矛盾。二者相互作用,共同营造广告构图的美感。任何广告构图的编排设计,既要有对比上的差异性,又要有调和上的共通性,才能生动活泼、整体自然。①

2. 字体与图像

广告设计项目就是将两个不同的成分——文字和图像结合起来。那么如何将两种不同的东西放在一起呢?

(1) 字体的特性及应用。字体与其他所有元素有着本质的区别。当然,字体要依据相同的视觉规则安排,与图像相适应,但无论字体的线条呈现出怎样的变化,当这些线条还是文字时,自身就有着一定的含义。当设计师努力分析字体特殊的视觉特点与图片和图形造型的视觉特点的相关性时,字体自身的含义会使设计师不可避免地产生一种奇怪的疏离感。这样就使字体与图像产生不良整合,从而造成两种结果:第一种结果是字体与它周围的图像毫无共同之处;第二种结果是整合了图像的版面显得太具跳跃性,从而难以辨认和操控。要克服字体与其他视觉材料这种鲜明的、疏离的区别,就要创造字体与图像之间的共性,通过外形、肌理、明度和节律四种属性来协调。②

(2) 字体的编排。文字的编排是通过形式上艺术处理的作用,使文字合理、清晰、完整地表达,既引人注目,又能将信息强有力地传达给读者,使读者按照传达内容的需要,一步一步按顺序看下去。编排若不合理,则会影响传达效果,甚至会令读者产生误解。

为了使信息传达准确、快速,文字编排时还应注意到:横排时最好使用略扁字体,竖排时最好使用略长字体,这样编排可以通过文字的流动感确定阅读方

①　曾凡海.广告理论与实务[M].北京:清华大学出版社,2020:238.
②　萨马拉.好设计的造型元素[M].南宁:广西美术出版社,2016:234.

向。同时，文字分类要段落清楚，设计中如有不同的文字类型，要按文字信息的主次排列有序。如果文字排列过长，则不易被识别和记忆，特别是标题不宜太长，文字多时可根据内容断句，分段排列。这样就使广告中的文字传达功能与艺术性融为一体，以不同字体组合形成的相互关系体现主题。①

（三）文案

广告文案是指广告作品中的语言文字部分，包括广告标题、广告正文、广告口号和广告随文。

（1）广告标题是整个广告文案乃至整个广告作品的总题目，它起到提纲挈领的作用。大卫·奥格威谈广告标题写作的十大原则时说："读广告标题的人是读广告正文的人的5倍。"因此，创意人要用富于创意性的表现，吸引受众对广告的注意力。

（2）广告正文，遵循广告创意和标题的意图，明确产品的哪一优势最能唤起消费者的购买欲望，并仔细选用过渡词汇、引语，注意正文表达的情绪与强度。因为广告的目的各不相同，正文的具体内容也各具特色，但都必须遵循真实可信、通俗易懂的原则。

（3）"广告口号是为加强受众对企业、商品或服务的印象，而在广告中长期、反复使用的，旨在向消费者传达一种长期不变的观念的语言。"②例如，"钻石恒久远，一颗永流传"这句广告语，戴·比尔斯通过它赋予了钻石特殊的爱情含义——永恒。现在只要一提到钻石，人们便会想起这句经典广告语。广告语一般被放在广告作品最醒目的地方，与正文放在一起，位置比较灵活。广告口号与广告标题很相近，但不能混为一谈。广告标题是对正文内容的概括，它的使用期限短、范围窄，经常一次性使用。

（4）广告随文又称广告附文，在广告中传达购买商品或接受服务的方法等基本信息，特别是品牌名称与标志。它作为消费者购买行为的指南，一般都出现在广告的结尾。

总的来说，广告文案的设计要有强烈的视觉冲击力，是建立在能够有效增强广告设计的效果之上的。文案和设计是相辅相成的，如果没有好的设计，再巧妙的文案所呈现的效果也是普通的。好的文案配上好的设计，才能实现1+1＞2的效果。

---

① 刘刚田，田园.广告策划与创意［M］.北京：北京大学出版社，2019：183.
② 曾凡海.广告理论与实务［M］.北京：清华大学出版社，2020：223.

思考题

1. 如何运用所学理论,从广告创意策略、创意和表现三个层面分析一则广告作品?

2. 广告创意的思维方式有哪些? 以"纯净"为主题进行发散性创意思维训练。

3. 选择一则广告,对其创意特色进行分析,并简要说明该广告所采用的创意手法。

4. 请运用头脑风暴法,为农夫山泉的周年庆创作三套广告活动方案。

【案例讨论】

世界自然基金会(WWF)德国分会在一项名为"气候现实主义"的系列活动中,将提前拍的风景画用人工智能进行重新创作,根据气候变化预测,生成了数百张图像,显示 2100 年相同的风景可能是什么样子,从而警示人们重视气候变暖。

思考:

这个例子展示了 AI 在广告创意中的哪方面应用? AI 生成的图像能否真实地传达未来可能的景象,还是存在潜在的误导性? 在使用 AI 来呈现气候变化影响的创意中,我们应该如何处理不确定性?

图 9-1 世界自然基金会:气候现实主义

第十章 广告媒体

本章学习目标

- 了解媒介融合的具体内涵及表现形式,了解媒介融合导致的广告媒介生态的变化。
- 掌握广告媒体的特性和分类。
- 掌握媒介计划的制定流程和方法。

在数字化和全球化浪潮的推动下,媒介生态系统正经历深刻的变革与重塑。媒介融合现象不仅体现在技术层面的革新,更深入传播与经济运行环境的关系中。随着媒介形态的发展与变化,传统媒体与新兴数字媒体不断交织,形成了一个多元而复杂的传播格局。媒介数字化进程的推进,使得信息传播的速度和广度有了前所未有的提升,媒介融合也因此加快发展,对媒介生态系统的影响深远。同时,理解媒体的特性与分类对于把握媒介环境中的各类传播媒介至关重要。无论是大众媒体,还是数字媒体,每种广告媒介都有其独特的属性和分类方法。通过详细分析这些媒介特性和分类,我们能够更好地利用不同媒体平台,提升传播效果。而媒介运用与策划是媒介操作的重要环节,涵盖了媒体调查、媒体计划、媒体购买以及程序化购买等关键内容。这些策略和方法的深入探讨,将为媒介运作提供实用的指导,帮助广告人在复杂多变的媒介环境中制定和执行有效的传播策略。

本章节旨在探讨媒介融合、媒体特性及其分类,以及媒介运用与策划的方法和策略,以便读者更好地理解和应对变化。

第一节　媒介融合与广告媒介生态的变化

一、传播与经济运行环境

传播是人类最基础的信息交流活动,传播活动的变化与社会经济发展息息相关。就大众传播的社会功能来说,1982 年,传播学集大成者施拉姆在其出版的《男人、女人、讯息和媒介》一书中指出大众传播具有经济功能,即"关于资源以及买和卖的机会的信息;解释这种信息、制定经济政策、活跃和管理市场、开创经济行为"。

施拉姆指出:"没有任何经济学家以类似的专一性写过关于经济体系中传播功能的文章,但是,从一些像博尔廷这样的经济学家的著作中,还是有可能拼凑出一套经济功能的。首先,传播必须满足绘制环境的经济图表的需要,以至于每个人和组织都能构成自己对在特定时刻的买和卖的机会的印象。这种印象的一部分将通过广告形成,一部分通过对价目表和生意的分析形成。其次,经济政策必须通过个人和组织,或者是通过国家起关联作用。市场必须加以管理和控制,制造商、商人、投资者和消费者必须决定怎样进入市场。最后,必须提供技术方面的指导和对经济行为的展望。"[①]

适当的信息传播活动对社会经济环境的平稳运行与发展有所助益;反之,社会经济环境的变化也会影响传播活动的运作。20 世纪 40—50 年代传播学诞生时,美国当时的传播现象纷繁复杂,在传播学理论研究兴起的背后有着深层的经济原因。一方面,在美国自由市场经济条件下,经济发展需要垄断资本家向国内、国际市场拓展,生产扩大、产品增多,随之而来的行销行为就前所未有地增加了,企业普遍较关注营销环节中的各种传播问题;另一方面,美国的大众传播业在两次世界大战后经济实力日益壮大,也成为一个个相对独立而完善的经济实体,共同形成了一个产业——大众传播业。从传播学诞生的过程可以看出,传播学从一开始就有着深深的经济烙印。

二、媒介形态的发展与变化

媒介形态,即媒介的生存状态(包括媒介的外部形态和作为内部结构的传播

---

① 施拉姆,波特.传播学概论[M]. 陈亮,周立方,李启,译.北京:新华出版社,1984:32 - 33.

符号)、生存依据、媒介的传播方式方法(包括受众接受媒介信息的形式和途径)以及由此展示的媒介功能与特征。媒介形态又分为可见形态和潜在形态。可见形态是指媒介的状貌、外在硬件,作为社会单位存在于世间的表象。潜在形态,是指内部形态,包括内部结构、媒介各部分之间的关系。一般而言,媒介形态的演变可以按照大众传播的媒介形态变迁进行划分。

目前,普通大众传媒作为广告媒体主导的时代正在发生巨变,我们所看到、接触到的广告媒体形态已经不再局限于报纸、广播、电视、杂志以及户外广告等渠道,多元化的广告形式已经融入了我们的生活。我们必须要对媒介形态的演变有所认识,才能更好地把握现代广告传播的方式和规律。

媒介形态演变的第一阶段是印刷媒体形态。印刷媒体广告是最为传统的广告形式,它包括报纸、杂志、期刊、黄页号簿以及其他纸质媒体的广告。其特点有:利于收藏和反复阅读的持久性,可以根据主题进行分类,具有方便可携带性、便于掌握广告效果以及发行量等特点。

媒介形态演变的第二阶段是电波媒体形态。电波媒体广告指的是电视、电台、电影等媒体广告形式,它的一个突出特点是具有动感色彩,直接诉诸人的视听觉,广告信息比较生动,便于突出展示和强调。在电波媒体中最有代表性的是电视媒体,它集中了各种电波媒体的优势和特点,可以说是当前最引人注目的广告媒体,也是所有广告媒体中最受青睐的媒体。

媒介形态演变第三个阶段是户外媒体形态。户外媒体广告涵盖了多种不同的广告形式,诸如广告牌、海报、灯箱、车体以及环境模型等。作为一种古老的广告形式,户外广告的优点和局限也很明显。户外媒体的广告效果虽然很难调查和评价,但是这并不妨碍这种广告形式受到普遍欢迎。很多时候户外广告几乎已经成了外部环境的一个组成部分。

目前,媒介形态已进入互动媒体时代,信息传播呈现出相互交流、互动的状态。"互动广告"可以被定义为:"一切让使用者(而不再是传统被动沟通模型中的接收者)能够控制自己从商业信息中获取信息数量或速度的媒体。……使用者与商业信息处于一种默读层次上的对话状态。在所有情况下,使用者和信息源都是在互相交换信息——这是一种交流而不是简单的传输和接收。"①

按照这种理解,典型的互动媒体广告有 CD - ROM(只读光盘存储器)、虚拟

---

① 特伦斯·A·辛普. 整合营销沟通[M].北京:中信出版社,2003:385.

现实、互联网、数字电视、移动电话以及交互式免费电话等。这些交互式广告媒体有些是新兴的,也有些是对传统媒体形式的改进。其中绝大部分都是基于计算机和网络技术而产生的,而移动电话和免费电话则是对电话营销的进一步完善。

互联网借助计算机、智能手机等互动媒体,可以说是最具有代表意义的。它把全世界的电脑和手机连接成一个巨大的网络,信息可以通过这个网络进行传递,并且具有极强的互动效应。目前互联网已经被营销者当作最有潜力的广告媒体,互联网广告费也逐年上涨。

三、媒介数字化及媒介融合

(一)媒介数字化

1995 年,尼葛洛庞帝(Negroponte)在《数字化生存》(*Being Digital*)一书中指出,如果物质时代世界的基本粒子是"原子"的话,那么构成信息时代新世界的基本粒子就是"比特"。他将"数字化"定义为:"数字化,即'物质原子',将被'数字化比特'代替"。他坚信报纸、电视、娱乐等所有人类体验最终都将数字化,并提出"数字化将决定我们的生存",将"数字化"提高到了前所未有的高度。[①] 约翰·钱伯斯认为数字化(digitization)数字化是连接"未连接的"和自动化"未自动化的",是智能化地连接所有人和所有事物,通过整个组织形态和政府部门形成某种生态系统,使得新的商业机会和社会机会涌现出来。托马斯·鲍德温等人认为数字化技术将改变传媒业的生存方式,预测传媒业、娱乐业和电信业在未来将进行融合,描绘了 21 世纪传播通信业整合发展的宏伟蓝图。

在我国关于媒介数字化生存的讨论起始于数字电视。1999 年,黄升民在《现代传播》上发表了《中国电视媒介的数字化生存》一文,探讨进入数字化时代的中国电视媒体将遭遇的难题和克服难题的出路。2001 年,唐圣平发表《媒介与人:数字化时代我们需要什么样的媒介?》,从人对媒介需求的角度出发,论证了数字媒介是数字化时代我们所需要的媒介。王焰认为报纸应走信息产业化之路,走数字化生存之路,无论在采访方式、报道方式,还是在传播方式、出版模式等方面都要有一系列变革。闵大洪总结了传媒领域在数字化时代发展的两个显著特点:一是各类传统媒体的数字化步伐加快;二是基于数字技术的新媒体新

---

① 尼葛洛庞帝. 数字化生存[M]. 胡泳,范海燕译,海南:海南出版社,1996:14.

传播工具层出不穷,其结论是:在数字化时代,数字化传媒正在成为传媒主流。对于我国主流媒体而言,将数字化作为创新和可持续发展的重大战略选择已成为基本共识。在2006年8月举行的第三届报业竞争力年会上,"数字报业"成为最引人注目的关键概念。《全国报纸出版业"十一五"发展纲要(2006—2010)》提出,"十一五"期间,信息技术革命将导致报业市场多元化传播格局加快形成,数字报业将得到大发展,数字内容生产、传播和增值服务能力普遍提高,数字内容产品和信息增值服务收入显著增加。"数字报业"如同其他媒体形态一样,正是尼葛洛庞帝所描绘的"数字化生存"中必不可少的部分。

2006年8月5日,国家新闻出版总署报刊司在京启动了"数字报业实验室计划",有18家单位成为该计划的首批加盟成员。该计划鼓励报纸出版单位积极开展自主创新,广泛利用各种数字化、网络化内容制作、生产、传播手段和显示终端,积极探索网络报纸、手机报纸、电子报纸等多种数字出版形式和经营模式,2007年6月,我国"数字报业实验室计划"顺利进入第二阶段。截至2013年年底,全国40多家报业集团全部实现数字化生产与经营,经过十余年的发展,媒介数字化基本普及。

(二)媒介融合的发展历史

"媒介融合"这一概念最早由美国马萨诸塞州理工大学的伊契尔·索勒·普尔(Ithiel De Sola Pool)教授提出的,其本意是指各种媒介呈现出多功能一体化的趋势,主要指的是电视、报刊等传统媒介融合在一起。

其概念包括狭义和广义两种。狭义的概念是指将不同的媒介形态"融合"在一起,会随之产生"质变",形成一种新的媒介形态,如电子杂志、博客新闻等;而广义的"媒介融合"则范围广阔,包括一切媒介及其有关要素的结合、汇聚甚至融合,不仅包括媒介形态的融合,还包括媒介功能、传播手段、所有权、组织结构等要素的融合。也就是说,"媒体融合"是信息传输通道的多元化下的新作业模式,是把报纸、电视台、电台等传统媒体,与互联网、手机、手持智能终端等新兴媒体传播通道有效结合起来,资源共享,集中处理,衍生出不同形式的信息产品,然后通过不同的平台传播给受众。

从媒介融合的发展来看,第一阶段的"媒介融合"是组织的融合,这种结合往往是依靠外部的力量(如行政力量)使媒体结合成一个共同体,如中国的许多报业集团都属于这种类型,但这类集团往往只是名义上的,是一种十分松散的组合,没有形成有机分工的态势。

第二阶段的"资本融合"比前一阶段有了很大的进步,因为它是在市场的作用下使有实力的媒介集团在资本市场上完成对其他媒介或媒介集团进行收购,或者两个媒介组织之间通过资本市场进行合并。这种通过媒体之间的整合与并购,在传媒业中是以规模出效益的。

第三阶段是"传播手段融合"阶段,从小范围来说是指利用新技术改造传统媒体;从大范围来说指大型的传媒集团不同媒介的传播手段在一个大平台上进行整合,实现这些媒介之间的内容相互推销和资源共享,报纸、广播、电视、网络全部用一套班子,由"多媒体编辑"统筹策划,将采回的材料和新闻用于集团旗下的各个媒体。

传统以传播新闻信息为己任的新闻媒体难以承担起其作为全社会操作系统的重任,广播电视网络日渐式微。随着互联网信息技术的发展进入智能化阶段,新阶段的媒介融合将进入学者彭兰所说的"万物皆媒、人机共生"[①]的时代。

媒介融合的最高阶段是媒介形态的融合,新技术的发展日新月异,完全有可能在未来产生一种与今天的媒介形态完全不同的新媒介,这种媒介有可能融合几种甚至全部媒体的优点。[②]

(三)媒介融合涉及的层面

媒介融合就其表现形式而言,主要有两种:一是在传媒业界跨领域的整合与并购,并借此组建大型的跨媒介传媒集团,打造核心竞争力,应对激烈的市场竞争;二是媒介技术的融合,将新的媒介技术与旧的媒介技术联合起来,形成新的传播手段,甚至是全新的媒介形态。[③] 媒介融合将有几个显著特点。

一是媒体间的合作性,无论是传统媒体之间,还是新媒体之间,或者新旧媒体间,合作是融合的外部条件,包括技术合作和内容合作等全方位的合作将在媒体间展开。

二是媒体与受众的互动性加强,媒介融合必将把传受者之间的互动发挥到极致,从目前媒体的运作来看,互动已成为不可或缺的环节,而在媒介融合中,互动将更为明显。

三是媒介融合是在技术的支持下实现的,网络技术、数字技术等技术的运用将使媒介融合的水平和层次不断得到提升,而且其前景无限,像网络技术发展以

---

① 彭兰.智媒化:未来媒体浪潮:新媒体发展趋势报告(2016)[J].国际新闻界,2016,38(11):19.
② 岳泉,汪徽志,刘红珠.新媒介概论[M].南京:南京大学出版社,2010:12.
③ 王漱蔚.媒介融合:传媒业发展的必然趋势[J].当代传播,2009(2):3.

来短短的数年间传媒环境就发生了巨大变化,由此,媒介融合以技术为依托,将随技术的发展而发展。

以上这三方面将是媒介融合环境下出现的必然结果和趋势。

可见,媒介融合涉及的各个层面可通过不同主体进行划分。换言之,媒介融合就是新、旧媒体利用数字技术在其内部发展和彼此沟通的过程中实现的数字化交融。媒介竞争压力直接推动媒介融合的发展,新、旧媒体的竞争博弈要求多种形态的媒介进行融合,而媒介企业必然要通过媒介融合追求效益增长。

第一,技术的发展要求不同形态媒介的融合。媒介融合能够满足拥有技术优势的网络媒体与拥有内容优势的传统媒介在竞争的基础上实现共同发展的需要。传统媒介虽然具有信息内容的资源优势,但由于其信息形式单一、信息传播范围狭小以及信息传播方式的单向性,已经越来越无法满足受众的需求,新兴媒介的技术优势带来的即时效应、交互性和便携性的特点正好弥补了此缺陷。而新兴媒介的内容则缺乏信息来源或者信息源真实性不可靠,因而新兴媒介要建立良好的公信力和品牌,必然要借助具有内容优势的传统媒介。

第二,媒介企业的竞争是媒体融合的动力。任何企业活动的最终目的都是实现效益最大化,传媒企业亦如此,通过降低生产成本和交易成本来实现参与者的效益增值。各产业组织通过融合的方式形成资源共享,投入资源的联合使用所创造的产出大于每种资源分别生产所创造的产出之和,节约了生产成本。而由于交易成本的存在,企业有一种不断将相关企业一体化的倾向。媒介企业通过规模和范围增强合作企业实力,提高对于产业链上下游的要价能力,一些媒介企业直接通过产业链纵向的融合来降低交易成本。[①]

四、媒介融合与媒介生态的变化

(一)媒介生态呈现去中心化特征

去中心化是一种现象或结构,其只能出现在拥有众多用户或众多节点的系统中,每个用户都可连接并影响其他节点。通俗地讲,就是每个人都是中心,每个人都可以连接并影响其他节点,这种扁平化、开源化、平等化的现象或结构,被称为去中心化。

去中心化,一方面体现在多样化上,在网络世界不再由几个门户网站说了

---

① 王潋蔚.媒介融合:传媒业发展的必然趋势[J].当代传播,2009(2):3.

算,各种各样的网站开始有了自己的声音,表达不同的选择、不同的爱好,这些网站分布在网络世界的各个角落里,张扬着个性;另一方面,去中心化也体现在人的中心化上,去内容中心化成为趋势,人成为决定网站生存的关键力量。从缺乏互动的个别人建站变成了以圈子的形式来聚合人才,贡献自己的智慧,这是一个巨大的变革,即用户为本、人性化。

去中心化是互联网发展过程中形成的社会化关系形态和内容产生形态,是相对于中心化而言的新型网络内容生产过程。相对于早期的互联网(Web 1.0)时代,今天的网络(Web 2.0)的内容不再是由专业网站或特定人群生产,而是由全体网民共同参与、权级平等的共同创造的结果。任何人都可以在网络上表达自己的观点或创造原创的内容,共同生产信息。

随着网络服务形态日趋多元化,去中心化网络模型越来越清晰,也越来越成为可能。Web2.0、Web3.0兴起后,Flickr、Blogger等网络服务商所提供的服务都是去中心化的,任何参与者均可提交内容,网民共同进行内容协同创作。

之后,随着更多简单易用的去中心化网络服务的出现,Web2.0的特点愈发明显,例如Twitter、Facebook等更加适合普通网民的网络服务应用的诞生,使得为互联网生产或贡献内容更加简便、更加多元化,从而提升了网民参与贡献的积极性,降低了生产内容的门槛。最终使得每一个网民均成为一个微小且独立的信息提供商,使得互联网更加扁平、内容生产更加多元化。

去中心化,不是不要中心,而是由节点来自由选择中心,自由决定中心。简单来说,中心化的意思,是中心决定节点;节点必须依赖中心,节点离开了中心就无法生存。在去中心化系统中,任何人都是一个节点,任何人也都可以成为一个中心。任何中心都不是永久的,而是阶段性的,任何中心对节点都不具有强制性。

在新浪微博中,我们可以随时随地使用新浪微博App发送自己想向他人传递的信息,在传递信息的同时,我们是一个中心;而在接收到信息的时候,则他人是一个中心,这是一个"中心弱化"的例子。

（二）媒介融合和媒介碎片化

人类社会从开始了生产活动后就有了社会分工。生产力的发展促进了人类的社会分工,而社会分工又反作用于生产力。社会分工是人类劳动的发展和外部交往的需要而必然出现的一种现象。社会分工反映了人们劳动中的社会属性,在人们的交往与协作的过程中,提高了人的劳动能力,推动了生产力的发展。

从由天赋差别所决定的原始的自然分工到物质劳动和精神劳动分离形成真实的社会分工、再到社会分工的进一步扩大,社会生产变得专门化和专业化。基于人的利益和需要的考虑,社会分工日益精细和专业。人类的活动领域越来越大,但每个人的工作范围越来越小,人人都有各自特殊的活动范围,并且无法超越这个范围,人的能力越来越专业化,成为整个社会分工体系中的一部分。

社会分工导致工业化和商品的大规模生产,并使商品生产和商品交换成为主导型的经济形式。但随着互联网的发展,人类社会从"大规模生产"进入了"大规模协作"时代,出现了各种各样的社会网络分工。随着社会分工程度的加深,人们的选择日益增多、需求日益增多,并进一步推动技术专业化、管理精益化、文化多元化、市场细分化等的发展。整个社会的商品种类、服务种类、信息类别等急速增加,社会中到处充满了碎片化的状态。因此,社会分工在推动生产力发展的同时,加速了社会碎片化的发展。

碎片化一词,源于英文"fragmentation",原意为完整的东西破碎为零碎状,也有人将碎片化译为片段化。该词最早见于 20 世纪 80 年代对"后现代主义"的研究文献当中。在当下,碎片化已经成为大众社会传播语境的基本特征之一,它是由传统社会向现代社会过渡的一个重要标志。恰如中国人民大学喻国明教授所言:"'碎片化'表现在传播领域,一方面指传统媒体市场份额收缩,话语权威和传播效能不断降低;另一方面则是指新兴媒体的勃兴、媒介通路的激增、海量信息的堆积及表达意见的多元——这便是现阶段传播力量构建所面临的语境。"[①]碎片化最明显的特点就是多种文化和价值观的融入、多元利益和意见的产生,并不只是简单的深与浅的范畴争论,这是人们从字面上对概念本身的误读与理解。

现代社会大众化的生产和消费形态渐渐淡化,市场步入了一个分众化时代,即传播"碎片化"的语境,以往依靠某一个(类)媒介的强势覆盖而"号令天下"的时代已经一去不复返了。受众的分化导致形成了许许多多受传者群落的碎片,要实现媒介的信息传播效果,必须重视每一个细分的个性化族群的特征,以及每一位单一消费者的个性和心理需求。这就要求不同媒介形式和传播平台的产品组合,从而重新聚拢"碎片化"所导致分散的注意力资源。

媒介碎片化体现在媒介融合过程中受众的碎片化阅读中。所谓碎片化阅

---

① 喻国明.传播领域的碎片化现象分析[J].新闻与传播研究,2019,36(2):5-12.

读,是指一种通过手机、电子书、计算机等进行的不完整的、断断续续的阅读模式。这种阅读模式的最大受众是与电子产品有着天然的"亲缘关系"的广大青年群体。碎片化阅读作为时代的产物,作为一种全新的阅读趋势,它不可避免地塑造了正处于社会化过程中的广大青年的认知机制。

碎片化阅读作为新媒体融合语境下比较突出的一种阅读形式,人们通常主要有两种理解:一是指传统意义上的阅读形式,即在纸质媒介独领风骚的时期。人们利用上下班乘车、餐前饭后、休闲娱乐之余的碎片化时间,通过报纸、杂志所进行碎片化阅读的习惯;二是指人们通过手机浏览新闻信息及各种资讯,或者通过微信朋友圈中的内容分享、订阅感兴趣的公众账号话题以及下载一些阅读类App(应用程序)、购买电子图书等方式进行不完整的、断断续续的阅读的模式。在零碎的时间里进行快餐化阅读,即时间的碎片化导致了阅读的碎片化,阅读形式的碎片化又加速了碎片化阅读的演化。于是,人们在碎片化时间中来进行阅读。由以往那种较为轻松的阅读习惯(闲暇时还能够潜心通读完整的文本典籍)渐渐演变成了近乎彻底碎片化的阅读方式。

第二节 媒体特性与分类

一、大众媒体特性与分类

大众媒体是指超越时间和空间的距离,向广大群众传播信息的工具。传统的大众传播媒介包括书籍、报刊、广播、电视等。

在大众传播诞生之前,人类经过了以口语和手抄文字传播为主要传播方式的漫长时代。印刷媒体的批量化生产为社会变革提供了契机,也产生了更广泛的影响。报纸真正作为大众媒介始于 19 世纪 30 年代,以廉价报纸"便士报"的出现为标志。这类报刊具有几个特点:① 价格低廉;② 内容以新闻、信息、社会事件报道和娱乐为主,贴近普通大众的生活;③ 读者不限于特定的阶层或群体,而是面向"分散的、异质的、不定量多数的一般大众";④ 广告收入成了报纸经营的主要财源。

19 世纪 30 年代以后电子媒介的出现为大众媒体展示了新的发展方向。无线广播媒介传播是通过无线电波向拥有接收工具的广大受众传送节目信号的活动。列宁说:无线电广播是"不要纸张,没有距离的报纸"。这里既指出广播作为新闻传播工具,同报纸的性质、任务基本相同的一面,又非常形象地概括了广播的特点。报纸每天通过文字和图片与受众见面,报纸发行到读者手里,要经过远近不同的距离。而无线广播用电波传送节目,无远弗届;用声音传递信息,不用纸张。

电视媒介相较于广播传播效果更加生动。电视媒体包括电视、录像机、影碟机和摄像机等,是指以电视为宣传载体,进行信息传播的媒介或平台,是现代社会生活不可缺少的一部分。电视媒体是媒体的一种,电视媒体与平面媒体、广播媒体、网络媒体、户外媒体和手机媒体被统称为六大媒体。与其他媒介相比,电视媒体具有以下优势:① 信息传播及时;② 传播画面直观易懂,形象生动;③ 传播覆盖面广,受众不受文化层次限制;④ 互动性强,观众可参与到节目中来。

二、数字媒体特性与分类

数字媒体是指以二进制数的形式记录、处理、传播、获取过程的信息载体,这些载体包括数字化的文字、图形、图像、声音、视频影像和动画等感觉媒体以及这些感觉媒体的表示媒体(编码),还有存储、传输、显示逻辑媒体的实物媒体。但通常意义下所称的数字媒体一般指感觉媒体。

数字媒体是以信息科学和数字技术为主导,以大众传播理论为依据,以现代艺术为指导,将信息传播技术应用到文化、艺术、商业、教育和管理领域的科学与艺术高度融合的综合交叉学科。数字媒体包括图像、文字以及音频、视频等各种形式,以及传播形式和传播内容中采用数字化,即信息的采集、存取、加工和分发的数字化过程。数字媒体已经成为继语言、文字和电子技术之后的最新的信息载体。

数字媒体可按不同的分类方法分成很多种类。

按时间属性划分,数字媒体可分成静止媒体(still media)和连续媒体(continues media)。静止媒体是指内容不会随着时间而变化的数字媒体,比如文本和图片。而连续媒体是指内容随着时间而变化的数字媒体,比如音频和视频。

按来源属性划分,则可分成自然媒体(natural media)和合成媒体(synthetic media)。其中自然媒体是指客观世界存在的景物、声音等,经过专门的设备进行数字化和编码处理之后得到的数字媒体,比如数码相机拍的照片。合成媒体则指的是以计算机为工具,采用特定符号、语言或算法表示的,由计算机生成(合成)的文本、音乐、语音、图像和动画等,比如用 3D 制作软件制作出来的动画角色。

按组成元素来划分,则又可以分成单一媒体(single media)和多媒体(multimedia)。顾名思义,单一媒体就是指单一信息载体组成的载体;而多媒体则是指多种信息载体的表现形式和传递方式。

我们平时所说的"数字媒体"一般就是指"多媒体",而"多媒体"也是现在被谈论得很多的一门技术。具体而言,可以划分为以下五种:

一是感觉媒体(perception),是指能够直接作用于人的感觉器官,使人产生直接感觉(视、听、嗅、味、触 觉)的媒体,如语言、音乐、各种图像、图形、动画、文本等。

二是表示媒体(presentation),是指为了传送感觉媒体而人为研究出来的媒体,借助这一媒体可以更加有效地存储感觉媒体,或者是将感觉媒体从一个地方传送到远处另外一个地方的媒体,如语言编码、电报码、条形码、语言编码、静止和活动图像编码以及文本编码等。

三是显示媒体(display),是指显示感觉媒体的设备。显示媒体又分为两类:一类是输入显示媒体,如话筒,摄像机、光笔以及键盘等;另一种为输出显示媒体,如扬声器、显示器以及打印机等,指用于通信中,使电信号和感觉媒体间产生转换用的媒体。

四是存储媒体(storage),是指用于存储表示媒体,即存放感觉媒体数字化后的代码的媒体,例如磁盘、光盘、磁带、纸张等。简言之,存储媒体是指用于存放某种媒体的载体。

五是传输媒体(transmission),是指传输信号的物理载体,例如同轴电缆、光纤、双绞线以及电磁波等都是传输媒体。

数字媒体技术是实现数字媒体(感觉媒体,即文字、图形、图像、声音、视频影像和动画)的表示、记录、处理、存储、传输、显示、管理等各个环节的软硬件技术,一般分为数字媒体表示技术、数字媒体存储技术、数字媒体创建技术、数字媒体显示应用技术、数字媒体管理技术等。

三、广告媒体分类

广告媒体一般指的是能够借以实现广告主与广告对象之间信息传播的物质

工具,其分类大致可以归纳为八种。

（一）按表现形式分类

按表现形式可分为:印刷媒体、电子媒体等。印刷媒体包括报纸、杂志、说明书、挂历等。电子媒体包括电视、广播、电动广告牌、电话等。

（二）按功能分类

按功能可分为视觉媒体、听觉媒体和视听两用媒体。视觉媒体包括报纸、杂志、邮递、海报、传单、招贴、日历、户外广告、橱窗布置、实物和交通等媒体形式;听觉媒体包括无线电广播、有线广播、宣传车、录音和电话等媒体形式;视听两用媒体主要包括电视、电影、戏剧、小品及其他表演形式。

（三）按影响范围分类

按广告媒体影响范围的大小可分为国际性广告媒体、全国性广告媒体和地方性广告媒体。世界性媒体,如卫星电路传播、面向全球的刊物等;全国性媒体,如国家电视台、全国性报刊等;地方性媒体,如省市电视台、报刊、少数民族语言、文字的电台、电视台、报刊、杂志等。

（四）按接收类型分类

按广告媒体所接触的视听方式、读者的不同,分为大众化媒体和专业性媒体。大众媒体包括报纸、杂志、广播、电视,专业性媒体包括专业报刊、杂志、专业性说明书等。

（五）按时间分类

按媒体传播信息的长短可分瞬时性媒体、短期性媒体和长期性媒体。瞬时性媒体,如广播、电视、幻灯、电影等。短期性媒体,如海报、橱窗、广告牌、报纸等。长期性媒体,如产品说明书、产品包装、厂牌、商标、挂历等。

（六）按可统计程度分类

按对广告发布数量和广告收费标准的统计程度来划分,可分为计量媒体和非计量媒体。计量媒体,如报纸、杂志、广播、电视等;非计量媒体,如路牌、橱窗等。

（七）按传播内容分类

按其传播内容可分为综合性媒体和单一性媒体。综合性媒体指能够同时传播多种广告信息内容的媒体,如报纸、杂志、广播、电视等;单一性媒体是指只能传播某一种或某一方面的广告信息内容的媒体,如包装、橱窗、霓虹灯等。

（八）按照与广告主的关系分类

按照与广告主的关系来划分,又可分为间接媒体和专用媒体(或称租用媒体与自用媒体)。间接媒体(或租用媒体)是指广告主通过租赁、购买等方式间接利用的媒体,如报纸、杂志、广播、电视、公共设施等;专用媒体(或自用媒体)是指属广告主所有并能为广告主直接使用的媒体,如产品包装、邮寄、传单、橱窗、霓虹灯、挂历、展销会、宣传车等。

第三节　媒介运用与策划

一、媒介调查

媒介调查是指为达到广告的目的要求,而对各个广告媒介单位的经营状况、工作效能进行的考察。根据媒介的不同种类,媒介调查的内容是有区别的:① 报刊媒介调查的内容:发行量、发行区域分布、读者层构成、并读情况(指同一读者阅读两份以上的报纸情况,同时也指不同读者阅读同一份报纸的情况)、发行周期、信誉等。② 广播电视媒介的调查内容:传播区域、视听率、视听者层。③ 其他媒介调查,包括交通广告、路牌、霓虹灯广告等,主要通过调查交通人流量、乘客人员来往匡算测定。邮寄广告则通过发信名单进行抽查即可。媒介调查的方法与市场调查方法基本相同。

媒介调查的目的在于寻找目标顾客传达预期展露次数或成本效益的最佳途径,即正确地进行媒介选择。由是,必须对报刊、杂志路牌、电视、电影、广播等各种媒介进行调查,即从其发行量(观众人数或收视率),主要阅读对象,视听收视者的年龄、文化层次、收入情况,媒介所能达到的地理覆盖面等,并结合企业的具体情况,如广告目标、广告预算、目标顾客等进行分析和筛选。

广告媒介调查是指对广告信息传播载体的物质、技术手段、经营状况、信誉、广告费用等所做的调查,其目的是掌握各媒介单位的状况和工作效能,以便根据广告的目的要求,选择最适当的媒体,将广告信息有效地传递给消费者,并取得最好的广告效果。

根据媒介的不同种类,媒介调查的内容也是有区别的。主要的媒介调查有:① 报刊媒介调查,主要内容有发行量、发行区域分布、读者层构成(包括年龄、性别、职业、文化程度、收入、政治思想、宗教信仰等)、发行周期、在当地所享有的权威性、大众对其信任程度、每期报刊的平均读者、重复阅读率、版面的曝光率以及传播速度等;② 广播电视媒介调查,主要内容有传播区域、视听率、视听者层,主要根据人口统计情况和电视机、收音机拥有情况，计算出有关视听者层的分布和构成；③ 其他媒介的调查。如交通广告、路牌.霓虹灯广告等，主要通过调查人流量和乘客数量来计算测定。邮寄广告可通过发信名单进行抽查。

此外，任何种类的媒介调查都应了解媒介供使用的可能性、媒介所受的限制、媒介的可靠程度、媒介的渗透率以及生命周期等。

二、媒介计划

媒介计划是指一系列的决策，包括把促销信息传播给未来的购买者或者产品、品牌的使用者。媒介计划也是一个过程，它意味着要做出许多决策，并随着策划的进展，每一项决策都可能被修改甚至被抛弃。

媒介计划作为选择媒体的指导，它要求制定具体的媒体目标，以及设计具体的媒体战略来达到这些目标。一旦这一系列决策做出，并且制定出来目标和战略以后，这些信息就有组织地形成了媒介计划。

媒介计划要从仔细分析目标市场开始。这包括理解消费者做出购买行动的过程以及影响最终决定的因素。进行媒介计划的一种方法是研究目标市场中的特定群体，了解特定群体在一天中的不同时段中做出的媒介选择。

这类详细信息在制定媒介策略时起到了非常重要的参考作用。只知道年龄性别、收入和教育等人口统计学上的信息不足以了解目标消费者的媒介习惯。类似于消费者的视听习惯方面的信息能够帮助团队，制定出能够把广告信息传达到目标受众，达到广告目标的媒介计划。每一个媒介计划都是独一无二的。一个典型的媒介计划包括的要素有营销分析、广告分析、媒介策略、媒介排期表以及证明和总结。

媒介计划中除了广告分析，主要是广告策略和用以实现广告目标的预算，还要进行营销分析。媒介策略决定将要使用的媒体考量。媒介排期表会注明广告在每个媒介的投放时间。证明和总结阐明衡量目标达成的方法，也为每一种媒介选择提供依据。

在媒介计划中会涉及很多人员。除了客户经理、客户策划人员和广告创意人员，大部分广告公司都会涉及媒介计划人员和媒介购买人员。在小的广告公司，媒介计划和媒介购买可能由同一个人担任；在大的公司中，媒介计划和媒介购买由不同的人担任。有些公司会用媒体公司来做媒介管理和计划工作，或者交给下属的子公司来做。

三、媒介购买

媒介购买,是指广告代理商的媒体部门在可获得的预算之内,选用一种最适当的媒体组合,以便将顾客的广告讯息呈现出来。决定了媒体排期方式之后,就进入媒介购买阶段。媒介购买是对媒体广告单位使用时间和付费成本的一种预约和交换。媒体不同广告单位特征也不同,价格也各有所异。

在电波媒体中,广告单位是以时间进行计算的;在报纸杂志广告中,广告单位是以空间进行计算的,其他媒体广告单位的计算大致如此。媒体时间空间长短大小的不同,决定了广告收费价格的差异。除此之外,由于不同媒体在节目安排、报道时间、版面内容、广告位置等多方面的差异,也对广告价格提出了不同的要求。比如,中国中央电视台,通常其广告时间 19:00～22:00 是 A 段时间,17:30～19:00 是 B 段时间,22:00 之后的晚间节目为 C 段时间。另外,为了对 19:30 左右"新闻联播"播放之后的黄金广告时间进行着重处理,又将其划为"A 特时间段"。又如,杂志广告,封面、封底一般价格较高,而其内页则价格较低。

规范的广告媒体购买程序,一般是广告主委托广告代理公司代为向媒体订购广告单位,并负责广告刊播。在中国,广告媒体购买主体除了委托广告代理公司外,常常也由广告主自己进行。但无论怎样,媒体购买要注意三方面问题。

其一,要充分发挥媒体广告效益。一般而言,价格较高的广告单位,往往具有相对较高的收视率或受众注意程度较高。但如果涉及具体产品时,则要根据媒体节目安排和受众特性加以分析。比如,1993 年,娃哈哈果奶计划在上海东方电视台播放广告,公司放弃了在黄金时段播出广告的打算,而改为在被认为是非黄金时间的 17:45 播出广告。因为这个时段电视台正在播出动画片,且正是孩子们放学回家之后待在电视机前的时间,与产品及目标对象相当吻合。这个时段的广告价格当时仅是黄金时段的 50%,不仅很好地实现了广告效益,而且节省了大笔广告费用。

其二,要注意集中购买。批发不仅有价格上的优惠,而且付款灵活。所以在购买广告时段时,在尽可能的情况下,争取集中购买。现在虽然大多数媒体都制定了固定的价格系列,但收费标准并不固定,在其与广告代理公司或广告主谈判时,不仅要考虑当时的广告供需情况,还要考虑当下一个时期的广告供需情况,所以当广告预购数量较大时,媒体的优惠是必然的。现在有许多媒体代理公司,其主要的工作就是进行媒体广告的集中购买和代理。

其三,媒体广告的特别购买。诸如对某一媒体栏目前后的广告实行特别购买政策,或者是随着一类节目进行播出。现在随着媒体协作中对电视节目资源的共同运用,以及节目制作中经营机制的引入,固定的电视贴片广告已经非常普及。作为一种特别约定,贴片广告是与电视节目融为一体的。在这种情况下,只要把广告费用投向供片部门,就可以获得相当大的播放量,这种广告往往相对成本较低,对于那些产品营销空间比较大,有统一广告规划的公司比较有利。与此类似的,还有一些比赛赞助、晚会协办之类的广告活动,都具有其特别的意义。

四、程序化购买与广告运作的变化

程序化购买是指通过数字平台代表广告主自动地执行广告媒体购买流程,与之相对的是传统的人力购买方式,也就是以前我们用人力购买媒体广告位的方式,而广告交易平台(Ad Exchange)的出现逐步改变了广告的购买方式,从而转向程序化购买。

Ad Exchange 就是互联网广告交易平台。像股票交易平台一样,Ad Exchange 联系的是广告交易的买方和卖方。和股票交易平台不同的是,Ad Exchange 平台的竞价机制不是先到先得而是通过竞价获得,并服务于买卖双方的。面向广告售卖方,网站主或网站代理可以管理各自的广告位,专注于广告位优化、展示有效性优化、展示竞价优化。当消费者浏览网站时,此次曝光将有机会被收集到 Ad Exchange 中。

程序化购买简单省事,广告主只需要确定大致的投放要求即可购买,省去了商业谈判的人力成本。另外,程序化购买能够实现广告的最优化投放,抛弃了硬广时代的"大水漫灌"模式,瞄准广告主需要的受众进行精确投放,这些优势也让广告主开始转向程序化购买。

目前,在程序化购买的发展过程中出现了三种主要方向。

1. 富媒体"程序化购买+"

目前,网络广告已实现程序化购买。而对于户外媒体与程序化购买的融合与碰撞上,国外户外媒体的转型进程早已加速,2014 年澳大利亚数字户外广告公司摩根(Val Morgan)宣布,旗下 PumpTV 加油站媒体网络已实现程序化购买,所有媒体可以基于实时的受众测量来进行自动化的交易;在 2015 年 5 月,视频 DSP(data service platform)公司 TubeMogul 也宣布与户外广告交易平台 Site Tour 合并。

至此,数千块跨国户外电子屏参与到程序化购买中,数字户外的程序化购买时代已然来临。在国内,悠易互通与广州报业集团粤传媒合作,成立悠广通广告技术公司,利用程序化购买将数字营销和传统媒体进行整合。悠易互通同时提出"程序化购买＋"的概念,将全方位整合包括 PC 端、移动、视频平板、户外、平面广告以及电视等资源,用数据打造更完整的营销生态链。

2. 解决多平台投放的效果评估问题

一个著名的调查是,大量用户在看过 Facebook 上的 feed 流广告之后产生了购买行为,却从未点击过广告。点击率不代表到达率,这使得通过程序化广告的效果难以评估,原本一些广告主对程序化广告的效果就有怀疑,如果没有科学的评估算法,无法消解广告主的怀疑。

3. PMP 的发展

PMP(Programmatic Marketing Platform)指的是程序化营销平台。随着数字化广告的发展,PMP 作为广告技术新发展的成果,被视为程序化广告发展达到的新高度。这是因为 PMP 不仅仅关注广告投放的自动化和精准化,更强调了营销策略的整体性、数据驱动和跨渠道协同。

PMP 的核心特点包括以下几点。

一是数据驱动。PMP 基于大数据和人工智能技术,能够实时收集、分析和应用用户数据,从而更精准地理解消费者需求和行为,为广告主提供个性化的广告解决方案。

二是跨渠道协同。PMP 能够整合各种广告渠道,包括搜索引擎、社交媒体、移动应用等,实现跨渠道的广告投放和营销协同,提高广告效果和转化率。

三是自动化投放。PMP 通过算法和模型,能够自动优化广告投放策略,实现广告的精准投放和高效管理,降低人工干预的成本、减小误差。

程序化购买通过实时数据分析、归因分析、多维数据整合、A/B 测试和效果预测模型等方式,有效地解决了多平台投放的效果评估问题。这使得广告主能够更准确地评估广告投放的效果,优化投放策略,提高广告效果和投资回报率。

 思考题

1. 什么是媒介融合?

2. 媒介分类的方式有哪些? 媒介分类标准的背后反映出广告媒介生态怎

样的变化？

3. 在媒介融合时代，广告生态发生了怎样的变化？它如何适应媒介融合和数字化趋势，以更有效地传递广告信息？

4. 信息过度与广告效果：随着信息过度和网络社群的增长，广告如何在这个海量信息中脱颖而出，确保其传播效果和受众吸引力？

【案例讨论】

在如今的传媒竞争环境中，单独依赖个体媒介形态难以形成显著的传播优势。在这样的背景下，构建一个多通路、多形式的营销服务平台变得至关重要，要求新旧媒体之间相互联合，形成立体化的播出平台和组织构架以满足客户需求。上海文广在"舞林大会"节目的运作中充分展示了这一理念，巧妙地融合了传统电视、IPTV、网站、手机电视和短信等多种媒体方式。在电视方面，通过东方卫视和本地频道进行现场直播，实现了对数亿受众的全方位覆盖。与此同时，借助宽频网络，建立了"舞林大会"官方网站，集成了在线直播、节目点播、幕后花絮、选手博客、投票和论坛等多种功能，为观众提供了全方位、多维度的参与体验。在移动端，采用手机短信投票和定制化节目信息的方式，实现了即时互动。通过手机流媒体，观众可以随时随地进行在线直播观看、视频点播以及欣赏独家花絮。这样的多媒体融合不仅拓展了受众的触达途径，同时提升了受众的互动体验，使观众可以在不同平台上全方位参与和沉浸式体验"舞林大会"的精彩内容。

思考：

在上海文广成功运用多媒体形态制作"舞林大会"节目的经验中，你认为其他广告活动如何借鉴并发挥媒介融合的力量，以创造更具吸引力和互动性的广告效果？

第十一章 整合营销传播

📑 **本章学习目标**

- 掌握整合营销传播的基本概念、产生和发展以及在实践运用中的四个阶段。
- 了解整合营销传播的整体思维和策划案架构。
- 了解整合营销传播的类型、评估方式和工具,学习跨媒体广告效果评估模型。

激烈的市场竞争使得各种营销手段层出不穷,整合营销传播(Integrated Marketing Communication,简称 IMC)的出现为不少企业和品牌赋予了新的营销活力。企业利用整合营销的手段提高了品牌宣传的效率和效果,有效地增强了品牌与消费者之间的关系。本章旨在全面解析 IMC 的核心概念、策划方法和效果评估,为读者提供深入的讲解和实际应用 IMC 的基础。IMC 策划,包括整体性思维的应用、品牌跨媒体叙述的策略以及 IMC 策划案的框架和实施细节。掌握这些内容将有助于制定和执行全面且一致的 IMC 策略,以提高营销传播的效果。最后详细介绍 IMC 效果评估的方法,涵盖评估类型、阶段、方式与工具,并分析跨媒体广告效果评估模型。这部分内容将提供衡量和优化 IMC 活动效果的实用工具。

本章将帮助理解 IMC 的理论和实践,掌握制定和评估 IMC 策略的关键方法,进而提升在复杂市场环境中的营销传播能力。

第一节　整合营销传播理论

一、IMC 的基本概念

IMC(Integrated Marketing Communication),翻译为整合营销传播,其是在 20 世纪 90 年代兴起的一种营销传播理念。美国广告公司协会(4As)将整合营销传播定义为:"整合营销传播是一个营销传播计划概念,要求充分认识用来制定综合计划时所使用的各种带来附加值的传播手段——如普通广告、直接反映广告、销售促进和公共关系——并将之结合,提供具有良好清晰度、连贯性的信息,使传播影响力最大化。"

美国南卡罗莱纳大学教授特伦奇·希姆普(Trench Simpson)所著的《整合营销传播：概念、战略与实践》一书中认为:"整合营销传播学是制订并执行针对顾客或与未来顾客的各种说服性传播计划的过程。整合营销传播学的目标在于影响或直接影响有选择的受播者的行为。整合营销传播学认为,一个顾客或一个未来顾客在产品或服务方面与品牌或公司接触的一切来源均是未来信息潜在的传播渠道。进而,整合营销传播利用与顾客或未来顾客相关的并有可能被接受的一切形式的传播。总之,整合营销传播学开始于顾客或未来顾客,然后反馈,以期明确规定说服性传播计划的形式与方法"。

1993 年舒尔茨等人《整合营销传播》一书的出版,在宣告了整合营销传播理论正式产生的同时,也预示着营销传播理论开始进入了一个多元发展的时代,营销传播理论开始了与后发理论共生发展的新阶段。[①] 第一作者舒尔茨教授考虑到营销传播不断变动的管理环境,给"整合营销传播"下了一个新的定义:"整合营销传播是一个业务战略过程,它是指制定、优化、执行并评价协调的、可测度的、有说服力的品牌传播计划,这些活动的受众包括消费者、顾客、潜在顾客、内部和外部受众及其他目标。"[②]

这一定义与其他定义的不同之处在于：它将重点放在商业过程上。这最终将形成一个封闭的回路系统,它深入地分析了消费者的感知状态及品牌传播情

---

① 星亮.营销传播理论演进研究[D].暨南大学,2015.

② E.舒尔茨,等.新整合营销[M].中国水利水电出版社,2004：55.

况,最重要的是它隐含地提供了一种可以评价所有广告投资活动的机制,因为它强调消费者及顾客对组织的当前及潜在的价值。

舒尔茨分别对内容整合与资源整合进行了表述。他认为内容整合包括:① 精确区隔消费者——根据消费者的行为及对产品的需求来区分;② 提供一个具有竞争力的利益点——根据消费者的购买诱因;③ 确认目前消费者如何在心中进行品牌定位;④ 建立一个突出的、整体的品牌个性,以便消费者能够区别本品牌与竞争品牌之不同。关键是"用一个声音来说话"。舒而茨认为资源整合应该发掘关键"接触点",了解如何才能更有效地接触消费者。传播手段包括广告、直销、公关、包装、商品展示、店面促销等,关键是"在什么时候使用什么传播手段"。无论是内容整合,还是资源整合,两者都应统一到建立良好的"品牌—顾客"关系上来。

回归到现实层面,从广义上来说,当一家公司从战略上制定有关其产品或品牌的计划、协调和整合针对重要信息的受众时,那就是在做整合营销传播。①

二、整合营销传播的产生与发展

整合营销传播(IMC)的核心思想是将与企业进行市场营销所有关的一切传播活动一元化。整合营销传播,一方面把广告、促销、公关、直销、CI、包装、新闻媒体等一切传播活动都涵盖到营销活动的范围之内;另一方面则使企业能够将统一的传播资讯传达给消费者。所以,整合营销传播也被称为"Speak With One Voice"(用一个声音说话),即营销传播的一元化策略。

整合营销传播的开展,是 20 世纪 90 年代市场营销界最为重要的事件,整合营销传播理论也得到了企业界和营销理论界的广泛认同。整合营销传播理论作为一种实战性极强的操作性理论,兴起于商品经济最发达的美国。在经济全球化的形势下,整合营销传播理论也在中国得到了广泛的传播,并一度出现了"整合营销热"。

整合营销传播(IMC)理念源自组织对调整和应对市场环境变化需求的回应。最初,IMC 主要关注如何通过一系列传播手段(例如广告、公共关系、直接邮件等)塑造组织的一致形象,即营销专家们渴望为他们的组织和品牌塑造"单一形象与声音"。然而,随着理论的不断演进,IMC 已经扩展到更广泛的领域,

---

① 阿伦斯,维戈尔德.当代广告学与整合营销传播[M].16 版.北京:中国人民大学出版社,2023:5.

变得更加细致和复杂。实质上,它从一个协调各类传播元素以管理传播的策略方法,转变成了一个全面的参照系统。通过这个系统,组织能够规划和实施所有市场传播活动的战略。许多企业已经将整合营销传播理论作为指导营销实践的有效工具。为了更加系统地了解整合营销传播,我们可以把整合营销传播理论的演变划分为三个发展阶段。

(一)萌芽阶段:20世纪80年代以前

(1)营销理论中的4P理论和6P理论。在1960年,密西根大学教授杰罗姆·麦卡锡首次提出了4P's理论,该理论迅速成为商学院授予企业管理硕士学位课程中的核心内容。麦卡锡定义的4P组合包括:产品(Product)、价格(Price)、分销渠道(Place)和促销(Promotion)。[①] 4P理论之所以具有重要价值,主要在于它将营销的复杂概念简化,使其易于理解、记忆和传播。这一理论标志着人们开始系统性地将营销的多个要素综合考虑,以深入研究现代营销策略。

70年代,为了进一步弥补4P营销组合的不足,科特勒(Kotler)在1986又在4P营销组合中,加入了政治权力(political power)、公共关系(public relation),组成了被称为"大营销"(Mega marketing)的6P组合。[②]

随着营销实践和理论的进步,营销界开始意识到将促销工具进行策略性整合的重要性,并尝试实施整合营销传播。4P理论和6P理论为企业在营销规划和传播过程中提供了一个框架,帮助他们有效且合理地整合营销要素,实现更为精准和高效的营销策略。

(2)定位理论。在竞争日趋激烈的市场中,如何创造出与对手有别的差异是公司营销中的一大焦点。定位理论产生的社会背景是在20世纪70年代初,随着生产能力的提升和消费市场的扩大,产品和服务的种类迅速增加,消费者面临的选择也越来越多。此外,媒体渠道的增加和信息传播的加速使得传统的产品中心营销方法(强调产品本身特性和优势)逐渐失效,因为消费者的注意力被过多的信息所分散,他们难以对每个产品都进行深入了解。

定位理论(positioning theory)是营销中一个核心概念,定位理论不仅是一种营销策略,也是关于如何在潜在客户的心智中创建一个产品、服务或品牌的独特印象的理论。其基本前提是,在过饱和的市场中,消费者面对过多的产品和信

---

① 李曦.旅游目的地新媒体整合营销传播研究[D].南开大学,2015.
② 郭贵祥,范秀成.4P营销组合本质的内涵论证[J].中国商论,2015(29):13-15.

息,因此企业必须在消费者的心中占据一个清晰、独特的位置,以便在众多竞争者中脱颖而出。定位理论的提出者艾尔·里斯(Al Ries)和杰克·特劳特(Jack Trout)在《*Positioning: The Battle for Your Mind*》中详细阐述了此理论。

（二）产生阶段：20 世纪 80 年代

自二战结束至 20 世纪 80 年代的 30 多年时间里,随着工人教育水平的大幅度提升、企业管理理论的丰富和发展,以及标准化管理体系的应用和普及,发达国家的企业管理水平普遍提高,一些先进企业更是普遍具备了较强的综合实力,企业的能力变得更加全面,这直接导致企业的竞争形态开始从单一因素向综合因素转变[①],随着营销手段的增多,供大于求,市场也由企业主导逐渐开始向消费者主导转变。

许多学者预感"组合式传播"将开始逐渐在市场之间流行起来,并开始各自从自己的观点出发提出了"传播合作效应"的定义,最终逐渐发展出"整合营销传播"这一概念。20 世纪 80 年代中期在西北大学梅蒂儿(MEDILL)学院,舒尔茨等人率先尝试对整合传播进行定义。[②]

在 20 世纪 80 年代,整合营销传播(IMC)的理论研究主要集中于对该理论的阐述和界定,同时将其作为分析企业营销策略的一个视角进行考察。这一时期的研究主要以企业的视角为出发点,探讨如何从企业的整体利益出发来进行整合营销传播。在这个框架下,企业对于整合营销传播的理解相对较为狭隘,主要将其视为一种通过协调和管理不同的营销传播工具,如广告、促销活动、公共关系、个人销售和直接营销,来保持企业信息一致性的手段。

这一时期的研究强调了整合营销传播在确保品牌信息一致性、提高营销效率和加强消费者品牌认知方面的重要性。企业开始意识到,通过整合其所有的营销通信工具,可以更有效地传达其核心信息和价值主张,从而在竞争激烈的市场中获得优势。此外,整合营销传播还被认为是一种优化资源分配、提高营销投资回报率的有效方式。

然而,尽管 20 世纪 80 年代的研究为整合营销传播的发展奠定了基础,但当时的企业和学者对其理解还主要局限于传播工具的协调一致性,而未能充分探讨和发掘整合营销传播在构建长期顾客关系、提升顾客体验以及形成跨渠道沟

---

①　星亮.营销传播理论演进研究[D].暨南大学,2015.

②　李曦. 旅游目的地新媒体整合营销传播研究[D].南开大学,2015.

通策略方面的潜力。随着时间的推移，人们对整合营销传播的理解逐渐深化，研究开始关注如何利用这一策略在更广泛的营销目标上实现创新和整合，包括品牌建设、顾客关系管理和数字营销等方面。

（三）发展阶段：20 世纪 90 年代

自从 20 世纪 80 年代末期整合营销传播（IMC）这一概念诞生以来，其理念及架构经历了一个显著的演变过程。进入 90 年代，关于 IMC 的定义已经变得更加明确和多元化。AGORA 公司给出了一个较为清晰的关于 IMC 实践操作的定义——整合营销传播是一个业务战略过程，它被用于计划、制定、执行和评估可衡量的、协调一致的、有说服力的品牌传播方案；它以消费者、顾客、潜在顾客以及其他内部和外部的相关目标为受众。此外，美国 4A 协会在 90 年代对 IMC 的定义也极大地促进了该领域研究和实践的发展。

90 年代整合营销传播理论的发展主要集中在以下几个重要方面。

一是营销、传播的一致性。学术界开始密切关注营销与传播领域的研究，被誉为整合营销传播领域先驱的舒尔茨（Don E. Schultz）提出了观点："营销即传播，传播即营销"，以此突出营销与传播之间的密切联系。

二是以消费者为中心。IMC 的战略转向更加关注消费者的需求和体验，强调从消费者视角出发规划和实施营销传播活动，而不仅仅是从企业的角度推广产品。罗伯特·劳特朋 Robert F. Lauterborn 提出的"4Cs"营销模型（客户的需求和欲望、成本、便利性和沟通），作为对传统"4Ps"（产品、价格、地点、促销）营销理论的补充，明确强调了从消费者的视角出发进行营销规划和实施的重要性。

三是跨渠道协调。随着数字媒体的兴起，IMC 开始涵盖更广泛的传播渠道，包括传统媒体和数字平台，强调在所有渠道上的协调一致性，以提高营销效果。20 世纪 90 年代的 IMC 研究强调在不同的营销渠道和工具中保持品牌信息的一致性，确保消费者无论通过哪种渠道接触品牌，都能接收到相同的核心信息。

四是内外部目标群体的整合。除了外部的消费者和潜在客户外，IMC 还开始关注内部目标群体如员工，以及外部的合作伙伴和利益相关者，认识到所有这些群体的整合对于构建一致的品牌形象至关重要。科罗拉多大学的汤姆·邓肯引入了"利益关系人"的概念来进行研究整合营销传播，他认为整合营销传播指企业或品牌通过发展与协调战略传播活动，使自己借助各种媒介或其他接触方式与员工、顾客、投资者、普通公众等利益关系人建立建设性的关系，从而建立和加强他们之间的互利关系的过程。①

所以，IMC 在 20 世纪 90 年代成为营销传播领域的一个重要趋势，为企业提供了一种全面协调一致的品牌传播策略，旨在通过整合所有营销活动来增强品牌影响力，提高市场竞争力。

（四）成熟阶段：21 世纪

在 21 世纪，IMC 经历了显著的演化，特别是通过融合数字和社交媒体，采用数据驱动的决策，以及将顾客体验置于核心位置，IMC 策略为品牌提供了前所未有的优势。随着内容营销的兴起和消费者对品牌社会责任的关注增加，IMC 不仅加强了品牌一致性，提高了营销效率，还加深了与顾客的关系。现在，收集并分析顾客洞察，制定全渠道策略，优化内容与体验，并利用集成的技术平台，这成为实现这些目标的关键步骤。通过不断地优化和迭代，21 世纪的 IMC 策略将助力各个企业能够在竞争激烈的市场环境中保持活力，满足并超越顾客的期望。

尽管整合营销传播理论处于相对成熟阶段，但营销实践的认知和信息传播工具依然会持续革新，我们期待这一理论将更加成熟与完善。希望在这个数字化时代，IMC 成为品牌与消费者心灵之间的纽带，通过精准的顾客洞察和一致的品牌信息，创造无缝的跨渠道体验。利用数据驱动的策略，它将会优化每一次互动，深化和每一个顾客的关系。在提升顾客体验的同时，也强调社会责任，构建一个既温馨又具有影响力的品牌故事。

三、IMC 运用的四个阶段

整合营销传播是一个概念，也是一个系统化的过程，实现传播活动的完整性便可以产生协同效应。在整合营销传播的过程中，每个公司在进行整合营销传播时所遇到的机遇与挑战不尽相同，这主要取决于它们的业务、所依赖的渠道、消费者/客户数据的可获得性、对顾客进行细分的能力，显然不存在统一的整合方法。但最重要的决定性因素是组织的管理模式和战略方针。然而，尽管存在差异，在进行整合时还是有一些共同之处的，各个组织在进行营销传播时也要历经相似的阶段或层次。当胜利度过这一阶段后，他们开始考虑更高层次的传播

---

① 李曦. 旅游目的地新媒体整合营销传播研究[D].南开大学,2015.

计划,以及组织和战略的协调问题。

美国西北大学商学院的整合营销传播教授舒尔茨总结了组织在进行整合营销传播时的四个阶段。同时,舒尔茨认为不存在互不相干的、有严格边界的阶段。实际上我们可以看到许多操作跳过了其中的一些阶段。换言之,由于组织独特的资产或者机遇,当它们刚开始一个阶段的工作时,它们就已经在下一阶段的工作上取得了突破性进展。然而,要使营销传播实现整合,组织必须出色地完成四个阶段的各项活动,并达到每一阶段的要求。根据舒尔茨教授等人的观点,整合营销传播的四个阶段具体如下。

(一)第一阶段:战术协调

在 IMC 的起始阶段,组织开始意识到协调他们的营销传播活动的重要性。这通常涉及制定统一的品牌策略和管理计划,确保所有传出的品牌相关信息都是一致的,体现为"一种形象,一个声音"。这个阶段的核心在于整合各种广告和营销信息,以在多渠道、多维度的传播中产生协同效应,确保品牌在不同平台上呈现的一致性和连贯性。

(二)第二阶段:IMC 范畴的重新界定

进入第二阶段,企业开始拓宽其对营销传播的理解,超越了传统的广告和促销活动。这个阶段的目标是全面评估品牌接触点,使品牌或公司在不同场合与现有客户及潜在客户建立联系。通常在进行品牌或者企业的外部的营销之前,加强内部营销和员工、销售团队的参与,这时的企业认识到营销传播计划不仅仅是对外的传播,还包括内部的沟通和协调。除此之外企业也尝试在其营销渠道和业务伙伴之间制定 IMC 计划,通过建立跨职能团队,专注于客户需求而非仅仅是产品和服务,以确保信息的流通和客户的反馈。

(三)第三阶段:信息技术的利用

在这个阶段,营销组织开始积极利用信息技术来整合不同的营销传播手段。通过利用数据库技术等研究方法,营销组织能够深入分析顾客的态度和行为,从而更准确地满足顾客的需求和欲望。这一阶段标志着从广泛的营销策略转变为更加具有个性化的算法沟通策略,使组织能够提供定制化的传播解决方案。此外,企业开始采用各种评估工具和技术,专注于理解顾客群体的具体需求,而非仅仅关注市场份额的增长。

(四)第四阶段:财务与战略的全面整合

在 IMC 的最后阶段,企业开始基于顾客的市场和财务价值进行更为精细的计划和评估。通过将关注点放在顾客身上,企业能够开发出更有效的营销传播策略和测量方法,形成一个以顾客价值为核心的"封闭回路系统"。这使得企业能够基于具体的"投资回报率"来评估其营销传播的效果,从而更精确地衡量市场投资的回报。此阶段的重点在于通过精细化的财务和战略整合,企业高层能够明确地看到整合营销传播给企业带来的具体价值和效益。

通过以上四个阶段,IMC策略逐渐从基础的战术协调向着更加深入的战略整合演进,不仅强化了品牌信息的一致性和效果,还使得企业能够更加有效地与其目标受众沟通,并最终实现更高的营销效率和投资回报率。

在新时代,IMC从战术协调方面要求企业必须持续关注市场动态、技术进步和消费者行为的变化。在这个过程中,以下几个方面是至关重要的。

一是动态适应:企业需要不断适应新的市场环境和技术变革,这意味着IMC策略和执行计划需要具有灵活性和适应性,以应对快速变化的市场条件。

二是数据驱动决策:由于信息技术的应用成为IMC的一个核心环节,利用大数据和分析工具来制定营销决策变得日益重要。企业需要通过有效的数据收集和分析,深入了解消费者需求和行为,以便提供更加个性化和精准的营销信息。

三是顾客为中心的策略:在所有阶段,将顾客放在中心位置是实现成功IMC的关键。这不仅意味着理解顾客的需求和偏好,还包括在所有营销和传播活动中优先考虑顾客体验。顾客体验的连贯性和一致性是提升品牌忠诚度和提高顾客满意度的基石。

四是内部沟通与培训:随着企业朝着更高级别的整合进发,内部沟通和员工培训成为不可忽视的要素。确保所有员工,而不仅是营销团队,都理解并投身于IMC的目标和策略中,对于实现跨部门和职能团队间的有效协作至关重要。

五是持续评估与优化:IMC是一个循环的过程,需要通过持续的评估和反馈来进行优化。这包括定期审视营销活动的成效,利用客户反馈和市场表现数据来调整策略,确保营销投入能够产生最大的回报。

六是技术和创新的融合:随着新技术的不断涌现,如人工智能、增强现实、社交媒体平台等,IMC策略也应不断创新,以顺应最新的技术趋势,增强与消费者的互动和连接。

七是财务指标与非财务指标的平衡:在最终阶段,企业将更多地关注财务和战略的整合,这要求在评估营销传播效果时,不仅要关注财务指标(如投资回报率),也要考虑非财务指标(如品牌知名度、顾客满意度和忠诚度、品牌社会责任感)的影响。[1]

所以,在21世纪,IMC能够帮助企业在竞争激烈的市场环境中建立和维护强大的品牌地位,同时提高营销效率和效果。但在整个IMC发展过程中,企业也需要保持敏锐的市场洞察力,不断调整和优化策略,以确保能够满足不断变化的市场需求和顾客期望。

第二节　整合营销传播策划

一、IMC的整体性思维

随着科学技术和传播媒介的进步,消费者们可以决定自己什么时候看到信息、看什么信息,主动权被牢牢地掌握在消费者手中,所以在新时代背景下快速发展的IMC和传统营销最大的不同在于,要以顾客需求为出发点系统地思考问题,在顾客成为品牌私域流量的道路上开辟出一段舒适而平坦的道路,旨在带给消费者优质的顾客体验。

所以,IMC的实施是一项庞大的系统工程,牵涉企业的多个部门和多个活动的协同。其基本程序如图11-1所示。

(一)建立数据库

IMC规划的起点是建立数据库。数据库是记录顾客信息的名单,包括每个顾客或潜在顾客的有关营销数据,包括历史数据和预测数据。其中,历史数据记录了姓名、地址、最新购买、购买次数、对优惠措施的回应、购买价值等历史信息;预测数据则通过对顾客属性进行打分,用以鉴别哪个群体更可能对某项特定优惠做出回应,它有助于说明顾客未来的行为。

不断扩大用户数据库是企业规划未来营销和传播活动的基础[2]。成功的营销依赖于重复营销,企业的营销挑战来自如何有效地吸引和保持有价值的终身客户,数据库营销是解决这一问题的最好途径之一。当前,市场营销已经由客户采集(赢得新客户)阶段,经过客户保持(终身客户)阶段,转向客户淘汰阶段(放弃没有盈利价值的客户,仔细挑选和维护有更高收益的客户群体),企业建立数

---

① 阿伦斯,维戈尔德.当代广告学与整合营销传播[M].16版.北京:中国人民大学出版社,2023:275.

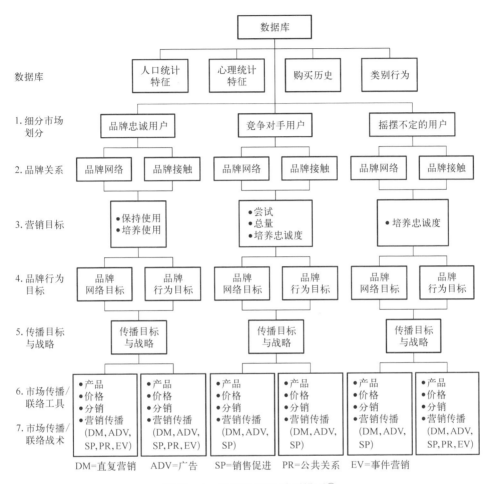

图 11-1　舒尔茨 IMC 计划模型①

据库的目的在于通过对数据库的管理,确定有价值的客户,并与之发展良好的客户关系。

　　数据库管理的主要内容包括数据库的建立、数据贮存、数据挖掘、数据处理、数据维护等。通过上述工作,企业可以更好地了解消费者和潜在消费者。建立数据库的初衷是获得顾客,终极目标则是确定和保留有价值的顾客;通过对数据库中贮存的大量顾客信息进行分析和挖掘,可以揭示出隐藏在数据中的顾客价值;数据处理为更准确地确定目标顾客创造了更多机会;数据维护则能提升顾客

　　①　阿伦斯,维戈尔德.当代广告学与整合营销传播[M].16 版.北京:中国人民大学出版社,2023:274.

名单的准确性,并提高顾客回应的成本效益。

（二）选择目标市场

根据数据库资料,企业可以首先进行市场细分,在此基础上,选择企业拟进入的目标市场,并进行相应的市场定位。同时,在特定的目标市场,还要根据消费者及潜在消费者的行为信息将其分为三类:本品牌的忠诚用户、竞争对手用户、摇摆不定的用户。

（三）探索顾客与品牌的关系

企业通过对数据库中的客户信息进行详细的分析和挖掘,企业能够识别出顾客对品牌的态度、他们与品牌之间的互动历史,以及他们最初是如何发现并与品牌建立联系的。这种分析能够帮助企业识别出在顾客生命周期中的关键节点,比如可能是品牌忠诚度形成的初始阶段,或者是顾客决定再次购买的关键时刻。通过理解这些情境,企业可以设计出更加个性化和时刻恰当的营销策略,有效地增强顾客与品牌之间的情感联系,提高顾客忠诚度并维持长期的客户关系。

（四）设立营销目标

在分析了顾客与品牌之间的关系之后,企业需要设立明确的营销目标,这些目标应当基于对不同消费者群体的深入理解而设立。通过数据库分析,企业可以识别出消费者在品牌认知、信息接收方式以及渠道偏好方面的差异。这些洞察为企业提供了有力的指导,帮助其有针对性地开展营销活动,确保信息传递的有效性和效率。例如,对于那些偏好数字媒体的年轻消费者,企业可能会更加重视社交媒体和在线广告;而对于更传统的消费者,则可能通过电视广告和直邮等方式与他们建立联系。通过制定这样的策略,企业不仅能够更有效地触达目标消费者,还能够通过提供定制化的信息和解决方案来提高营销活动的响应率和转化率。

（五）进行接触管理

IMC 的起点和终点都是消费者,无论是企业的价值供应活动（产品开发、价格制定、分销）,还是营销传播活动（广告、人员推销、公共关系）均需要以 4C 为基础。需要注意的是,在买卖双方之间存在着鸿沟,必须通过某种接触通道将二者联系在一起,才能实现价值共享。舒尔茨把"接触"定义为:凡是能够将品牌、产品类别及其他与市场相关的信息传输给消费者或潜在消费者的所有方式、渠道、行为,都是通道,它包含媒体、营销传播工具及其他可能与消费者接触的形式,例如,媒体广告、店内推广、产品包装、亲朋邻里的口头交谈等。李奥贝纳广告公司的一项研究表明，消费者拥有 102 种类似"广告"的不同媒体——从电视到购物袋以及企业发起的活动等。消费者和企业只有通过接触通道才能产生联系，因此必须对其进行管理。

舒尔茨认为，每个接触通道都应该是营销沟通工具。接触管理就是要强化可控的正面传播，减少不可控的或不利于产品与服务的负面传播，从而使接触信息有助于建立或强化消费者对品牌的感觉、态度与行为。具体地说，接触管理要解决的问题是合理选择与消费者进行沟通的时间、地点、方式。具体做法是，首先，要确定目标消费者的所有可能接触通道，列出影响消费者购买或使用产品的接触渠道清单。其次，要对清单进行分析，找出能够诱发消费者联想到产品和品牌的重要接触点，从而确定最能影响消费者的购买决策的关键通道和最能影响"潜在消费者"信息传递的关键通道。最后，要根据不同类别的消费者分别确定明确的营销沟通目标。

（六）制定营销战略

在以上步骤的基础上，依据数据库提供的营销数据，制定明确的营销战略目标，并将其与企业战略及企业的其他业务相结合，实现企业层次上的营销整合。

（七）选择营销工具

在营销战略目标的指导下，根据消费者的需求和欲望、消费者愿意付出的成本、消费者对购买便利的需求，以及消费者的沟通方式确定具体的营销工具，并找出最关键的工具，将其与其他营销工具予以整合。

（八）进行沟通整合

沟通整合是整合营销的最后也是非常重要的一个步骤。依据顾客信息，对不同行为类型的消费者分别确定不同的传播目标，使用不同的传播工具，如广告、营业推广、公共关系、人员推销等，并根据实际情况将多种工具结合使用，以整合成协同力量。

IMC 以整合为中心，着重以消费者为中心并将企业的所有资源进行综合利用，实现企业的高度一体化营销。整合既包括企业营销过程、营销方式以及营销管理等方面的整合，也包括对企业内外的商流、物流及信息流的整合，强调协调与统一。企业营销活动的协调性不仅仅指企业内部各环节、各部门的协调一致，而且也强调企业与外部环境协调一致，共同努力以实现整合营销。其中体现的整体性思维使得该营销方式仍然备受广告主青睐。

二、品牌的跨媒体叙述

IMC 中的跨媒体叙述是指在不同的媒介和平台上,使用一致的品牌信息和故事线,来与目标受众进行沟通和互动的策略。这种方法强调在广告、公关、社交媒体、线上和线下活动等所有营销渠道中,传递一致的核心信息,以提升品牌识别度、提升顾客体验和建立情感连接。

(一)跨媒体叙述的关键要素

(1)一致性:不同渠道发布的信息应和品牌形象保持一致,确保消费者无论在哪个平台接触品牌,都能接收到相同的核心信息和品牌价值观。

(2)适应性:虽然信息一致,但根据不同媒介的特点和受众的偏好,对叙述的形式和内容进行适当的调整。例如,在社交媒体上发布更轻松、互动性强的内容,而在专业杂志上发布更详尽、严谨的信息。

(3)互动性:跨媒体叙述不仅仅是信息的单向传播,更重要的是促进品牌与消费者之间的互动和参与,通过社交媒体评论、在线竞赛、用户生成内容等方式,使消费者成为品牌故事的一部分。

(4)故事讲述:通过构建引人入胜的品牌故事,跨越不同的媒介渠道进行传播,让消费者在不同的触点上体验到故事的不同方面,增强记忆点激发情感共鸣。

(二)跨媒体叙述的目标

(1)增强品牌一致性:通过在所有媒介上保持一致的品牌形象和信息,加强消费者对品牌的认知和记忆。

(2)提升用户参与度:利用不同媒介的特性,设计互动和参与元素,提升用户对品牌的兴趣和忠诚度。

(3)优化顾客体验:确保消费者在每个接触点上都能获得一致且积极的品牌体验,无论是在线上还是线下。

(4)提高营销效率:通过整合不同渠道的营销资源,实现更高的营销投入产出比,避免资源浪费。

综上可见,跨媒体叙述是实现整合营销传播目标的重要手段之一,它要求品牌在保持信息一致性的同时,充分利用不同媒介的特性,以具有创造性和策略性的方式与消费者进行有效沟通。

三、IMC 策划案架构

一个企业想要做好整合营销传播,将自己品牌的传播效果最大化,前提是少不了一份完备的 IMC 策划案。一份相对完整的 IMC 策划案就像一座灯塔,指引着品牌在瞬息万变的时代潮流中把每一份信息传送至顾客中。

前文提到,IMC 是一个系统化的过程,在这个整合营销的过程中,品牌内部的不同部门以及外部的传播媒介需要协同运作,对于具体怎么运作、各方应该怎么样配合,威廉·阿伦斯和迈克尔·维戈尔德的《当代广告学和整合营销传播》一书从以下几个方面列出了"营销计划大纲"①。

一份完整的营销策划应包括:概述;形势分析;营销目标;营销战略;行动方案;评估、审查和控制;营销预算;附录。

（一）概述

概述一般主要包括四个方面的内容:分别是形势分析概述、营销目标概述、营销战略概述、预算概述。概述是对整个营销计划的提要,一般供负责策划案的主管审查使用。

（二）形势分析

形势分析包含行业状况、公司状况、产品/服务状况、市场状况、竞争状况、分销策略、传播策略环境因素、公司目标与战略、潜在的营销问题以及潜在的营销机会阐述。这一部分结合时代背景阐明进行整合传播研究的基本条件和能力,以及往期策划案的经验和教训,为接下来的营销目标制定打好基础。

（三）营销目标

在经过漫长的铺垫之后终于能够明确想要设定的营销目标了。营销目标分为两部分:市场需求目标;销售目标。市场需求目标的设定要符合市场需求(消费者)、社区需要(社会责任感)和企业需求(B2B),这是一种相对来说比较全面的市场需求目标设定。而销售目标可以从销售量(金额、单位、地区、市场)、市场份额、分销扩张等角度进行设定。这些目标一定要基于对公司能力、资金以及目标的调查研究进行设定,要具体实际才具有可行性。

营销战略也可以从两方面进行阐述:总体战略;具体战略。总体战略是指对公司想要采取的营销战略类型的大致描述,包括产品的定位策略和差异化策

---

① 阿伦斯,维戈尔德.当代广告学与整合营销传播[M].16 版.北京:中国人民大学出版社,2023:657.

略；而具体战略是指为了达成目标而采用的营销组合，在目标市场中从产品、价格、分销、传播四个方面展开，其中值得一提的是"传播策略"，其深刻体现的是整合营销的核心和特点，产品在目标市场的传播策略上可以结合人员推销、广告、赞助、直复营销、销售促进、公共关系、数字和社交媒体等多种媒介进行整合营销传播策划。

（四）行动方案

公司营销组合各要素的详细战术计划，即行动方案指导策划案落地的步骤，包括产品计划、定价计划、分销计划、传播计划、任务营销计划。

（五）评估、审查和控制

评估、审查和控制用于描述在实现目标过程中的审查、评估和控制方法，包括三部分内容：组织结构、审查、评估方法以及互动监控。制定合理的评估审查和控制的方法，能够及时地观察到营销传播过程中的优势和不足，对于后续方案的修正具有重要的参考意义。

（六）营销预算

营销预算主要说明营销过程中的资金分配方法和营销成本分解，其中营销成本分解可以从新产品研究、市场调查、销售支出以及各类营销（广告、直复营销、销售促进、公共关系、数字和社交媒体等）等方面进行具体分析。

（七）附录

附录主要记录的是为此次策划案提供详细具体信息的报告、研究等其他支持性文件。

在制定一个完备的 IMC 策划案的过程中，企业必须确保所有的营销和传播活动都围绕着统一的信息和品牌目标展开。这种统一性不仅有助于提升品牌在目标市场中的认知度和影响力，也能够有效地提高营销活动的整体效率和成本效益。通过详细的情境分析、明确的营销目标、精心设计的营销战略以及切实可行的行动方案，企业能够在瞬息万变的市场环境中捕捉到每一个机会，最大化传播效果。

重要的是，IMC 策划案的成功不仅取决于策划案本身的完整性和系统性，还依赖于企业内部各部门之间的紧密合作与协同，以及与外部合作伙伴的有效沟通。这种跨部门、跨领域的合作能够确保所有的营销活动都能够无缝对接，共同推动品牌信息的一致性传递。

随着市场环境的不断变化和消费者需求的日趋多样化，IMC 策划案也应当具备一定的灵活性，以便根据实时反馈和市场动态进行及时的调整。通过持续的监控、评估和优化,企业能够确保其营销策略始终保持前瞻性和竞争力,从而实现品牌效益的持续增长和成功。

第三节　整合营销传播效果评估

一、营销传播评估类型与阶段

在当今的商业环境下,广告活动是一项成本比较高的投入。为了确保这些投入带来预期的回报,进行有效的广告评估变得至关重要。广告创作者和负责人面临的挑战在于如何明确展示他们的广告活动是成功的。通过在广告发布前、中、后三个阶段进行细致的评估,营销人员可以提供可衡量的证据来证明广告活动的有效性。以下是广告评估的四个关键类型[①],每个类型都针对不同的测量目标:

(一)短期结果

(1)销售额:是最直接的衡量指标之一,反映了广告活动对消费者购买行为的即时影响。通过比较广告活动前后的销售数据,营销人员可以直观地了解广告投放的成效。

(2)兑换率:除了销售额外,兑换率是评估广告引导用户完成特定行动(如注册、下载或购买)的能力的重要指标。较高的兑换率意味着广告内容能有效激发目标受众的行动倾向,从而直接体现广告投入的效果。

(二)长期结果(品牌认知度、品牌忠诚度或品牌资产)

(1)品牌认知度:衡量消费者对品牌的知晓程度,包括对品牌名称、标志、产品或服务的识别。通过提高品牌认知度,公司能在消费者心中建立更好的品牌形象,为长期销售打下坚实基础。

(2)品牌忠诚度:评估消费者对品牌的忠诚度和再购买意愿。通过持续的广告活动,增强品牌与消费者之间的情感连接,从而提升消费者对品牌的忠诚度。

(3)品牌资产:指品牌本身所带来的附加价值,包括消费者对品牌的正面情感、品牌的独特性和在市场上的声誉。长期的广告活动有助于建立和提升品牌

---

① 洛克,巴克.广告、促销与整合营销传播[M].北京:中国人民大学出版社,2023:311.

资产,为公司创造长期价值。

（三）对特定产品和品牌的认知

这种评估类型关注消费者对特定产品或服务的了解和看法。通过广告,公司可以传达产品的独特卖点、功能和优势,加深消费者对产品的认识。通过问卷调查、焦点小组讨论和市场研究,营销人员可以了解广告如何影响消费者对产品的看法和认知。

（四）情感反应

广告不仅是传达信息的工具,也是建立情感联系的桥梁。通过衡量消费者对广告内容的情感反应,包括他们对公司和品牌的喜爱程度,营销人员可以评估广告在消费者情感层面产生的效果。情感反应可以通过社交媒体监测、消费者反馈和情绪分析工具来进行评估,帮助公司了解其广告内容是否能激发消费者心中积极的情感和联想。

通过综合这些评估类型,公司能够获得全面的广告效果评估结果,从而做出更加明智的营销决策。这种多维度的评估方法不仅有助于优化当前的广告活动,也为未来的策略制定提供了宝贵的洞察结果。

二、营销传播评估方式与工具

IMC旨在通过一系列相互协调的营销活动和信息传递手段,向目标受众传达一致的品牌信息,从而提高营销效率和效果。评估整合营销传播的成效是一个复杂的过程,通常涉及多种工具和技术,这些评估工具可以大致分为三类:信息评估技术、在线评估指标和调查对象行为评估。[①]

（一）信息评估技术

信息评估技术专注于评估传递给目标受众的信息的效果,包括内容的吸引力、理解度、记忆度以及信息传递的一致性。利用信息评估技术,广告公司主要采用三种方法来评估广告信息:广告追踪研究、文案测试以及情绪反应测试。

（1）广告追踪研究。如专门追踪已发布广告的尼尔森IAG或者明略行,他们的广告追踪方法是让调查对象观看一段广告或者是广告暂停的画面,测试调查对象是否能够识别出广告宣传的品牌,他们用这种方式来测试品牌知名度,如果调查对象第一次没有识别出来,未识别出的调查对象将被给到一张含有此次

---

① 洛克,巴克.广告、促销与整合营销传播[M].北京:中国人民大学出版社,2023:311.

测试广告的品牌清单,继续识别广告品牌。除此之外,广告追踪研究也可以测量喜爱程度、记忆程度、未提示/已提示记忆、未提示/已提示活动记忆。

尼尔森还为客户提供了一张持续的"报告卡"和一张"对比卡",就像一份成绩单,用于和竞争对手作比较以及和自身以前的宣传品牌作比较。广告商可以将新的"成绩单"和以往的信息在不同维度上进行比较,使广告运作达到预期。

(2)文案测试。文案测试其评估对象是已经完成的或者正处于最终开发阶段的广告营销方案,[①]通过分析广告或促销材料中的文本、图像和语音,来评估信息的质量和一致性。常见的文案测试技术包括组合测试(一组平面广告)、剧院测试(一组电视广告)和在线测试(互联网文案测试)。这有助于确定品牌信息是否清晰且易于理解。

(3)情绪反应测试。情绪广告能够让消费者对品牌产生积极情绪,而持续的积极态度会引发消费者对产品的好感,进而会导致购买量的增加。最直白的情绪反应测试就是在一个人观看营销片段之后询问他的感受和想法;还有一种比较有意思的测量方法叫作温度检测,在电脑上播放一段营销片段,测试者手握鼠标,在观看的过程中不断移动鼠标,一个方向代表暖,一个方向代表冷,用温度的变化来监测观看者的情绪反应。

除此以外,一种新的情绪测试方法是生物特征识别研究。Innerscope 公司专门从事生物特征识别研究,调查者在观看营销片段的时候戴着一条特制的腰带,可以监测眼球运动,手机心跳、排汗水平以及呼吸情况等生物特征,通过整合这些指标来测量他们在观看时的参与度。

近年来随着科技的发展,认知神经学领域有了重大突破。澳大利亚的神经科学家理查德·西尔伯斯坦在对大脑进行生理测量后表示,成功的广告往往会引起更高水平的情感投入和长期的记忆编码。[②]

认知神经学技术在广告评估领域的应用的好处在于,有的测试者可能碍于社会道德因素,对某些含有某些敏感信息(比如性)的广告采取隐藏态度的选择,而认知神经学技术中的生理唤醒测试可以为测量一个人真实的反应提供了更好的指标,这种方式通过神经元放电量来捕捉测试者的积极情绪和消极情绪,让科学家或者营销人员能够理解个人对广告营销的反应。

---

① 洛克,巴克.广告、促销与整合营销传播[M].北京:中国人民大学出版社,2023:314.
② 洛克,巴克.广告、促销与整合营销传播[M].北京:中国人民大学出版社,2023:317.

（二）在线评估度量指标

在线评估指标对于理解和优化数字营销活动至关重要。这些指标提供了关于广告和营销策略在互联网上的表现及其对消费者行为影响的直接信息。特别是销售漏斗效率、网络评论以及社交媒体指标，这些都是衡量在线营销成效的关键指标。

（1）销售漏斗效率。销售漏斗效率是指在整个销售过程中，从潜在客户了解品牌开始到最终成为购买客户的转化效率。销售漏斗一般包括以下几个阶段：访客、点击、浏览、购物车、购买、建立忠诚。

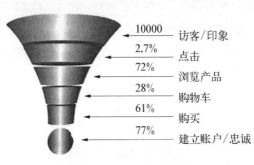

10000　访客/印象
2.7%　点击
72%　浏览产品
28%　购物车
61%　购买
77%　建立账户/忠诚

图 11 - 2　销售漏斗效率

① 访问量（traffic）：这是销售漏斗的最顶端，指网站或营销活动吸引的访问者数量。高访问量表明有较多的潜在客户被吸引到了漏斗顶端。

② 引导生成（lead generation）：在兴趣和考虑阶段，潜在客户可能会留下联系信息，成为潜在销售线索。引导生成的效率反映了从访问者到潜在客户的转化率。

③ 转化率（conversion rate）：这是衡量从潜在客户到实际购买客户转化的关键指标。高转化率表明漏斗的底部（购买阶段）运作效率高，营销和销售策略有效。

（2）网络评论。网络评论是消费者在网上对产品或服务的评价，这对品牌声誉和消费者购买决策有着直接影响。网络评论反映了消费者对品牌、产品或服务的满意程度。正面评论可以提升品牌形象，提升信任度，而负面评论则可能有损品牌声誉。网络评论也为品牌提供了宝贵的客户反馈，帮助发现产品或服务中的问题，并提供改进的方向。

（3）社交媒体指标。社交媒体指标涵盖了品牌在社交媒体平台上的表现和互动情况，这对于衡量品牌的在线影响力和消费者参与度至关重要。社交媒体指标主要包括三个方面：① 粉丝/关注者数量：表示品牌在社交媒体平台上的受众规模。虽然粉丝数量重要，但更重要的是粉丝的质量和参与度。② 参与率（engagement rate）：包括点赞、评论、分享和提及等互动的总量。高参与率表明内容质量高，受众与品牌的互动积极。③ 转化：社交媒体的转化包括引导生成、网站流量增加或直接销售。通过追踪这些转化事件,品牌可以评估其社交媒体策略产生的直接经济效益。

通过定期监控和分析这些社交媒体指标,品牌可以获得关于其数字营销活动表现的深入洞察。这不仅帮助品牌优化营销策略,还能及时调整不够有效的部分。

（三）调查对象行为评估

IMC评估中的行为评估是一个关键的组成部分,它涉及对消费者行为的直接测量和分析,以及对市场上其他因素,如竞争者反应的评估。这种评估方法旨在提供有关营销策略实施效果的实证数据。调查对象行为评估包括以下组成部分。

（1）销量。销量是评估整合营销活动效果的最直接和最重要的指标之一。它反映了消费者对产品采取实际购买行动,是衡量营销活动成功与否的关键因素。如果一家公司在进行了一系列广告活动和促销活动后,观察到销量显著增长,这可以被解释为营销活动有效地促进了消费者的购买意愿和行动。

（2）响应率。响应率衡量的是目标受众对特定营销活动的反应程度,常用于直邮营销、电子邮件营销、在线广告等领域。高响应率表明营销信息成功吸引了受众的注意并促使他们采取了行动。

（3）兑换率。兑换率是指从潜在客户到实际购买者的转化比例,通常用于衡量在线营销活动的效果。这个指标可以帮助营销人员理解营销活动在促进销售方面的有效性。比如一个在线零售商通过社交媒体广告推广一项特价促销活动,并跟踪从点击广告到完成购买的用户比例。通过分析兑换率,零售商可以评估该社交媒体广告的销售转化效果。

（4）竞争者的反应。在进行整合营销传播评估时,考虑竞争对手的反应是必要的。竞争对手如何调整他们的营销策略以响应营销活动,可能会影响营销效果。

（5）模拟购买测试。模拟购买测试是在控制环境下进行的,用以预测消费者对特定产品或服务的购买行为。这种测试能够预估关于消费者偏好、价格敏感度和市场接受度。一般来说,在产品正式上市之前,公司可能会邀请目标消费者参与模拟购买测试,通过设置不同的价格、包装设计或促销信息来观察消费者的选择。这些信息有助于优化产品的市场定位和营销策略。

行为评估在整合营销传播（IMC）评估中扮演着关键角色,提供了一种通过直接观察消费者行为及市场其他因素反应来验证营销策略成效的途径。这种方法能够帮助企业收集有关其营销活动如何影响消费者购买决策的实证数据，并评估这些策略在现实市场环境中的表现。通过综合考量销量、响应率、兑换率、竞争者反应和模拟购买测试等多个维度，企业能够全面了解其营销活动的效果，并据此做出数据驱动的决策，并优化未来的营销战略。这不仅有助于提升营销活动的效率和效果，还能更好地帮助企业调整产品定位和市场策略，以满足消费者需求和应对竞争挑战。

三、跨媒体广告效果评估模型

跨媒体广告效果评估模型旨在量化和分析多渠道广告活动的整体效果，这一模型考虑到了不同媒体之间的互补性和增强效应。这种模型重要是因为它可以帮助营销人员理解在整合营销传播（IMC）策略中，不同媒体渠道如何共同作用以最大化广告投资回报（ROI）。以下是几种常见的跨媒体广告效果评估模型及其主要特点。

（一）多渠道归因模型

多渠道归因模型试图理解消费者在做最终的购买决策之前，通过哪些媒体渠道和在哪些触点与品牌互动。这些模型的目标是为每个触点分配一个"归因值"，表明它对最终转化的贡献。

（1）最后一次点击归因：这是最简单的形式，将全部功劳归于最后一个触点。例如，如果一个顾客通过点击一则电子邮件广告最终完成了购买行为，那么这次购买的功劳全部归于电子邮件广告。

（2）第一次点击归因：与最后一次点击归因相反，这个模型将所有的功劳归于消费者接触的第一个广告渠道。

（3）线性归因：这种模型将功劳平均分配给消费者购买路径中的每一个触点，即假设每个触点对最终转化都有平等的贡献。

（4）时间衰减归因：近期的触点比早期的触点获得更多的归因值，即假设接近购买行为的触点对决策的影响更大。

通过利用多渠道归因模型，Nike 能够评估其社交媒体活动、广告和赞助事件等多种营销渠道对特定运动鞋系列销售所做的贡献。这种分析能够帮助 Nike 更好地理解不同触点在消费者购买旅程中的作用，从而更精准地分配营销预算。

（二）统一营销影响评估（UMIA）

UMIA 利用高级数据分析方法，如机器学习和经济计量学，综合评估所有营销渠道的影响。例如,一个大型零售商可能使用 UMIA 来分析其电视广告、在线广告和社交媒体活动的综合效果,以及这些活动如何影响线上和线下销售。UMIA 可以揭示哪些营销组合最有效,以及如何调整预算分配以最大化 ROI。

（三）实验设计与 A/B 测试

通过对照组和实验组的设置,实验设计和 A/B 测试可以直观地展示不同广告策略的效果。比如,一个在线时尚零售商可能对其一部分用户群展示新的广告系列（实验组）,而另一部分用户则维持现有广告（对照组）。通过比较两组的购买行为,零售商可以直接评估新广告系列的效果。Amazon 经常对不同的网页设计、产品推荐算法和促销信息进行测试,以提高用户体验和销售转化率。这种实验方法使 Amazon 能够精确评估每种改变对顾客行为的影响。

（四）经济计量模型

经济计量模型使用统计方法来分析不同媒体支出与销售之间的关系,同时考虑其他可能影响销售的因素。例如,一家汽车制造商可能使用经济计量模型来分析电视广告支出、在线广告支出和其他营销活动如何分别及共同影响汽车销售量,同时控制季节性变化、经济条件和竞争对手活动等外部因素的影响。

（五）消费者旅程分析

消费者旅程分析深入了解了消费者从意识到考虑再到购买的整个过程,以及他们在此过程中与不同广告媒介的互动。例如,一家科技公司可能分析潜在客户如何从最初的通过搜索引擎了解产品,到在社交媒体上看到广告,再到访问公司网站阅读产品评价,最终决定购买的整个路径。通过这种分析,公司可以识别出在消费者决策过程中各个阶段最有效的媒体触点,并据此优化其广告投入,以提高转化率和客户获取效率。

（六）混合媒体模型

混合媒体模型,也称为市场混合建模,MMM,通过历史数据分析,来评估过去的营销活动（包括各种媒介渠道）对销售和其他业务指标的影响。例如,一家饮料公司可能利用 MMM 来评估电视广告、数字广告和体育赞助等不同营销渠道对其品牌知名度和销售增长的贡献度。这种模型特别关注营销活动之间的相互作用及其对总体营销 ROI 的影响,从而帮助公司优化其媒体预算分配,以产生最大的市场影响。

这些模型和方法提供了不同的视角和工具,用于评估和优化跨媒体广告活动的效果。选择合适的模型取决于具体的业务目标、可用数据、资源和技术能力。在实践中,营销人员和分析师往往会结合使用多种模型和方法,以获得更全面的洞察和指导。关键在于持续测试、学习和迭代,以不断提高跨媒体广告活动的 ROI 和效率。通过综合运用这些工具,企业能够更好地理解和利用不同媒体渠道的独特价值,从而在复杂的媒体环境中成功驱动品牌增长和消费者参与。

 思考题

1. IMC 的定义是什么?

2. 简述 IMC 在实践中的四个阶段,以及这些阶段的关键特征。

3. 如何测定 IMC 计划效果?

4. 跨媒体广告效果评估模型是如何建立的? 它在提高广告效果和传播一致性方面有哪些优势和局限性?

【案例讨论】

可口可乐的"Share a Coke"营销活动

可口可乐的"Share a Coke"营销活动始于 2011 年,旨在吸引年轻人群,增强品牌与年轻人之间的互动和联系。

该活动采用多渠道传播策略,通过广告、社交媒体以及线下活动等多重手段展开。在广告方面,个性化的名字替代了可口可乐标志性的标签,如用"John"替代"Coke",并推出多种不同口味的定制可口可乐。此外,社交媒体成为互动的主战场,开展了"Share a Coke"标签挑战赛和"Coke Zero Vote Party"等活动,鼓励消费者在平台上分享个性化的照片和视频。

"Share a Coke"活动还与零售商合作,于多个城市策划了各种线下活动,包括音乐会、运动赛事等。在这些活动中,特别设置了互动区域,让消费者能够拍照留念并分享给朋友和家人。这样跨渠道、跨平台的全方位传播战略为可口可乐赢得了更多年轻消费者的关注。

思考:

该活动是怎么进行整合营销的? 在智能时代背景下,有更好的整合营销方式吗?

参考文献

［1］ 陈培爱.广告学教程［M］.3 版.北京：高等教育出版社,2014：71.

［2］ 杨海军.中外广告史新编［M］.上海：复旦大学出版社,2007.

［3］ 郭鑫.广告理论与实务［M］.长春：吉林大学出版社,2009.

［4］ 阿伦斯,维戈尔德.当代广告学与整合营销传播［M］.16 版.林升栋等译.北京：中国人民大学出版社,2023.

［5］ 洛克,巴克.广告、促销与整合营销传播［M］.王艳等译.北京：中国人民大学出版社,2023.

［6］ 莱恩.克莱普纳广告学［M］.程言等译.北京：中国人民大学出版社,2019.

［7］ 维尔斯,莫里亚提,米切尔.广告学原理与实务［M］.9 版.桂世河,汤梅译.北京：中国人民大学出版社,2013.

［8］ 里斯,特劳特.定位［M］.王恩冕译.北京：中国财政经济出版社,2002.

［9］ 林升栋.美国伟大广告人［M］.北京：中国经济出版社,2008.

［10］ 麦克卢汉.理解媒介：论人的延伸［M］.何道宽译.南京：译林出版社,2011.

［11］ 何修猛.现代广告学［M］.7 版.上海：复旦大学出版社,2008.

［12］ 李淑芳.广告伦理研究［M］.北京：中国传媒大学出版社,2010：153..

［13］ 涂尔干.职业伦理与公民道德［M］.上海：上海人民出版社,2001.

［14］ 丁俊杰,董立津.和谐与冲突：广告传播中的社会问题与出路［M］.北京：中国传媒大学出版社,2006.

［15］ E.舒尔茨.整合营销传播［M］.何西军,黄鹏等译.北京：中国财政经济出版社,2005.

［16］ 瑞夫斯.实效的广告［M］张冰梅译.呼和浩特：内蒙古人民出版社,1999.

[17] 颜青.市场营销[M].北京：对外经济贸易大学出版社,2018.

[18] 科特勒.市场营销：原理与实践[M].16 版.北京：中国人民大学出版社,2015.

[19] 郭庆光.传播学教程[M].北京：中国人民大学出版社,1999.

[20] 刘刚田,田园.广告策划与创意[M].2 版.北京：北京大学出版社,2019..

[21] 卢泰宏,何佳讯.蔚蓝智慧：读解十大跨国广告公司[M].广州：羊城晚报出版社,2000.

[22] 中国广告协会,网址：http://www.china-caa.org/.

[23] 美国营销协会,网址：https://www.ama.org/.

[24] 美国广告代理商协会,网址：https://www.aaaa.org/.

[25] 艾瑞咨询,网址：https://www.iresearch.com.cn/.